Claus Kleber · Amerikas Kreuzzüge

Claus Kleber

Amerikas Kreuzzüge

Was die Weltmacht treibt

C. Bertelsmann

Umwelthinweis
Dieses Buch und der Schutzumschlag wurden auf
chlorfrei gebleichtem Papier gedruckt.
Die Einschrumpffolie (zum Schutz vor Verschmutzung)
ist aus umweltschonender und recyclingfähiger PE-Folie.

4. Auflage
© 2005 by C. Bertelsmann Verlag, München,
einem Unternehmen der Verlagsgruppe Random House GmbH
Umschlaggestaltung: R·M·E Roland Eschlbeck/Rosemarie Kreuzer
Satz: Uhl + Massopust, Aalen
Druck und Bindung: GGP Media GmbH, Pößneck
Printed in Germany
ISBN 3-570-00834-7
www.bertelsmann-verlag.de

Inhalt

Um es gleich zu sagen

Amerika – das ist für mich nicht in erster Linie ein politischer Begriff. Eher ein Zauberwort, das Erinnerungen wachruft. An das Nordufer des Grand Canyon bei Sonnenuntergang zum Beispiel. Tief unter uns liegt das silberne Band des Colorado. Die Touristensaison ist längst zu Ende, Schnee liegt in der Luft und es ist so still, dass wir regungslos bleiben, damit das Rascheln der Windjacken nicht stört. In einem einzigen Augenblick konzentriert sich die ganze Schönheit dieses Kontinents. Erinnerungen an New York am frühen Sonntagmorgen, eine Fahrt im alten Cabriolet die menschenleere Fifth Avenue hinauf zum golden schimmernden PanAm-Building, das stumme Staunen unserer Kinder im Rücken.

Erinnerungen an hundert Begegnungen mit der einzigartigen Mischung aus Pioniergeist und kindlichem Glauben, die nichts von Hindernissen wissen will und alles für möglich hält. An einen strahlenden jungen Präsidenten, der es wagte, nach jämmerlich gescheiterten Raketenexperimenten den Blick nach vorn zu richten und zu sagen:»In weniger als neun Jahren sind wir auf dem Mond.« An eine Nation, die ihn dafür nicht auslachte, sondern ihn bewunderte und ihm folgte.

Erinnerungen an ein Land, in dem ein Bettler in Philadelphia mir erklärte:»Das System ist schon in Ordnung. Daran, dass ich es nicht geschafft habe, sind doch nicht die anderen schuld.« Und an einen Obdachlosen in Miami, einen sehr alten Mann, der Zeigefinger und Daumen aneinanderlegte, mir tief in die Augen schaute und sagte:»Siehst du das? Ich kann mich bewegen, wie ich möchte. Meine Hände tun, was ich ihnen sage. Wir rasen mit atemberaubender Geschwindigkeit um die Sonne und mit ihr durch den Kosmos. Ich habe es warm, ich finde jede Nacht einen Platz zum Schlafen, das Leben ist wundervoll.«

Noch immer habe ich für mich kein endgültiges Urteil gefällt über dieses Land, das hierzulande als erbarmungslos gilt und doch, wie ich gesehen habe, oft besser für seine Behinderten, für seine sozial Schwachen und für seine großen Begabungen sorgt als uns das gelingt; das immer wieder eine treibende Kraft für das Gute war, obwohl es auch irrte und von seinen Führern getäuscht wurde; das in seinen Südstaaten, in seinen Städten und im Ausland, von Vietnam bis San Salvador, von Santiago de Chile bis Bagdad immer wieder schreckliche Fehler machte – die meisten *durch* das Handeln, während die Fehler meines Landes in den letzten Jahrzehnten meist durch die Angst *vor* dem Handeln entstanden.

Ich will die Beweggründe einer Nation beschreiben, die es nun unternimmt, die Welt nach ihrem Vorbild zu gestalten, weil sie tatsächlich daran glaubt, dass die Welt damit besser wird.

Es ist Januar 2005 geworden, das Buch ist geschrieben, die Leser mögen es beurteilen. Ich für meinen Teil werde mich nun abends wieder an meinen öffentlichen Arbeitsplatz setzen, die Manschetten ein wenig aus dem Jackenärmel ziehen, wie es mir beigebracht wurde, und versuchen, Abstand zu halten und objektiv zu sein. Auf den folgenden Seiten wird mir das nicht immer gelingen. Meine Freunde auf der anderen Seite des Ozeans haben es kommen sehen: »Du kannst ihn aus Amerika rausholen«, sagen sie, »aber Amerika nicht mehr aus ihm.« Wahrscheinlich haben sie Recht.

Kreuzzug ohne Kreuz

> *Bush nennt uns » Feinde der Freiheit «.*
> *Warum greifen wir dann nicht Schweden an,*
> *zum Beispiel?*
> Osama Bin Laden in seiner Videobotschaft
> zur US-Wahl 2004

Der mächtige viktorianische Bau des Old Executive Office Building wirft im Juli 2003 seinen Schatten über das Weiße Haus, obwohl er nur ein Annex dazu ist. Der lange Flur im obersten Stockwerk, in imperialen Grün- und Goldtönen gehalten, ist die ideale Bühne für einen großen Auftritt. Vom fernen Ende des Ganges kommt Condoleezza Rice auf uns zu, umgeben von Assistenten und Beratern. Es ist eine filmreife Szene: die Gestalten im Gegenlicht, die hallende Akustik, die Stimmen zu einem konstanten Wispern gemischt. Im Mittelpunkt eine zierliche kleine Gestalt im korrekten schwarzen Kostüm, eine Frau, die sich an ihre Position in der Kommandozentrale des Imperiums gewöhnt hat. Amerikanische und internationale Medien haben die damalige Sicherheitsberaterin zur mächtigsten Frau der Welt erklärt. Sie hat den besten Zugang zum Oval Office und den größten Einfluss auf Präsident Bush, sie genießt sein uneingeschränktes Vertrauen.

Sie war es, die dem unerfahrenen Gouverneur auf seiner Ranch in Crawford/Texas einen ersten Begriff vom Weltgeschehen gab. George W. Bush ist Präsident geworden, ohne je sein

Land verlassen zu haben, sieht man von einer einzigen Reise nach Israel ab – ein gefährliches Defizit in seiner Vita und seinem Intellekt, das diese Frau ausgleichen sollte. Bush hätte keine bessere Trainerin finden können, auch wenn ihre akademische und berufliche Erfahrung in einem vergangenen Konflikt geformt wurde. Ihr Spezialgebiet ist Russland, sie spricht perfekt Russisch. Sie arbeitete bereits im Stab von Vater Bush und half dort, das Ende des Kalten Krieges politisch zu managen. Sie ist Autorin eines der besten Bücher über die deutsche Wiedervereinigung[1], obwohl ihre deutschen Sprachkenntnisse, wie sie sich gleich entschuldigt, für eine Unterhaltung nicht ausreichen. Das Deutsch, das sie am liebsten liest, sagt sie, während die Kameraleute sich einrichten, sind Partituren von Beethoven und Brahms – die Professorin für internationale Politik ist eine vollendete Pianistin.

Der Widerspruch ist so perfekt wie reizvoll: Die seit Menschengedenken aggressivste und umstrittenste amerikanische Außenpolitik wird ausgerechnet von dieser anmutigen, gebildeten Frau entscheidend mit geprägt.

Es hat viele Versuche gegeben, die heutige Außenministerin Condoleezza Rice in eine politische Schublade zu stecken, aber es ist nie überzeugend gelungen. Als Sicherheitsberaterin regelte sie während Bushs erster Amtszeit den Zugang zum Präsidenten, kontrollierte, welche Ansichten im Oval Office zu Gehör kamen. Sie öffnete den neokonservativen Befürwortern amerikanischer Alleingänge in Bezug auf Atomwaffen, die Raketenabwehr, den Umweltschutz, den internationalen Strafgerichtshof und schließlich den Krieg gegen den Irak die Türen. Sie war es aber auch, die Colin Powell, ihrem Vorgänger im Amt des Außenministers, in kritischen Augenblicken den Zugang zum Präsidenten ermöglichte und ihrem Chef damit andere Optionen bot. Die Entscheidung konnte sie da allerdings nicht mehr kontrollieren, dafür hatte sich ihr Schüler schon zu sehr emanzipiert.

Eines aber ist klar, als wir uns zum Interview setzen: Niemand formuliert die Außenpolitik dieses Präsidenten mit größerem historischem Verständnis oder mit größerer Autorität als »Condi« Rice.

Es geht mir im Interview darum, über aktuelle Streitpunkte hinauszublicken. Mit welcher Weltmacht der Geschichte würde sie, die Historikerin, Amerika heute vergleichen? Was ist die Vision dieser Regierung für Amerikas Stellung in der Welt in fünfundzwanzig oder fünfzig Jahren?

Gleich mit dem ersten Satz wischt sie die oft gezogene Parallele zum Römischen Weltreich vom Tisch: »Ich akzeptiere diesen Vergleich natürlich nicht, denn die Vereinigten Staaten haben keine imperialen Ambitionen. Entscheidend ist nicht unsere Stärke. Entscheidend ist, wer in der Epoche nach dem Zweiten Weltkrieg auf der richtigen Seite der Geschichte stand. Das waren Länder, die gemeinsam an Werte glauben – Werte wie Demokratie, Meinungsfreiheit, Religionsfreiheit –, und die das Streben nach einem Wohlstand fördern, der die Menschenwürde sichert. *Das* steht hinter der sehr, sehr mächtigen Allianz, in der die Vereinigten Staaten die mächtigste Nation sind. Wir wollen mit unserer Stärke diese Werte dorthin tragen, wo sie noch nicht verbreitet sind. Genau das versuchen wir jetzt im Nahen Osten: im Irak, mit einem Staat für die Palästinenser und mit dem, was wir in Afghanistan schon unternommen haben. Am Ende wird die Verbreitung dieser Werte unsere eigene Sicherheit garantieren.«

Da war er, offen ausgesprochen in einem entspannten, ausdrücklich nicht kontrovers geführten Interview: der eigentliche Anspruch der Bush'schen Politik, der Gedanke, der die Weltmacht treibt. Verglichen damit schrumpft die so genannte »Bush-Doktrin« vom Recht der Weltmacht auf einen »vorbeugenden Krieg« zu einem Werkzeug für eine historische Übergangsperiode. Es ist die globale Geltung der amerikanischen Werte, die die Welt gut und sicher machen soll. Der ausdrückliche Bezug der Sicherheitsberaterin auf Afghanistan und den Irak zeigt, dass Amerikas Vorstellungen nach dieser Auffassung auch mit militärischen Mitteln durchgesetzt werden dürfen, vielleicht sogar müssen.

Nirgendwo war in diesem Interview vom Christentum die Rede, und doch schoss mir der Vergleich mit den Kreuzzügen durch den Kopf. Auf den ersten Blick ist das unzulässig: Nichts weist darauf hin, dass George W. Bush seine Weltpläne als christliche Mission begreift oder plant. Er war der erste Präsident, der der in Amerika ständig gebrauchten Floskel von »Menschen, die in Kirche und Synagoge gehen« ganz selbstverständlich die Moschee als gleichberechtigtes Gotteshaus hinzufügte und muslimischen Sozialprojekten staatliche Gelder zusprach – schon vor dem 11. September 2001.

Er fand seine persönliche Beziehung zu Russlands Präsident Vladimir Putin, als der ihm schon bei der ersten Begegnung in Ljubljana im Jahr 2001 vom orthodoxen Glauben seiner Eltern erzählte, der für ihn kein fremdes oder abgeschlossenes Kapitel seiner persönlichen Biografie sei. Den strenggläubigen türkischen Präsidenten Erdogan begrüßte und verblüffte Bush mit dem Satz: »Sie glauben an den Allmächtigen, ich glaube an den Allmächtigen, das wird uns zu guten Partnern machen.«

George W. Bush ist ein »wiedergeborener« evangelikalischer Christ. Das bedeutet nach dem Verständnis dieser Glaubensrichtung, dass er für sich persönlich Jesus Christus als Erlöser erfahren und angenommen hat. Sein Glaube gibt ihm die Überzeugung, dass Gott einen Zweck verfolgte, als er ihn, den beruflich und privat auf die schiefe Bahn geratenen jungen Mann aus Texas, auf den rechten Weg und am Ende ins Weiße Haus führte. Ausgerechnet ihn, ausgerechnet zu dieser Zeit.

Nichts spricht dafür, dass George W. Bush Gottes Fügung als Auftrag zur Weltmission versteht. Eher läuft er Gefahr, zu Hause an die amerikanische Verfassung zu stoßen, die klar eine Trennung zwischen Kirche und Staat verlangt. Sein weltweites Sendungsbewusstsein hat, wie zu zeigen sein wird, problematische Auswirkungen, aber sein Kreuzzug ist weltlich, sozusagen ein Kreuzzug ohne Kreuz. Dennoch passt der Begriff: Auch die mittelalterlichen Eroberungszüge ins Morgenland waren ja durchaus weltlich motiviert.

Condoleezza Rice würde diesen Vergleich sicherlich noch schärfer zurückweisen als den mit dem Römischen Weltreich. Sie war es, die ihren Präsidenten zur Ordnung rief, als der nach dem 11. September den Krieg gegen den Terror zwei- oder dreimal in amerikanischer Unbefangenheit einen »crusade«, einen Kreuzzug nannte. Seitdem hat er dieses für Muslime wie Christen schwer belastete Wort nicht mehr benutzt.

Für die Sicherheitsberaterin ist die Verbreitung der amerikanischen Werte eine Frage der Zweckmäßigkeit, und sie nimmt die deutsche Geschichte dafür mit in Anspruch:

»Wenn ich nach einem historischen Vergleich suche, dann denke ich eher an das, was in Europa nach dem Zweiten Weltkrieg passierte. Amerika war in zwei europäische Kriege hineingezogen worden und hat dann geholfen, Instrumente zu schaffen – die NATO, den Marshallplan –, die Europa veränderten. Wir haben dazu beigetragen, dass Deutschland ein Anker des demokratischen Europa wurde. Niemand kann sich heute in Europa noch einen größeren Krieg vorstellen. Das liegt daran, dass Deutschland eine wohlhabende und funktionierende Demokratie wurde. Unsere Werte bringen uns also Sicherheit.«

George W. Bush hat diese Gedanken inzwischen in seine wichtigsten Reden übernommen. »Ich glaube an die weltverändernde Kraft der Freiheit. Die sinnvollste Verwendung für Amerikas Stärke ist die Verbreitung der Freiheit. Wenn die Menschen in Afghanistan und im Irak diese Chance nutzen, wird diese ganze wichtige Weltregion von Hoffnung erfasst werden. Und wenn die Freiheit vorwärts schreitet – Herz für Herz, Nation für Nation –, wird Amerika sicherer und die Welt friedlicher werden«, sagte er im Juli 2004, nachdem ihn die Republikaner auf dem Parteitag in New York erneut zum Kandidaten gekürt hatten.

Den Zweiflern draußen – im Saal gab es wohl keine – hielt der

Präsident lachend einen Artikel der *New York Times* aus dem Jahr 1946 entgegen, der die amerikanische Besatzungspolitik im besiegten Deutschland für gescheitert erklärte. Wer so tief und so unbedingt wie George W. Bush von der Richtigkeit seiner Thesen überzeugt ist, der wird immer und überall Belege für sie finden.

Die Herkunft dieses Mannes, die Arbeitsweise seines Apparats, die Wurzeln und die Wirkungen seiner Überzeugungen will dieses Buch beschreiben. Die Werte, zu denen sich am 2. November 2004 die Mehrheit der amerikanischen Wähler bekannte, werden die Geschicke der Weltmacht wie der Welt bis zum 20. Januar 2009 bestimmen. Dann spätestens wird George Walker Bush sein Amt abgeben müssen. Er hat also 1540 Tage, in denen er sein Land und die Welt verändern will.

Was Amerika umtreibt

WWJD? – für: »*What would Jesus do?*«
Moralische Richtschnur, eingraviert in
millionenfach verkaufte Armbändchen

Ein verändertes Land

Der Himmel über Washington war immer so hoch gewesen, der
Horizont so weit. Man konnte die Größe des Kontinents ahnen,
der von hier aus regiert wurde.

Das erste Mal war ich als Student hier, vor zwanzig Jahren,
wenig später wieder als junger Hörfunkkorrespondent der
ARD, und immer habe ich die Fahrt über die breite Interstate
395 aus den preiswerten »suburbs« im Westen hinein in die Me-
tropole geliebt. Ein Freund hatte mir damals seinen alten Chevy
Camaro verkauft, ein Ungetüm von Sportwagen. Seine Achtzy-
lindermaschine schlürfte die Gallonen satt gurgelnd in sich hinein, wenn wir jeden Morgen die kleine Anhöhe zu meinem
Lieblingspunkt auf der Autobahn erklommen. Da lag dann, jenseits des glitzernden Potomac, Washington zu meinen Füßen,
die niedrig gehaltene, so unamerikanische Hauptstadt, in der
ein Kapitol aus dem 19. Jahrhundert die Skyline beherrschen
durfte, links davon, in einer weiten, grünen Parklandschaft, die
scharfe Obeliskenkontur des Washington Monument, davor
der mächtige fünfeckige Bau des Pentagon. Ein kurzer Augenblick nur, im wahren Sinn des Wortes, dann ging es hinunter auf

15

die 14th Street Bridge und hinein in die Hauptstadt. Das war mein täglicher Weg zur Arbeit – damals. Jedes Mal schlug mein Herz ein bisschen höher in diesem Moment. Fünfzehn Jahre lang hat sich daran nichts geändert.

Nun bin ich wiedergekommen, im Oktober 2004, wenige Wochen vor der Präsidentschaftswahl. Ich will ein frisches Gefühl bekommen für die Stimmung im Land. Ausgerechnet an »meinem« Punkt auf der Interstate 395 haben sie eine der großen Anzeigetafeln aufgestellt, die sonst Baustellen ankündigen. Zweckentfremdet gibt sie den »Terror-Warn-Status« an. Code »Yellow«, keine außergewöhnliche Gefahr. Was würde von den Autofahrern erwartet, wenn es Rot wäre? Umkehren? Die Frage ist kein Spaß. Erst als ich die Brücke erreiche, fällt mir auf: Ich habe heute zum ersten Mal versäumt, »meinen« Augenblick zu genießen.

Die prächtige Pennsylvania Avenue ist beim Weißen Haus von Bauzäunen verstellt. Mächtige Kräne versenken Stahltrommeln im Boden, die auf Knopfdruck nach oben schnellen können. Zum Eingangstor des Präsidentenhauses – früher für jedermann zugänglich – gelangt man nur noch mit Sonderausweis. Das Washington Monument, das kurz vor dem 11. September nach jahrelangen Renovierungsarbeiten wieder eröffnet worden war, ist schon wieder eingerüstet. »Maßnahmen für besseren Zugang und erhöhte Sicherheit«, verkünden die Schilder. Die breite Independence Avenue auf den Capitol Hill hinauf wird von bewaffneten Polizeisperren auf eine Spur verengt. Von beiden Seiten spähen die Beamten ins Wageninnere. Ich habe nichts zu verbergen und trotzdem feuchte Hände. Die Polizisten legen nicht mehr die Lässigkeit an den Tag, die ich an ihnen so gemocht habe. Sie wirken bedrohlich und gleichzeitig selbst bedroht in ihren kugelsicheren Westen. Über allem strahlt die schneeweiße Kuppel des Kapitols in der Morgensonne, aber die Pracht des Bildes kann nichts ausrichten gegen meine Beklemmung. Die Stadt ist mir fremd geworden.

»Mein Washington« war das Herz einer Nation, die sich ihrer Macht, ihrer Unangreifbarkeit bis zum Übermut sicher gewesen war. Der amerikanische Glaube daran, dass kein Tag so gut gewesen ist wie heute, morgen aber alles noch besser sein wird, hatte mich, den Kundschafter aus einem tendenziell kleinmütigen Land, immer wieder angesteckt. Davon ist nicht mehr viel zu spüren im Straßenbild, in den Nachrichten, in den Werbespots und in den Reden der Kandidaten. Amerika kämpft den »Krieg gegen den Terror« ohne den selbstverständlichen »Wir werden siegen«-Optimismus, mit dem es sich jedem anderen Konflikt seiner Geschichte gestellt hatte. Sogar der Präsident gab in einem Interview zu, dass dieser Krieg nicht im eigentlichen Sinn des Wortes »gewonnen« werden könne. Das war ein unvorsichtiger Moment, von Pressesprechern schnellstens korrigiert, denn Entschlossenheit und Zuversicht sollte George W. Bush von seinem Herausforderer unterscheiden. Die Nation mochte selbst nicht an einen Sieg glauben, aber von ihrem Führer verlangte sie es. Das war der Hintergrund, vor dem der aufwändigste, technisch raffinierteste, teuerste und härteste Wahlkampf der amerikanischen Geschichte zu Ende ging. Für mich wurde es eine Recherchereise in ein verändertes Land.

Als Reporter aus Deutschland hatte ich im Grunde nur eine Frage an »mein« Amerika: Wie war es möglich, dass ein Präsident, der sein Land unter falschen Voraussetzungen in einen nicht zu Ende geplanten, verlustreichen Krieg geführt hatte, der alte Allianzen auf Spiel gesetzt und jedenfalls zum Teil gebrochen hatte, der zu Hause das Staatsdefizit explodieren ließ und unter dem als erstem Präsidenten der Geschichte Arbeitsplätze verloren gegangen waren, sich nun darauf einstellen konnte, wieder gewählt zu werden?

Die Antwort wird mehr erklären als nur das Wahlergebnis. Sie gibt Aufschluss über das Amerika des George W. Bush, mit dem wir uns nun noch einmal mindestens vier Jahre lang auseinander zu setzen haben.

Nation im Krieg

Wir haben den Effekt nicht verstanden, den fast zweihunderttausend Soldaten im Feld auf die Psyche einer Nation haben. Wir Europäer haben uns daran gewöhnt, dass die politische Führung in den wenigsten Fällen über Leben und Tod entscheidet, schon gar nicht über Leben und Tod unserer Angehörigen. Wir können es uns leisten, ständig zu kritisieren, alles besser zu wissen und nach jeder Nachrichtensendung einen neuen Kurs zu verlangen. Flexibilität ist wohlfeil. Das ist anders, wenn es für viele um alles geht.

Im Herbst 2002, zwischen den Kriegen in Afghanistan und Irak, war ich im Westen von Texas unterwegs. Angela Andersen, meine Partnerin als Autorin dieses Filmprojekts, unser Team und ich suchten die Familie von Gilbert Soto, einem jungen Gefreiten, den wir bei Manövern im Dschungel von Thailand kennen gelernt hatten. Wir wollten sehen, woher der Nachschub für die Truppen der Allmacht Amerika kommt. Das weite Ranchland drei Stunden westlich von Dallas ist dafür ein guter Ausgangspunkt. Da, wo die Straßen schnurgerade bis zum Horizont führen, wo einem über viele Meilen kein Auto entgegenkommt und kein Haus zu sehen ist, da liegt irgendwo im Nirgendwo an einer Kreuzung Coleman – Heimat der freundlichsten Menschen Amerikas, wie das Schild am Ortseingang verkündet. Sie haben wohl nichts anderes gefunden, was sie anpreisen können.

Die Dorfstraße, so breit, dass eine große Rinderherde mitten hindurch zur Verladestation am Bahnhof getrieben werden kann, ist auf beiden Seiten mit unzähligen amerikanischen Fahnen geschmückt. Ansonsten ist sie leer. Wir parken unseren Van direkt vor dem Diner, einer Mischung aus Kramladen, Secondhandshop, Drogerie und Restaurant – der Punkt, an dem man früher oder später alle trifft, die in einer solchen Gemeinde eine Rolle spielen. Wir winken den neugierigen Gesichtern hinter der Scheibe zu und gehen erst einmal die Straße auf und ab: ein

leerer Buchladen, ein paar Antiquitätengeschäfte, ein Stiefel-
macher – Kleinstadtgeschäfte. An allen Türen hängen »Yellow
ribbons«, gelbe Schleifen, die den Soldaten draußen eines Tages
zeigen sollen, dass sie sehnlichst zurückerwartet wurden. In den
Schaufenstern Fotos von entschlossen blickenden Kids in steifen
Uniformen, meist ohne hohe Rangabzeichen, ab und an die Ha-
ken der Sergeanten, Kindergesichter unter zu großen Mützen-
schildern, im Hintergrund die Stars and Stripes, sorgfältig dra-
piert. Neben den Bildern, mit Filzstift ungelenk aufgemalt, die
Daten: »Lance Corporal Tony Williams, 19 years, Kandahar,
Afghanistan«. Dienstrang, Name, Einheit und Einsatzort. Dazu
immer wieder der Satz: »Einer von uns! Betet und unterstützt
unsere Truppen in aller Welt!«

Könnten wir auf einem Globus in jeden Ortsnamen, der hier
erwähnt wird, ein Fähnchen stecken, er wäre ringsum gespickt,
bevor wir das Ende der Straße erreichen. Von Coleman reichen
ganz persönliche Verbindungen rund um eine Welt, von der sie
hier sonst wenig hören.

»Was sollen wir machen, wir sind halt die einzige Weltmacht«, sagt Dorothy mit einem Achselzucken, als wir uns zu
den Damen gesellen, die im Diner bei einer billigen, dünnen
Tasse Kaffee zusammensitzen. Sie haben die Rolle akzeptiert
und die Opfer, die sie verlangt. »Es sind nicht nur Opfer«, wirft
Dorothys Freundin ein, die an der Highschool unterrichtet.
»Für junge Männer gibt es doch bei uns gar keine andere Möglichkeit rauszukommen und etwas von der Welt zu sehen. Da ist
die Army die einzige Chance.« Seit dem 11. September habe sich
doch einiges verändert, gebe ich zu bedenken. Da ist einer nach
dem Ende des Kalten Krieges nichts ahnend zum Militär gegangen, um eine Ausbildung zu bekommen und Erfahrungen zu
sammeln, und nun kämpft er in einem weltumspannenden
Krieg. Afghanistan ist kaum vorbei, alle reden schon vom Irak,
und wer weiß, was als Nächstes kommt. Iran, Korea? Die
Damen, die alle einen Menschen in ihrem Leben haben, der
irgendwo auf der Welt in genau dieser Situation steckt, haben

ihren Frieden damit gemacht, dass sie nur noch beten können. Für einen guten Ausgang. Seit dem Anfang des zwanzigsten Jahrhunderts hat die Geschichte Amerikas jeder Generation mindestens einmal diese Art von Gleichmut abverlangt. Es waren Menschen wie die Männer und Frauen von Coleman, die ihn aufbrachten.

Vertrauen sie dem Präsidenten, der gewählt wurde, als noch niemand ahnte, was bevorstand? Wird er jetzt die richtigen Entscheidungen treffen? Aus der Runde kommt nachdenklich, aber einstimmig: »Ja, wir glauben schon.« – »Er ist ein guter Christenmensch«, sagt Dorothy noch, und da brauchen sie nicht lange zu überlegen. Diesem Argument stimmen alle sofort zu. »Was hat das mit der Strategie eines Krieges zu tun?«, fragen wir uns, als wir die freundliche Runde verlassen. Vielleicht hätten wir damals schon erkennen sollen, welche Rolle Gottvertrauen bald spielen würde, aber wir wundern uns nur – postreligiöse Europäer, die wir nun einmal sind.

Das kleine Haus der Sotos liegt weit außerhalb des Dorfes auf einer Farm. Vom Schaukelstuhl auf der Terrasse geht der Blick meilenweit – und doch sieht man kein anderes Gebäude. Das Land gehört nicht den Sotos, ihnen gehört überhaupt fast nichts. Als der Eigentümer dem Kostendruck nicht mehr standhalten konnte und alles an einen der großen, anonymen Agrarkonzerne verkaufen musste, hatte niemand mehr eine Verwendung für das einsame Haus. Die Sotos waren glücklich, für so wenig Miete ein Dach über dem Kopf zu finden. Hier haben sie ihre drei Kinder großgezogen, zwei Söhne und die sechzehnjährige Stephanie, die noch zu Hause wohnt. Sie spielt Basketball im Team der Schule, sonst gibt es hier wenig Abwechslung: den Diner im Ort, ein, zwei gesichtslose Fastfoodrestaurants an der Umgehungsstraße, den Fernseher, der Tag und Nacht im Wohnzimmer läuft, das ist alles, meint das Mädchen. Es war nicht einfach, die beiden Jungs von dummen Gedanken abzuhalten, sagt Betsy, die Mutter, mit einer Stimme, die ahnen lässt, dass es ihr nicht immer gelungen ist. Sie war froh, als erst der Ältere und dann auch Gilbert zum Militär gingen. Das war, als die Welt noch friedlich schien.

Sie hängt im Garten die Wäsche auf, als wir darüber sprechen, auf welch gefährlichen Beruf sich ihre Söhne eingelassen haben. Was denkt sie, wenn abends die Nachrichten laufen? »Ich schau sie mir nicht mehr an«, antwortet sie leise, »ich will es nicht sehen. Es hilft doch nichts, wenn ich mir immer noch mehr Sorgen mache.« Ich möchte nicht weiterbohren. Wir gehen ins Haus und setzen uns an den Küchentisch. Betsy redet viel von Stolz, von patriotischer Pflicht und von dem Vertrauen, das sie hier alle in den Präsidenten haben, dass er die richtigen Entscheidungen treffen wird. Sie zeigt mir alte Briefe und Fotos und erzählt mit leuchtenden Augen von dem Ehrentag, an dem ihr Sohn seine Grundausbildung abschloss. Er, der kleine schmale Gilbert, den sie im Dorf für einen Tunichtgut gehalten hatten, steckt auf dem Foto in der prachtvollen Paradeuniform der Marines, der Ledernacken – der Elite, der wenigen, der Stolzen, wie ihr Motto sagt.

Damals sind sie von Coleman bis an den Pazifik gefahren, nach Camp Pendleton/San Diego – achtzehn Stunden in einem Rutsch, weil eine Übernachtung unterwegs zu teuer gekommen wäre. Am Ziel hat sich die Army um sie gekümmert, für Unterkunft und Essen war bestens gesorgt. Betsy und ihr Mann John, der Schweißer ist in der einzigen Fabrik von Coleman, glaubten zum ersten Mal, dass aus ihrem jüngsten Sohn nun doch etwas werden würde. Sie hörten still und glücklich zu, als Angela Andersen, die das Kapitel in Thailand gedreht hat, davon erzählt, wie Gilbert dort im Manöver Hubschraubereinsätze koordinierte und Feuerbefehle gab. Der Junge ist nun jemand, auf den andere hören. Das alles hatte damals in Camp Pendleton begonnen. Zurück nach Coleman waren es wieder achtzehn pausenlose Stunden, aber es machte Gilbert und John nichts aus. Daheim würden sie erzählen können. Ihre Reise liegt noch nicht so lang zurück. Es war im Jahr 2001, am 10. September, einen Tag bevor sich die Welt veränderte.

Am Abend laden wir die Sotos ein, mit uns zum Rodeo zu kommen. Sie wären sowieso gegangen. Der Wettkampf der Cowboys der Umgebung ist ein Höhepunkt im Veranstaltungskalender von Coleman. Als wir ankommen, geht über der Prärie blutrot die Sonne unter, aus den Lautsprechern ertönt die Nationalhymne. Sie nehmen im Laufschritt die drei Stufen auf die Tribüne, John nimmt seinen Cowboyhut ab, alle legen die rechte Hand auf die Brust und singen mit den anderen: »O sag mir, ob die Sterne und Streifen noch weh'n – über dem Land der Freiheit, der Heimat der Tapferen.« Und tatsächlich weht hinter ihnen die amerikanische Fahne.

Wochen später, im Schneideraum in Mainz, überlegen Angela und ich lange, ob wir diese Szene überhaupt verwenden können – sie wirkt wie schlecht inszenierter Patriotismuskitsch. Am Ende setzen wir sie in den Film, denn wir waren dort, und wir wissen, wie echt das alles war.

Als in der Endphase des Wahlkampfes immer wieder die Frage laut wird, ob die besorgten Angehörigen der Soldaten in aller Welt die Chancen des Präsidenten schmälerten, gehen mir die Fotos nicht aus dem Sinn. Wir Europäer können kaum verstehen, wie tief und unbeirrbar die patriotischen Gefühle von Menschen sind, deren Angehörige an die Front müssen, und wie beherrschend der Wunsch, dass der Oberkommandierende doch alles richtig machen möge. Ein Wunsch, der Überzeugungen formen kann.

In Krisenzeiten schart sich die Nation um ihren Führer. Abraham Lincoln, Präsident im Bürgerkrieg – dem bis heute blutigsten Waffengang der amerikanischen Geschichte –, wurde 1864 mit fünfundfünfzig gegen fünfundvierzig Prozent der Stimmen wiedergewählt; Franklin D. Roosevelt gewann 1944, in einem Jahr, in dem Hunderttausende amerikanischer Soldaten starben, mit dreiundfünfzig gegen sechsundvierzig Prozent. Nur einmal, während des Vietnamkriegs, haben die Amerikaner sich von unverbrüchlicher Treue abbringen lassen, aber das kostete viele verlustreiche, demotivierende Jahre und war nur möglich, weil die Nation zweifelte, ob in dem fernen Krieg tatsächlich ihre eigenen Interessen auf dem Spiel standen. Im Krieg gegen den Terror ist das nicht die Frage, für die Mehrheit nicht einmal im Irak. Dass es schwerer wurde als erwartet, hat Bush nicht geschadet, im Gegenteil. Er kann sich in seiner zweiten Amtszeit darauf berufen, dass er trotz aller Schwierigkeiten ein Mandat zum Weitermachen bekam und dass er niemanden im Unklaren gelassen habe, welchen Kurs er steuern wolle. »Sie können ja sagen, dass Sie anderer Ansicht sind als ich, aber bei mir wissen Sie wenigstens, wofür ich stehe«, war einer seiner Standardsätze den ganzen Wahlkampf hindurch. Auch auf Nachfragen weigerte er sich beharrlich, auch nur einen Fehler in seiner ersten Amtszeit einzugestehen. Diese Haltung garantierte ihm einen eisernen Griff um gut die Hälfte der amerikanischen Wählerschaft. Das Ergebnis ist ein gespaltenes Land. Die Tiefe des Grabens zwischen »Bush«- und »Nicht-Bush«-Amerika wird künftig wichtiger sein als der genaue Verlauf links oder rechts der wahlentscheidenden Fünfzig-Prozent-Linie.

Als die Demoskopen in den Tagen nach der Wahl ihre Daten sortieren, stellen sie fest, dass der wichtigste Indikator für die Entscheidung für oder gegen den amtierenden Präsidenten die Einstellung der Wähler zur Religion ist. Menschen, die ihren Glauben zur Richtschnur ihres Lebens machen, wählen mit großer Mehrheit Bush. Die anderen entscheiden sich mehrheitlich gegen ihn.

Nation im Glauben

Achtzig Prozent der Amerikaner bekennen, dass sie an Gott glauben, und sechzig Prozent – mehr als viermal so viele wie in Deutschland – erklären, Religion spiele eine wichtige Rolle in ihrem Leben. Die Zahlen haben sich in den letzten zehn Jahren nicht wesentlich verändert. Sie wurden für Wahlkämpfer interessant, als sie sich politisch verwerten ließen, weil sich die öffentliche Debatte immer mehr auf eine schwer fassbare Wertediskussion konzentrierte.

In den USA, Heimat für mehr als fünfhundert größere Kirchen, Religionsgemeinschaften und Sekten, wird die politische Richtung nicht so sehr von der Konfession, sondern eher von der Tiefe des Engagements bestimmt. Die angesehene unabhängige Stiftung Pew Research Center[2] ermittelte, dass sich Traditionalisten in den verschiedensten Glaubensrichtungen, von Wiedergeborenen Evangelikalen bis zu Katholiken, im politischen Leben wesentlich mehr von religiösen Motiven leiten lassen als ihre modernistischen Glaubensbrüder derselben Religion. Dabei sind die Werte unter Traditionalisten bei Evangelikalen (einundachtzig Prozent) am höchsten, bei Katholiken (fünfzig Prozent) am niedrigsten, dort aber immer noch mehr als doppelt so hoch wie bei modernistischen Evangelikalen (einundzwanzig Prozent).

Diese Zahlen zeigen so deutlich wie die Messgeräte texanischer Ölprospektoren, wo Schätze zu holen sind: Durch das kulturelle Fundament Amerikas zieht sich eine Goldmine, eine Art soziales Edelmetall, das auf die Säuren und Laugen täglicher Nachrichten und Sachdebatten nicht reagiert. Seine Lagerstätten sind am stärksten dort, wo religiöse Werte tief verwurzelt sind. Im Untergeschoss des Weißen Hauses hatte ein gewisser Karl Rove, ein hyperaktiver Mann mit der cherubinischen Ausstrahlung eines eifrigen Vorbeters, das richtige Gespür und die richtigen Werkzeuge, um diesen Schatz zu heben.

Entdeckt haben den Schatz allerdings andere, lange vor Rove. Menschen, deren politische Potenz wir Europäer übersehen haben.

Gut sechzehn Jahre vor Bushs Wiederwahl war ich mit meinem Hörfunkkollegen Hermann Vinke im Norden Floridas unterwegs. Der Vorwahlkampf 1988 tobte, es galt, das Erbe Ronald Reagans zu verteilen. George Bush, treuer und geachteter Vizepräsident des konservativen Revolutionärs, bekam nichts geschenkt. Der rechte Flügel der Partei, deren Vorsitzender er auch noch war, machte ihm die Nominierung streitig. Pat Robertson, ein mit allen Wassern gewaschener Fernsehprediger, war damals der Bannerträger der religiösen Rechten unter den Kandidaten. Einem Europäer reicht eine halbe Stunde Robertson-Gottesdienst im Fernsehen, um den Mann aus South Carolina als Spinner abzutun. Da mischen sich ekstatische Jesus-Begeisterung mit dreister Bettelei und wilden, ultrakonservativen politischen Appellen. Aber Robertson hat eine in die Millionen gehende Gefolgschaft, die sich ihre Gehirnwäsche täglich per Fernbedienung ins Haus holte. Und er verfügte aus seinem regen Devotionalienhandel und den ständigen Spendenaktionen über eine gewaltige Datenbank mit Namen, Adressen und Telefonnummern christlich motivierter Konservativer – Bohrsonden in die Goldmine.

David Zachem, der regionale Wahlkampfmanager von Pat Robertson in Tampa, lud Hermann Vinke und mich damals in sein »Labor« ein, zu einem Kurzlehrgang in amerikanischer Wahlkampfstrategie. Er hatte nicht die Ausstrahlung eines Missionars, man hätte mit ihm auch die Rolle eines Chefingenieurs in »Raumschiff Enterprise« besetzen können – kühl kalkulierend, präzise formulierend, ein Chefmaschinist der Politik. Eine riesige Karte des Staates Florida bedeckte eine Wand seines Büros. Sie war mit roten und blauen Folien überzogen. »Wenn ihr Amerikaner wärt, würde ich euch das nicht zeigen«, scherzte er, »aber ihr werdet nicht so auf die Einzelheiten achten.« Seine Leute hatten die politischen Neigungen und Interessen der Bürger bis hinunter auf die Ebene von Straßenzügen kartographiert. »Florida besteht im Grunde aus zwei Staaten«, dozierte der Manager. »Hier, in der Mitte, über die Interstate 4, kommen im Herbst und im Frühjahr immer die Reisenden aus dem Mittleren Westen, um Urlaub zu machen, das Training ihres heimischen Baseballteams anzuschauen oder ihre Kinder ins Feriencamp zu bringen. Viele sind hängen geblieben oder im Alter auf

Dauer hergezogen. Das sind anständige, christliche, konservative Menschen aus der Gegend der Großen Seen.« Zacke ging zur anderen Seite des Raums.

»Dort, im Osten, kommt die Interstate 95 aus Neuengland an. Die bringt ganz andere Leute. Junge Familien aus Boston und New York, Linksliberale, reformierte Juden – bei denen verschwenden wir unsere Zeit. Wir werden Florida von der Mitte aus aufrollen, und wir werden dafür sorgen, dass unsere Botschaft genau an die richtigen Stellen gelangt. Wie ein Laserstrahl. Wir wissen mehr über die Menschen hier als der ganze Apparat der so genannten etablierten Kandidaten. George Bush hat keine Ahnung, was im Land los ist, was den Menschen am Herzen liegt. Wir wissen das bis ins Detail. Darum hat er gegen uns keine Chance. Er wird von uns überrollt, bevor er weiß, was auf ihn zukommt.«

Damit öffnete Zachem die Nebentür seines Büros. Dahinter saßen in einer großen Halle fast hundert ältere Menschen, meist Frauen, in Turnschuhen und Freizeitkleidung. Sie steckten Werbematerial in Umschläge und wählten Telefonnummern, die in langen Listen auf den Tischen vor ihnen lagen. »Hallo, ich bin Dorothy von der Pat-Robertson-Mannschaft, und ich wollte mit Ihnen über die Vorwahlen sprechen. Wenn Sie vorhaben, sich zu beteiligen…« – »Point sheets« mit einschlägigen Argumenten gaben die Richtung der Gespräche vor. Über dem Raum lag das Summen einer gut geölten Maschinerie. Viele hatten ihren Arbeitsplatz mit einem Heiligenbildchen geschmückt, an der Stirnwand des Raumes hing ein gewaltiges Poster mit dem Konterfei des frommen Kandidaten. »Alles Freiwillige«, meinte Zachem, als er die Tür wieder schloss, »kosten uns keinen Cent. Gut so, wir brauchen das Geld nämlich für die Fernsehspots.«

»Only in America«, sagten wir, als wir zum Parkplatz des Einkaufszentrums gegenüber zurückgingen. Nur in diesem Land ist es möglich, aus einer überdrehten christlichen Show eine solche Bewegung zu formen, und nur hier kann einer glauben, dass er damit den Vizepräsidenten des erfolgreichen und beliebten Ronald Reagan, dem der gesamte Apparat des Weißen Hauses zur Verfügung steht, aus der Bahn werfen kann. Wir hatten ja keine Ahnung! Sechs Monate später siegt Pat Robertson in den tonangebenden Vorwahlen des Farmstaats Iowa über George Bush sen. Doch das Establishment erkennt die Gefahr und reagiert. Am Ende hatte der Prediger keine Chance. *Noch* keine. Was wir in Florida gesehen haben, waren die Anfänge einer Bewegung, die sechzehn Jahre später amerikanische Politik gestalten sollte, wie wir es nie für möglich gehalten hätten. Sie folgte damals nur dem falschen Mann. Pat Robertson motivierte die Aktivisten und verschreckte die Mitte. Er war ein Wegbereiter, kein Führer. Das religiös-konservative Amerika brauchte einen anderen Kandidaten.

Der Mann, der diese Rolle einmal spielen sollte, arbeitete damals in bescheidener Stellung im Weißen Haus im Stab seines Vaters. Als die Wahlstrategen der Bush-Kampagne erklären, dass der Vizepräsident ohne die Unterstützung der Evangelikalen keine Chance hat, übernimmt der Sohn die Rolle des Mittlers. Er ist selbst einer von ihnen. George W. Bush wird eigentlich kaum wahr-, geschweige denn ernst genommen. Seine eigenen politischen Versuche sind ebenso gescheitert wie seine geschäftlichen Unternehmungen – bis auf einen Deal mit einem texanischen Baseballteam, mit dem ihm Freunde einen Millionengewinn zugeschanzt hatten. Kaum jemand traute dem Junior damals eine eigene politische Karriere zu, aber er war ein ausgezeichneter Kontaktmann in eine Welt, zu der der Vater keinen Zugang hatte. Er kannte die Denkweise der Evangelikalen, ihre mit Anspielungen auf Bibeltexte gespickte Sprache, er bediente sich mit natürlicher Gelassenheit der Gesten und Symbole, die dort verstanden wurden.

Damals hat das niemand so genau beobachtet. Die etablierten Medien von den Fernsehnetworks bis zu den großen Zeitungen hatten weder einen Zugang zu noch Interesse an Amerikas Fundamentalisten. Unterhalb des Radarschirms öffentlicher Beobachtung sorgte George W. Bush dafür, dass sein Vater aus diesem Lager das Maß an Zuspruch bekam, das er gegen seinen letzten Rivalen Michael Dukakis brauchte – den Gouverneur von Massachusetts, der anfangs mit großem Vorsprung führte und dann sang- und klanglos unterging, wie das gelegentlich so passiert.

Vier Jahre später konnte Bush jr. allerdings nichts mehr für seinen Vater tun. Der brave Familienvater und Verwalter im Weißen Haus hatte kaum etwas geliefert, was die Religiös-Konservativen für ihn hätte begeistern können. Nach vier Jahren erwarteten sie vom Präsidenten mehr als einen Sohn, mit dem sie ersatzweise reden konnten. Sie blieben zu Hause und ließen sich überrollen von den Propheten des Wechsels um Bill Clinton – kein Konservativer, aber ein Charmeur aus dem Süden, der bei Bedarf mit einer Bravour auf der Klaviatur religiöser Signale spielte, die selbst George W. Bush in den Schatten stellt.

Bill Clinton war der erste äußere Wegbereiter der Bush-Revolution. Im Einzelnen wird davon noch die Rede sein. Hier ist nur wichtig, dass die Spätachtundsechziger und ihr Laisser-faire im Weißen Haus den religiösen Fundamentalisten acht Jahre lang ein Feindbild lieferten, das sie im Wahljahr 2000 für George W. Bush mobilisierte – entscheidend, aber noch nicht in voller Stärke. Viele wählten Bush jr. beim ersten Mal nur, weil er nicht Al Gore war, der »zweite Mann« des verhassten Bill Clinton. Vier Millionen »wiedergeborene« Christen blieben am Wahltag zu Hause. Einundfünfzig Prozent der Bush-Wähler zweifelten an ihrer eigenen Entscheidung.

Bushs Wahlkampfmanager Karl Rove erkannte, dass er diese Reserven 2004 mobilisieren musste, wollte er dem Sohn liefern, was der Vater verpasst hatte: eine zweite Amtszeit. Es sollte ihm gelingen, denn er hatte dafür die richtige Stimmung im Land, vor allem den richtigen Kandidaten, den richtigen Gegner und am Ende die richtige Taktik. Nichts davon hat Europa so wahrgenommen, wie es wirklich war. Fast alles hat mit Religion zu tun und wird amerikanische Politik bis zum 20. Januar 2009 bestimmen – wenn Bushs Nachfolger eingeschworen wird.

Die Allmacht Amerika hat unter diesem Präsidenten einen Kreuzzug begonnen, der die Welt notfalls mit Waffengewalt sicher machen soll für Demokratie, Freiheit, Kapitalismus und Menschenrechte nach amerikanischer Lesart – eines der größten oder größenwahnsinnigsten Projekte der Geschichte. Im Wahlkampf fand darüber fast keine Debatte statt. Für Europäer war das unbegreiflich.

Wahlkampf im Krieg/Wahlkampf im Glauben

Die gnadenlose Generalabrechnung mit George W. Bush, die sich die große Mehrheit der Europäer vom Wahlkampf 2004 erhofft hatte, fand nicht statt. Es gibt einen einfachen Grund dafür: Für John Kerry wäre es politischer Selbstmord gewesen. »Sie rammen uns in Grund und Boden, wenn wir das versuchen«, sagte der wichtigste außenpolitische Berater des Herausforderers im vertraulichen Gespräch. Stan Greenberg, Meinungsforscher der Kerry-Kampagne, zog nach der Niederlage resigniert Bilanz: »Viele Wähler stimmten Kerry zu, wenn man sie auf die Sachfragen ansprach, auf Krankenversicherung, auf die Wirtschaft oder den Irak – und trotzdem wollten sie ihn nicht wählen. Unser Land ist kulturell so stark polarisiert, dass wir mit unserer Botschaft nicht mehr durchkamen.«[3]

Amerikanische Wahlen – Präsidentschaftswahlen zumal – werden sehr viel weniger von Sachfragen bestimmt, als wir uns das in Deutschland vorstellen. Dabei spielt auch eine Rolle, dass der Mann im Weißen Haus weniger als Regierungschef denn als oberster Repräsentant der Nation wahrgenommen wird. Er muss den Ton und die Richtung angeben, um die Details kümmern sich seine leitenden Angestellten im Kabinett. Die historische Erfahrung zeigt ohnehin, dass sich für eine Weltmacht mit ihren globalen Verstrickungen die Prioritäten so schnell ändern können, dass es auf Einzelheiten einer Sachdebatte nicht mehr ankommt. Ronald Reagan wurde nicht gewählt, damit er ein Raketenabwehrsystem baute – daran dachte 1980 kein Mensch –, sondern weil er an Amerika glaubte und dem sowjetischen Expansionsstreben mit Entschlossenheit entgegentreten wollte. Bill Clinton wurde nicht gewählt, weil er das Sozialsystem zusammenstreichen wollte – ganz im Gegenteil –, sondern weil ihm die Nöte der »kleinen Leute, die für ihre Familien sorgen, Steuern zahlen und die Spielregeln einhalten« (Clintons Standardsatz im Wahlkampf), aus eigener Erfahrung vertraut zu sein schienen, während George Bush sen. immer wieder bewies, wie weit er sich vom Alltag der Wähler entfernt hatte. Im Jahr 1992 schickten ihn seine Berater für die Kameras in einen Supermarkt. Leider war er beim Bezahlen so entzückt über den Laser, der die Preisschilder las, dass jeder merkte: Der ist seit Jahren an keiner Kasse mehr vorbeigekommen.

Von Kandidaten, die den Wählern ein »Wir-Gefühl« vermitteln, sagen Amerikas Meinungsforscher respektvoll: »They poll better than their issues« – sie bekommen bessere Umfrageergebnisse als ihre Sachpositionen. George W. Bush ist ein klassisches Beispiel dafür.

Zwei Monate vor der Wahl steckte mir ein angesehener amerikanischer Diplomat vorab die Ergebnisse einer großen Meinungsumfrage des Chicago Council on Foreign Relations zu, das viel Geld ausgegeben hatte, um die Stimmung im Land zu internationalen Fragen zu sondieren.[4] Er sah in den Ergebnissen ein Vorzeichen dafür, dass Bush die Wahl verlieren werde, weil laut der Umfrage eine Mehrheit der Amerikaner für die Vereinten Nationen, für die alten Allianzen und für diplomatisches Vorgehen in internationalen Krisen war. Die Zahlen waren korrekt, aber die Fragen waren für die Wahlentscheidung unerheblich.

Blanche Lincoln, Kongressabgeordnete der Demokratischen Partei aus Arkansas, brachte ihre Wahlkampferfahrungen auf den einen Punkt: »Die Menschen sehen sich so schwierigen Problemen gegenüber, dass sie sich an ihren Glauben und an Gebete klammern.« Da war sie, Karl Roves Goldmine. John Kerry konnte vielleicht die Fernsehdebatten gewinnen, aber seine Argumente haben diese Wähler nie erreicht. George W. Bush stieß direkt zu ihnen durch. Für sie wie für ihn gehen Grundüberzeugungen vor Fakten, und der Präsident sendete ihnen unausgesetzt Signale, die sagten: »Ich bin einer von euch.«

Während John Kerry seine Zuhörer von Bruce Springsteen anheizen ließ, sangen Bush-Anhänger Kirchenlieder und beteten. Wenn der Präsident die Bühne betrat, war der Ton schon gesetzt. Er wandte sich an den Teil des amerikanischen Volkes, der davon überzeugt ist, dass Amerika in einer schwierigen Zeit, ausgerechnet am Beginn des Kampfes gegen eine neue globale Herausforderung, seinen ethischen und moralischen Kompass verloren hat, in jeder Beziehung. Sie sehen Alarmzeichen in Vorfällen, die andernorts allenfalls amüsieren würden.

William Safire, Kolumnist der liberalen *New York Times,* dabei aber eine der wichtigsten Stimmen der Konservativen im Land, erklärte die »Fehlfunktion« des Bustiers der Sängerin Janet Jackson in der Halbzeitshow des Footballendspiels 2004 zum »wichtigsten soziopolitischen Ereignis des Jahres«. Es war sicher das meistgesehene. Als das Bild einer entblößten Brust für Sekunden Live über Millionen von Fernsehschirmen flimmerte, sei »den Zuschauern die rohe Vulgarität der amerikanischen Massenkultur« schlagartig klar geworden. Die Bewertung ist in amerikanischen Augen nicht so abwegig, wie sie uns erscheint. Europäer müssen die Folterbilder aus dem Gefängnis Abu-Ghraib in Bagdad für viel schädlicher und bedeutsamer halten. Die lösten auch in den USA Empörung aus, aber sie wurden eher als Entgleisung gesehen denn als Zeichen dafür, dass das ganze Land in die falsche Richtung treibt. Für Europa war es umgekehrt – ein weiterer Fall, bei dem sich Bewertungen so unversöhnlich gegenüberstehen, dass Diskussionen ergebnislos bleiben.

Safire hat sicher Recht, wenn er annimmt, dass der Anblick des Busens diejenigen bestärkt hat, die nach einer energischen kulturellen Kurskorrektur riefen. Als Ansatzpunkt für eine politische Kampagne war die Sekunden-Peepshow aber selbst für puritanische Aktivisten zu singulär. Da leisteten »Gay Rights«-Aktivisten die möglicherweise entscheidende Schützenhilfe.

Im Jahr 2003 billigte der Supreme Court des liberalen Staates Massachusetts homosexuellen Paaren ein Grundrecht auf die Anerkennung ihrer Lebensgemeinschaften durch den Staat zu. Später lud der Bürgermeister von San Francisco Hunderte gleichgeschlechtlicher Paare zu einer Art Massentrauung in das Rathaus der Stadt ein. Beide Ereignisse beherrschten über Tage die Schlagzeilen und vor allem die Fernsehnachrichten im ganzen Land. Talkshows hielten das Thema wochenlang wach – »ad nauseam«, wie die Amerikaner sagen, bis zum Erbrechen.

Amerika wurde dadurch nicht über Nacht zu einem Land der bigotten Schwulenhasser. Am Wahltag erklärte die Mehrheit der Befragten immer noch, dass kein Mensch wegen seiner sexuellen Neigungen benachteiligt werden dürfe. Und trotzdem herrschte an Stammtischen und in den Kirchen aller Konfessionen eine »Jetzt reicht's«-Stimmung, die nur darauf wartete, ausgebeutet zu werden. Karl Rove ist kein Mann, der sich so eine Gelegenheit entgehen lässt. Sein Kandidat brauchte keine Beratung, er sagte aus dem Bauch heraus das Richtige: »Ich glaube, dass der heilige Stand der Ehe die Verbindung eines Mannes mit einer Frau verlangt«, mit leichter Betonung auf »eines« und »einer«. Das war so harmlos formuliert, dass er selbst unter Homosexuellen noch ein Fünftel der Stimmen bekam, signalisierte seiner Stammwählerschaft aber, dass er auf ihrer Seite stand. Die Mobilisierung übernahm Karl Rove wieder »unterhalb der Radarschirme«: In elf Bundesstaaten unterstützte er mit seinem Apparat Volksinitiativen zur Verankerung des »Heterosexualitätsprinzips« in den jeweiligen Staatsverfassungen. Diese Frage brachte Menschen in die Wahllokale, die sich für die anscheinenden Nuancen in den Einstellungen der Kandidaten zum Irak oder zu den Vereinten Nationen nicht interessierten.

Die Initiativen waren für Rove nur ein Mobilisierungswerkzeug in seinem reichen Arsenal, aber sie waren überall erfolgreich, selbst im liberalen Oregon an der nördlichen Pazifikküste. Hier stemmten sich die »Anständigen« in die Speichen und zeigten den liberalen Eliten in den großen Küstenstädten, vor allen Dingen in Los Angeles und New York, dass das Rad der kulturellen Entwicklung in Amerika nicht zwangsläufig immer weiter in Richtung Laisser-faire rollen musste. Sie hatten Mut gefasst, weil der Mann im Weißen Haus ihnen zeigte, dass sie keine verlorene Minderheit waren. »Ich trage meine Religiosität nicht vor mir her, wie das manche tun, aber meine Überzeugungen sind mir wichtig«, sagte eine Wählerin einem Reporter der *New York Times*. »George Bush hat gemacht, dass ich mir deshalb nicht mehr komisch vorkommen muss.«[5] Im Bundesstaat Ohio, wo der »Bibelgürtel« der religiös gefestigten Christen und der »Rostgürtel« der von Jobverlust und Kostendruck gebeutelten Industrien aufeinander treffen, entschied dieser Aufstand am Ende die Wahl für das ganze Land.

Nach den hergebrachten Regeln des Wahlkampfes war Ohio für George W. Bush nicht zu gewinnen. Der Staat hatte in seiner Amtszeit mehr als eine Viertelmillion Jobs verloren, mehr als jeder andere Bundesstaat und die meisten davon ins Ausland. Die Gewerkschaften predigten, dass die Freihandelspolitik des Präsidenten die Hauptschuld daran trage. Das finanzpolitische Husarenstück seiner Innenpolitik, die Steuersenkung vom Frühjahr 2001, hatte in Ohio keinen erkennbaren Nutzen gebracht. Sein »mitfühlender Konservatismus« hatte im zerfallenden Industriegebiet um Cleveland niemanden erreicht. Am Ende eines Wahlkampfes, der nirgendwo so hartnäckig, so teuer und so gründlich geführt worden war wie in Ohio, glaubten die Wähler weder dem einen noch dem anderen Kandidaten, dass er an ihrer materiellen Lage etwas ändern würde. Also entschieden sie sich für den, der wenigstens ihre Wertvorstellungen zu teilen schien.

Der Sieg Bushs in Ohio ist der Beweis dafür, dass in Amerika eine politische Epoche zu Ende ist, die spätestens in den dreißiger Jahren mit Franklin D. Roosevelts New Deal begonnen hatte. Bestimmende Faktoren sind heute nicht mehr Herkunft, Rasse oder soziale Klasse, sondern kulturelle und moralische Werte – was immer das genau heißen mag.[6] Die »neue moralische Mehrheit« ist keine Bande »wiedergeborener« Eiferer vom rechten Flügel. Sie bringt religiös motivierte Menschen aller Konfessionen zusammen – von Katholiken bis Mormonen und zunehmend auch Juden. Religion ist nicht allein entscheidend, aber Ernsthaftigkeit und Tiefe des religiösen Engagements, ob man feiertags in Kirche oder Synagoge geht, sind jetzt die zuverlässigsten Indikatoren für das Wahlverhalten geworden.[7] Ob Muslime nur wegen des derzeitigen Weltkonflikts eine andere Rolle spielen oder auf Dauer ausgeschlossen bleiben, ist übrigens noch keineswegs entschieden.

Die Demokratische Partei, mit der diese Wähler eher den demagogischen Filmemacher Michael Moore als Franklin D. Roosevelt verbinden, hatte da einen schweren Stand. Harvard-Professor Michael Sandel urteilte nach der Wahl: »Die Demokratische Partei hat den Republikanern ein Monopol auf die moralischen und spirituellen Quellen der amerikanischen Politik überlassen. Sie wird sich erst dann wieder erholen, wenn sie einen Kandidaten findet, der diese Sehnsüchte ansprechen und in Richtung Fortschritt lenken kann.«[8] John Kerry konnte das nicht gelingen, nicht gegen diesen George W. Bush.

Der rechte Kandidat

Irgendwann im Frühsommer 2004, als klar wurde, dass der Krieg im Irak während des gesamten Wahlkampfes eine offene Wunde sein würde, mussten der Präsident und seine Berater eine grundsätzliche Entscheidung treffen: Sollte George W. Bush zugeben, dass ihm und seiner Regierung in diesem Konflikt Fehler unterlaufen waren? Man konnte es ja als nützliche Erfahrung verkaufen. Bush entschied sich klar für »Nein«. Ein Grund dafür ist persönlich: Der Präsident ist »kein Mann, der zu kritischer Selbstbetrachtung neigt«[9]. Der andere liegt in seinem Verständnis der Rolle, die er zu spielen hat: Ein Präsident darf keine Fehler zugeben, wenn er will, dass ihm sein Land und seine Alliierten folgen. Das war jedenfalls die Logik, mit der Bush in der zweiten Fernsehdebatte auf die entsprechende Frage einer Bürgerin antwortete. »Wie kann John Kerry von unseren Verbündeten erwarten, dass sie uns im Irak unterstützen, wenn er gleichzeitig sagt, dass es der falsche Krieg zur falschen Zeit sei?« Seine Kritiker schüttelten den Kopf bei diesem starrköpfigen »Augen zu und durch«. Ihm selbst gefiel seine eigene Antwort so gut, dass er sie in seine Standardwahlkampfrede aufnahm. Die Umfrageergebnisse gingen nach oben. In einer Zeit, in der Amerikas Feinde wie eine Meute Wölfe die Weltmacht umkreisten und nach Schwachpunkten suchten – das Bild war ein Motiv der republikanischen Werbespots –, glaubte George W. Bush an die geradezu magische Kraft unbeirrbarer Führungsstärke.

Die Kreise, in denen sich John Kerry sein Leben lang bewegte – vom Debattenteam der Universität Yale bis zum Senat der USA –, belohnen kritische Selbstbewertung und intellektuelle Flexibilität. George W. Bush dagegen stand breitbeinig mit Cowboystiefeln in der Kultur von Texas, die Klarheit und Geradlinigkeit verlangt, besonders unter widrigen Umständen. Die Mehrheit der Amerikaner sah es ebenso. Ich habe in den letzten Wochen des Wahlkampfes viele getroffen, die Bush kühl und sachlich schwerwiegende Fehler vorwarfen; von ihm selbst wollten sie das allerdings nicht hören. Sie folgten der Logik ihres Präsidenten: Es geht nicht um Afghanistan oder den Irak, es geht um einen unabsehbar langen Krieg gegen eine aggressive, finstere Macht. Dabei wird nicht immer alles gerade und nach Plan verlaufen. Fehler – von der Truppenstärke bis zur Aufsicht in Abu Ghraib – sind deshalb kaum der Rede wert. Am Ende wird im Kampf der Freiheit gegen den Terror die richtige Weltanschauung siegen, wenn sie den längeren Atem hat. Dass es außer Briten und Australiern kaum eine Nation gibt, die bereit ist, sich an Amerikas Seite auf die unvermeidlichen Gefahren einzulassen, hat niemanden überrascht, es brachte Bushs Politik jedenfalls nicht in Misskredit. John Kerrys Versprechen, die Alliierten in das Irak-Abenteuer hineinzuziehen, hat kaum jemanden überzeugt.

Bushs Argumentation mag simpel sein, aber sie sprach nicht nur simple Gemüter an. Die Zahlen der Demoskopen beweisen zwar, dass die Zustimmung für John Kerry an der Spitze der Bildungspyramide größer ist als an ihrer Basis, aber George W. Bush hat auch unter gebildeten, weltgewandten, vielsprachigen Amerikanern Millionen von Anhängern.

»In the end, I just have a visceral dislike for John Kerry« – tief aus dem Bauch heraus habe er eine Aversion, sagte mir am Ende einer langen Diskussion ein Anwalt, der sechs Sprachen spricht, die Welt bereist, die großen Philosophen und Historiker im Original liest und durchaus auch mal Demokraten wählt. Immer wieder stießen im Wahljahr 2004 Debatten an diese Grenze – und zwar von beiden Seiten. Das war eine neue Erfahrung für die meisten meiner amerikanischen Freunde. Politische Diskussionen hatten dort bisher immer einen sportlichen Charakter, da prallten keine Weltanschauungen aufeinander. Man argumentierte auf einer gemeinsamen Basis, stets in der Überzeugung, dass vernünftige Argumente zu einer vernünftigen Lösung führen und dass beide Seiten am Ende mit dem Ergebnis leben können. Sogar zu Ronald Reagans Zeiten war das so. Aber diesmal nicht. Unversöhnlicher Streit zerriss Familien und vornehme Dinnergesellschaften in Georgetown, die noch jeden Präsidentenwechsel überstanden hatten.

Mit George W. Bush war ein Teil Amerikas an die Macht gekommen, der glaubte, in einer Zeit, die keine Wankelmütigkeit zulässt, die Wahrheit gepachtet zu haben. Dieser Teil der Wählerschaft hatte sich zu lange verachtet und ausgeschlossen gefühlt, um entspannt für eine Verlängerung des Bush-Mandats zu werben. Die Gegenseite ist mit derselben Wucht der Überzeugung, dass Präsident George W. Bush das Land innen und außen auf einen fundamentalistischen Irrweg führt. Es ist ein Kampf um die politische Kultur. Der »middle ground«, die gemeinsame Basis des amerikanischen politischen Diskurses, ist weggebrochen.

»Sie denken, Bush sei ein Idiot, nicht wahr?«, brüllte Mark McKinnon dem Reporter der *New York Times* ins Gesicht.[10] Die Szene kann ich mir gut vorstellen: Ich habe den überdrehten, selbstbewussten Texaner in seinen lauten Jacketts, Cowboyhut und -stiefeln im Wahlkampf 2000 kennen gelernt. Er war damals schon Medienberater des Gouverneurs George W. Bush. Tantiemen aus Hunderten von Millionen Dollar teuren Fernsehkampagnen für Bush/Cheney haben ihn seitdem zu einem reichen Mann gemacht – und kein bisschen leiser. Der Mann von der *Times* hatte keine Zeit, sich gegen den Vorwurf zu wehren. McKinnon war nicht mehr zu bremsen: »Doch, natürlich, das tut ihr alle. An der Ostküste rauf und runter, an der Westküste und in den paar Häuserblocks rund um die Wall Street, die Manhattan heißen. Ich will Ihnen mal was sagen: Das ist uns egal! Sie sind nämlich in der Minderheit – zwei zu eins. Die Mehrheit sind die Menschen in der großen, weiten Mitte Amerikas, fleißige, hart arbeitende Leute, die keine *New York Times* lesen, auch keine *Los Angeles Times* und keine *Washington Post*. Wissen Sie, was die mögen? Die mögen, wie er läuft, wie er redet, wie er mit dem Finger zeigt, wie er Zuversicht ausstrahlt. Sie glauben an ihn. Und wenn ihr versucht, ihn lächerlich zu machen, wenn er Worte verdreht oder Sätze durcheinander bringt, dann ist das nur gut für uns, weil diese Leute eines überhaupt nicht ausstehen können: Leute wie Sie!!« Damit wurde der Riss, der durch Amerika geht, in einem einzigen, brillanten Wutausbruch beschrieben.

Die Demokraten haben den Wechsel von der klassendominierten zur wertedominierten Politik verpasst. Ihr Kandidat sollte ein neuer Kennedy sein. Doch selbst das Original wäre diesmal zu spät gekommen, die Kopie wirkte in den Augen der Bush-Anhänger nur noch lächerlich – sozusagen gestrig. Wenn der Präsident sich als Privatmann zeigt, schlägt er, mit der Motorsäge in der Hand, einen Pfad durchs Unterholz seiner Ranch, auf die er ehrlich stolz ist – ich erinnere mich gut daran, wie er uns in seinem Flugzeug fröhlich davon erzählte.

John Kerry ließ sich auf dem Snowboard und beim Kitesurfen filmen, den trendigsten Sportarten für Sommer und Winter und duchaus respektabel für einen Mann in den Fünfzigern, aber er hätte ebenso gut »Ich bin keiner von euch« an den Himmel schreiben können.

Menschen, denen seit dem Ende der sechziger Jahre von den Massenmedien, von den Leitbildern in Kunst und Kultur und von den Herrschenden in Washington, New York und Hollywood vorgemacht und eingeredet wurde, dass sie die hoffnungslos Gestrigen sind, glauben plötzlich, dass ihnen das Morgen gehört – und gehören muss, damit Amerika überleben kann.

Ich habe auf meinen Reisen viele von ihnen kennen gelernt: Evangelikale als Lokalpolitiker in Kentucky, militante Abtreibungsgegner in Illinois, Mormonen in Utah. Sie waren auf ihre Art beeindruckend und bemitleidenswert, wenn sie mit Begeisterung davon sprachen, dass sie Amerika in ihrem Sinne umgestalten würden. Bald. Wir haben sie nicht ernst genommen.

Jetzt ist George W. Bush ihr Präsident, nicht obwohl, sondern gerade weil das Washingtoner Establishment und das alte Europa ihn ablehnen. Entgegen dem Bibelwort sind sie bereit, ihn nicht an seinen Früchten, sondern an seinen Gegnern zu erkennen.

Das alles steckt hinter den dürren Zahlen, nach denen mehr Amerikaner ihre Stimme nach »moralischen Werten« abgaben als nach Überlegungen zu Terror, zum Irak-Krieg oder zur wirtschaftlichen Lage. Ihre Empfindungen wurden instrumentalisiert von der teuersten, präzisesten und effektivsten Wahlkampfmaschinerie der Geschichte. An ihren Hebeln saß Karl Rove – nicht erst im Wahlkampf, sondern die ganzen vier Jahre der ersten Präsidentschaft hindurch. Er hatte nach dem umstrittenen Sieg im Jahr 2000 nicht einen Tag aufgehört, Wahlkampf zu betreiben, und er wird an der Seite des Präsidenten die Politik bestimmen, wenn es in der zweiten Amtszeit darum geht, eine dauerhafte konservative Mehrheit zu etablieren und Bushs Bild für die Geschichtsbücher zu formen – die vornehmste Aufgabe aller zweiten Amtszeiten, die für Bill Clinton eine Praktikantin namens Monica Lewinsky übernahm und damit zu einer weiteren Wegbereiterin der konservativen Wende 2004 wurde.

Die Maschine des Karl Rove

Karl Roves Apparat verhält sich zu den alten Damen im Hinterzimmer der Pat-Robertson-Kampagne, die ich vor sechzehn Jahren in Florida gesehen habe, wie ein Jumbojet zum Flieger der Gebrüder Wright in den Dünen von Kitty Hawk. Der Wahlkampfmeister ist schon lange nicht mehr darauf angewiesen, dass ihm Kirchenvorstände Adresslisten zur Verfügung stellen, obwohl auch die immer noch wertvolles Futter für unersättliche Computer sind.

Da es im Land der Informationsfreiheit keinen nennenswerten Datenschutz gibt, sind der Sammelwut keine Grenzen gesetzt. Allein die Handelskette Wal-Mart speichert über ihre Kunden viermal mehr Informationen, als das gesamte Internet enthält. Grundsätzlich sind all diese Daten käuflich. Die Bush-Kampagne gab hundertfünfundzwanzig Millionen Dollar dafür aus, alle relevanten Daten über die Wähler in Amerika zusammenzubekommen. In Texas wurde mit Hilfe von gezielten Satellitenaufnahmen Wahlbezirke so raffiniert neu zugeschnitten, dass Wahlkreise mit demokratischen Mehrheiten zersplittert und allein von dort fünf zusätzliche konservative Abgeordnete in den Kongress gewählt wurden.

Für die Präsidentschaftswahl ließ Rove die Suchmaschinen für die Jagd auf Wechselwähler programmieren. Ein Kongressmitarbeiter, der die Technik kennt, erklärte sie mir so: »Die Republikaner brauchen nicht die Mitglieder des Waffenverbands oder die größten Spender der konservativen Kirchen, die haben sie sowieso. Sie brauchen Menschen, die entweder selten wählen oder in der Regel für Demokraten stimmen, aber in ihrem Leben irgendein Zeichen dafür geben, dass sie für konservative Ideen aufgeschlossen sind, beispielsweise ein Facharbeiter, der Gewerkschaftsmitglied ist und dreimal im Jahr Munition für seine Jagdwaffen kauft, oder einer, der seine linksliberale Tageszeitung in letzter Zeit abbestellt hat. Für solche Leute interessieren sie sich.« Wer die Liste der Wahlregistrierungen mit Mitgliederlisten der Gewerkschaften, Abonnentenlisten der Zeitungen und Buchungsdaten der großen Kundenkarten vernetzt, kann diese Menschen finden. Weitere Suchprogramme lokalisieren Personen, die mit den Betreffenden Kontakt haben, bei der Arbeit oder im Sportklub. Irgendwo wird sich ein Anknüpfungspunkt für eine gezielte Ansprache durch einen Parteiaktivisten finden, den er so gut kennt, dass er ihm nicht die Tür vor der Nase zuschlägt, wenn der kommt, um für seinen Kandidaten zu werben. Im Idealfall lassen sich bei solchen Besuchen neue Informationen sammeln über persönliche Ansichten und Interessen, die die Datenbank bis zum nächsten Besuch noch präziser machen.

Es ist die perfekte Verbindung von Hightech mit dem altmodischen amerikanischen Wahlkampf von Tür zu Tür, der immer noch am wirkungsvollsten ist. Der harmlose Finger am Klingelknopf ist durch nichts zu ersetzen, aber inzwischen steht hinter ihm eine Suchmaschine von unheimlicher Präzision.

Im Wahlkampfendspurt wussten alle Strategen, dass derjenige die Wahl gewinnen würde, der nicht nur seine Getreuen an die

Urnen brachte, sondern auch diejenigen, die einen letzten An-
stoß brauchten. Am letzten Tag des Wahlkampfes – »Air Force
One« raste noch einmal über fünf entscheidende Staaten –
nutzte Karl Rove jeden Augenblick auf festem Boden, um
per Mobiltelefon und E-Mail seine Truppen anzufeuern. Er
machte kein Geheimnis daraus: »In Nevada wurden letztes Mal
598 000 Stimmen abgegeben. Unsere Organisation hat dort
heute hundertdreißigtausend persönliche Kontakte aufgenommen, das sind hunderttausend Telefonanrufe und dreißigtausend
Hausbesuche bei hundertdreißigtausend sorgfältig ausgesuch-
ten Familien – nicht restlos motivierte Bush-Anhänger und
Menschen, die öfter die Wahl verpasst haben.« So ging es in
allen Staaten, wo die Entscheidung noch offen war. Am Ende
gaben bei hundertsechzehn Millionen abgegebenen Stimmen
knapp über hunderttausend Wähler in Ohio den Ausschlag.

Kerrys Demokraten waren nicht wehrlos. Ihnen standen ver-
gleichbare Geldbeträge sowie die Mobilisierungspotentiale der
Gewerkschaften und junge Aktivisten zur Verfügung, aber der
Apparat der Republikaner aus Kirchen und überzeugten Konservativen war und ist lokal besser verwurzelt. Karl Rove wird
sich seiner bedienen, wenn er seinem Präsidenten in den nächsten vier Jahren die Heimatfront sichert.

Amerika und die Werte des George W. Bush

Amerika ist ein Land von Menschen, die so anteilnehmend sind, so anständig und so gütig, dass es die Bösen niemals verstehen werden.

George W. Bush, 43. US-Präsident

One Nation under God

Washington, am frühen Nachmittag des 11. September 2001: Die Senatoren und Abgeordneten, die immer so stolz darauf waren, das Parlament der mächtigsten Nation der Geschichte zu bilden, wissen nicht, was tun. Amerika ist ins Mark getroffen. Sie haben hilflos zugesehen, als Militärhubschrauber auf dem geheiligten Rasen vor dem Kapitol landeten und Männer in Kampfuniformen die wichtigsten von ihnen zu den Maschinen trieben, damit die Nation wenigstens ihre Köpfe rettete – und dann war nichts mehr zu tun.

Es hat noch keine Entwarnung gegeben – wird es je wieder eine geben? –, aber sie sind nach und nach aus ihren Verstecken hervorgekommen. Vom schwelenden Brandherd im Pentagon weht immer noch beißender Rauch über den Fluss, als sie sich auf der Freitreppe des Kapitols zusammenfinden, die Prachtmeile der Hauptstadt im Blick, wie sie der Präsident bei der Amtseinführung sieht. Da stimmt einer das Lied an, das jetzt so richtig ist wie kein anderes: »God bless America« – die zweite, die heimliche Nationalhymne. Der Gesang weht über die weite, offene Fläche. Das ist kein Chor, das ist eine große Gruppe von Männern und Frauen mit weißer, schwarzer, brauner und gelber Hautfarbe, die eine gemeinsame Überzeugung, eine gemeinsame Tradition haben und davon singen können. Es sind Stimmen, die das Singen von Hymnen gewohnt sind, es klingt kraftvoll, zuversichtlich und stolz.

»Gott schütze Amerika, mein geliebtes Land. Steh ihm bei und leite es mit deinen Sternen durch die Nacht...«

Das Lied hat ein jüdischer Immigrant geschrieben, der vor fast hundert Jahren als kleiner Junge mit seinen Eltern aus Sibirien in das gelobte Land geflohen war. Sein Name: Irving Berlin.

Im Jahr 1938, als sich über Europa die Wolken eines neuen Krieges zusammenzogen, entstand über Nacht ein »Lied für den Frieden«, wie er es damals nannte. Er traf in jeder Beziehung den richtigen Ton. Auf diese Musik und diese Worte hat sich die Vielvölkernation verständigt. Am Gottesbezug hat sich niemand je gestört. Der Glaube, dass Schicksale von Menschen und Nationen mehr sind als das Ergebnis chemischer und historischer Zufälle, ist eine dominante Note im Grundakkord der Vereinigten Staaten. Dazu gehört auch die Überzeugung, dass dieser Akkord sich frei formen muss, um klingen zu können. Deshalb stand die Trennung von Staat und Religion von Anfang an im Kanon der amerikanischen Prinzipien. In den Gründungsdokumenten der USA – von den »unveräußerlichen Rechten, die der Schöpfer allen Menschen gab« in der Unabhängigkeitserklärung bis zur »neuen Geburt der Nation in Freiheit unter Gott« in Abraham Lincolns »Gettysburg Address« – ist der Glaube an eine höhere Autorität ein wiederkehrendes Motiv. Es war dem Staat jedoch von Beginn an verboten, seine Bürger zur Religion zu zwingen, obwohl es erst elf Jahre später im ersten Zusatz zur Verfassung so festgelegt wurde.

Im Präsidenten laufen diese beiden Stränge zusammen. Als Staatschef muss er die Freiheit der Religionen und die Freiheit zur Religionslosigkeit schützen. Als Politiker, mit dem sich die Menschen des Landes identifizieren wollen, wird von ihm Gläubigkeit erwartet. So entstehen die Widersprüche, die außerhalb Amerikas so wenig verstanden werden. 2004 war insofern keine Ausnahme.

Ich kann mich an keinen US-Wahlkampf erinnern, in dem die Frage nach Religion und Religiosität nicht auf die eine oder andere Art eine Rolle gespielt hätte. Ronald Reagan zum Beispiel war ganz offensichtlich kein religiöser Mann. Außerhalb protokollarischer Pflichtveranstaltungen haben wir ihn nie in einer Kirche gesehen, aber er sprach von Gott mit einer Wärme und Überzeugungskraft, die keiner seiner Nachfolger wieder erreicht hat, besonders an Tagen, an denen die Nation erwartete, dass ihr Präsident ihr Halt gab. Der 28. Januar 1986, als die Raumfähre »Challenger« am Himmel von Florida explodierte, war so ein Tag. Reagan sagte in seiner Ansprache an die Nation das, was zu sagen war. Er sprach zu den Familien, er erklärte den Kindern, weshalb eine verehrte Lehrerin, die ihnen aus dem All die Welt erklären wollte, heute sterben musste. Aber es war alles flach und vorhersehbar und so unsicher, wie das Land selbst sich fühlte, bis Reagan am Ende ein Gedicht zitierte, das für Piloten geschrieben worden war, als Fliegen noch ein ungeheures Abenteuer war: »…und sie entschwebten den traurigen Fesseln der Erde, Gottes Antlitz zu berühren.«[11] Mit diesem halben Satz wurde aus der Rede ein magischer Moment. Reagan rührte auch an die Gefühle von Millionen Amerikanern, die ihn bis dahin nicht als ihren Präsidenten akzeptiert hatten. Erst aus vielen Jahren Abstand ist zu erkennen, dass mit diesem öffentlichen Gebet die Verklärung von Ronald Reagan zu einem der größten Präsidenten der Geschichte begann.

Die Nation, die nach außen so kraftstrotzend und materialistisch wirkt, hat eine andere Seite. Wir nehmen sie so selten wahr, dass solche Gefühlsäußerungen auf uns kalkuliert, fast zynisch wirken, aber sie sind es oft nicht.

Im Sommer 1992 waren wir in South Carolina, im Bibelgürtel der USA unterwegs auf der Suche nach den Stimmen, die das Blatt noch zugunsten von George Bush sen. hätten wenden können. Für den Sonntagmorgen hatten wir einen Drehtermin in der Baptistenkirche von Charlotte. Michael »Micky« Pindter, ein phantastischer Kameramann, der mehr von der Welt gesehen hat, als ich je sehen werde, hielt nicht viel von diesem Plan. Was war von einem »normalen« Gottesdienst schon an Bildern zu erwarten? Bestimmt kein »vom Herrn erfüllter« Schreihals, der vor dem Altar einen spektakulären Veitstanz aufführt und dann die Bankdaten für Geldspenden herunterrasselt.

Als wir auf der Orgelempore des schönen, romanischen Vorbildern in Europa nachempfundenen Gotteshauses die Kamera in Stellung brachten, begann die Gemeinde die erste Hymne zu singen. Aus gut besetzten Reihen füllten die Töne, ganz allmählich lauter werdend, am Ende kraftvoll das große Kirchenschiff. Die Gebete, die Wechselgesänge klangen ernsthaft, routiniert und sicher. Über der Zeremonie lag eine selbstverständliche Kraft, die mir so in deutschen Messen schon lange nicht mehr begegnet war.

»Hm«, sagte Micky, mein abgeklärter Freund, als er die Kamera schließlich absetzte, »das war mal was Besonderes.« War es nicht. Es war kein hoher Festtag, einfach ein Sonntag in einer Stadt, in der Amerikas Wertekompass noch stabil die Richtung zeigt. Wir fühlten uns zurückversetzt in eine Kindheit, in der auch bei uns der sonntägliche Kirchgang für viele selbstverständlich war, bevor Gleichgültigkeit die Oberhand gewann. Amerika steckt noch in dieser Zeit. Seine Intellektuellen bezeichnen den Zustand europäischer Gesellschaften als »postreligiös«. Die meisten beneiden uns nicht darum. Kein Wunder, dass es da Verständigungsschwierigkeiten gibt.

Der Terror des 11. September weckte Gedanken an einen neuen Weltkrieg zwischen Abendland und Morgenland, zwischen Kulturen diesseits und jenseits der Aufklärung, zwischen Islam und Christentum. Seitdem hat Gretchens Frage plötzlich wieder praktische Bedeutung: Wie halten es Nationen und ihre Führer mit der Religion?

George W. Bush hat spät zu seinem Gott gefunden, wie er überhaupt spät zu allem kam, nicht untyisch für einen »wiedergeborenen« Christen. Man mag das »wieder« in »wiedergeboren« in Frage stellen, könnte Zweifel hegen, ob Bush vor seinem vierzigsten Geburtstag überhaupt auf der Welt war. Er redet nicht gerne von dieser Zeit, es gibt wenig Material und kaum Aussagen, jedenfalls nichts, was sich für das alles entscheidende Medium Fernsehen ausschlachten ließe. Gerüchte über Drogenmissbrauch sind nie belegt worden, aber da waren auf jeden Fall Alkoholexzesse, Eheprobleme und ein unstetes, im Grunde erfolgloses Berufsleben.[12]

Der junge Bush, der alle Chancen zu reisen und zu lernen ausgeschlagen hatte, die die Stellung seines Vaters ihm bot, nahm zum lieben Gott den VIP-Eingang: Auf dem Feriensitz des Bush-Clans in Kennebunkport war 1986 Reverend Billy Graham zu Gast. Auf langen Spaziergängen an der Küste von Maine fand George W. Bush in Gesprächen mit dem prominentesten Seelsorger der Nation seinen Weg zur Läuterung. Endlich, an seinem vierzigsten Geburtstag, bekam sein Leben eine Richtung. Bushs Religiosität ist nicht aufgesetzt, er glaubt fest daran, dass Gott ihn in letzter Minute vor dem Verderben gerettet hat, weil er einen Plan mit ihm verfolgt.

Für jemanden, der bereit ist, solche Überzeugungen zu akzeptieren, ist das eine beeindruckende Geschichte. Es bedeutet aber auch, dass der Gouverneur von Texas, der sich 1998 entschloss, die Präsidentschaft anzustreben, im Grunde nur auf eine nützliche Lebenserfahrung von wenig mehr als zehn Jahren zurückgreifen konnte, und auch, dass die Tiefe des Erlebnisses in ihm eine kompromisslose Überzeugung pflanzte, die zwischen dem »richtigen« und dem »falschen« Weg keine Zwischenstufen akzeptiert. »Im Krieg gegen den Terror sehe ich keine Grauzone«, sagte er einmal in Atlanta. Würde ein deutscher Politiker so reden, hätte er keine Chance mehr. Für uns Mitteleuropäer liegen Wahrheit und Mehrheiten in einer Mitte, die jede Meinung, jeden Standpunkt versteht und nach relativierenden, »weichen« Lösungen sucht.

So war vorausbestimmt, dass Europa Schwierigkeiten haben würde, diesen Mann und seine Weltsicht zu akzeptieren. Wir hatten bisher nur mit einem Präsidenten seines Schlages zu tun: Jimmy Carter, der Baptistenprediger aus Georgia. Auch mit ihm gab es Verständigungsprobleme, aber selbst er trug, solange er im Amt war, seine Religion weniger vor sich her, als George W. Bush es heute tut.

Mit George W. Bush zog zum ersten Mal so etwas wie missionarischer Eifer ins Weiße Haus ein. David Frum, einer seiner Redenschreiber, erinnert sich daran, dass einer der ersten privaten Sätze, den er vom Präsidenten hörte, die Klage war: »Ich habe Sie heute bei der Bibelstunde vermisst.« Sie richtete sich nicht an Frum, der als Jude davor einigermaßen sicher war, sondern an den Chefschreiber Michael Gerson, der später aus Frums »Achse des Hasses« die biblischer klingende »Achse des Bösen« schmieden sollte. Seit Bush gehören Gebete zu Beginn der Kabinettssitzungen und tägliche Bibelunterweisung zur Routine. Teilnahme ist keine Pflicht, wird aber erwartet. Es gibt wenig Klagen darüber, weil das Team dieses Präsidenten generell sehr wenig über den Chef klagt, weil viele es nicht anders gewohnt sind und weil er mit seiner legeren Art dem Ritual die Peinlichkeit nimmt.[13]

Dahinter steht bei Bush wohl echte Überzeugung, aber es hat auch für kalte Taktiker einen Sinn. Karl Rove, Bushs politischer Guru, hatte vom ersten Tag der ersten Amtszeit an die vier Millionen »born agains« im Visier, die bei der Wahl 2000 zu Hause geblieben waren – angewidert von der »Wenn es sich gut anfühlt, muss es in Ordnung sein«-Attitüde der Clinton-Mannschaft, aber doch auch misstrauisch gegenüber dem unerfahrenen Gouverneur aus Texas. Vier Millionen ungenutzte Wählerstimmen sind ein Potential, das Wahlen entscheidet. Der Präsident musste diesen Menschen zeigen, dass er zu ihnen gehört. Und dafür brauchte er sich nicht einmal zu verstellen.

»Jesus Christus, denn er hat mein Leben verändert«, antwortete George W. Bush im Jahr 2000 bei einer Debatte im Vorwahlkampf von Iowa auf die Frage nach seinem wichtigsten Philosophen. In der Sonntagsschule von Midland/Texas hätte es ihm vielleicht Sympathien, aber bestimmt keine gute Note gebracht, dass er den Erlöser auf einen bloßen Philosophen reduzierte. In der politischen Debatte war es goldrichtig. Alle anderen Kandidaten, darunter ein Gary Baur, der offizielle Hoffnungsträger der religiösen Rechten, waren überrumpelt und konnten Bush nur noch hinterherstolpern.

In dem Augenblick, in dem Andy Card ihm am 11. September 2001 in der Grundschule von Sarasota zuflüsterte: »Amerika wird angegriffen«, brach für den noch unsicheren Präsidenten eine Epoche moralischer Absolutheit an. Schon in seinen ersten Stellungnahmen war in biblischen Begriffen von den »Kräften des Bösen« die Rede.

Auch große Staatsmänner hatten, wenn ihren Nationen schwere Zeiten und Opfer bevorstanden, die Konflikte in Schwarz und Weiß gemalt – Franklin D. Roosevelt und Winston Churchill im Zweiten Weltkrieg sind Beispiele, die Bush zitiert, aber er brauchte ihnen nicht nachzueifern, er hatte seine eigenen Vorbilder.

»Die Feinde der Freiheit greifen Amerika an, weil wir die Heimat und die Festung der Freiheit sind … Dieser Konflikt wurde zu einer Zeit und zu Bedingungen begonnen, die andere vorgegeben haben. Er wird in einer Weise und zu einer Zeit enden, die wir bestimmen.

Gottes Zeichen sind nicht immer die, die wir erwarten. In solchen Tragödien lernen wir, dass seine Wege nicht die unseren sind … Unsere Einigkeit entstammt der Trauer und der unerschütterlichen Entschlossenheit, unsere Feinde zu besiegen. Diese Einigkeit gegen den Terror reicht nun um die ganze Welt.« So zwischen Bibel und Politik formulierte es George W. Bush drei Tage nach dem 11. September bei der Gedenkfeier in der National Cathedral in Washington.

Die Kathedrale ist selbst ein Symbol für Amerikas Umgang mit dem Glauben. Sie wurde gebaut nach einem Plan von George Washington, steht allen offen, ist keiner Konfession geweiht, zu keiner Kirche gehörig. In ihr können Angehörige aller Glaubensbekenntnisse beten. Noch unter dem Schock der Anschläge kamen dort am 14. September 2001 alle zusammen: Priester, Imame, Rabbiner, die ehemaligen Präsidenten, Abgeordnete beider Parteien, Angehörige der Opfer, die Berater im Außen- und im Verteidigungsministerium, die Bush schon damals in verschiedene Richtungen drängten. In diesem Rahmen fand der Präsident zum ersten Mal in Stil und Ton eine angemessene Haltung zu den Ereignissen. Es war höchste Zeit. Die Nation, die als erste Gott und Staat trennen wollte, wendet sich in solchen Stunden an Gott und erwartet auch von ihrem Präsidenten, dass er das überzeugend tut.

Der Mann, der einmal an der Sonntagsschule lehrte, weiß, dass es jetzt darauf ankommt. Er ist vorbereitet auf die wichtigste Predigt seines Lebens, er hat sie auswendig gelernt und seinen Helfern zigmal vorgetragen. Die Nation soll nicht noch einmal, wie am Abend des 11. September, einen Präsidenten sehen, der hilflos in den Teleprompter starrt. George W. Bush hat sein politisches Leben darauf aufgebaut, dass er im entscheidenden Moment besser ist, als wir es erwartet haben. So ist es auch dieses Mal. Die Worte kommen ihm leicht und natürlich über die Lippen.

»Wahrlich, ich sage euch: Weder Tod noch Leben, weder was geschah, noch was geschehen mag, keine Höhe, keine Tiefe kann uns trennen von der Liebe Gottes. Möge er die Seelen der Verstorbenen segnen und die unseren trösten. Möge er unser Land stets leiten. God bless America.«

Anschließend geht er den langen Gang des neogotischen Kirchenschiffs auf seinen Vater zu und drückt ihm die Hand. Erst in diesem Moment vollzieht sich der Generationswechsel.

In den folgenden Monaten wird sich Europa oft nach dem klugen, diplomatischen Staatsmann aus der letzten Generation zurücksehnen, aber an der Herausforderung dieser Situation wäre der Vater gescheitert. Er hätte die Gelegenheit verpasst, das Land hinter sich zu bringen. Es wäre ihm nicht so selbstverständlich gelungen, die Worte zu finden, die Amerika in diesem Moment braucht. Auch darum hat er acht Jahre zuvor die Wahl verloren.

Wenige Tage später lässt George Bush jr. seinen Instinkten freien Lauf und appelliert an die Gefühle des amerikanischen Herzlands, aus dem er stammt. Als wäre er nicht Präsident der Weltmacht, sondern Sheriff im Wilden Westen, verlangt er Osama Bin Laden »tot oder lebendig.« Die Verbündeten, die inzwischen vor einer unbedachten Aktion der USA noch mehr Angst haben als vor einem neuen Terroranschlag, sind über solche Töne wahrscheinlich erschrockener als der Terrorist selbst.

»Der Präsident redet, wie er redet, weil er glaubt, was er glaubt«, ist die Erklärung des Sprechers Ari Fleischer in solchen Situationen. Den islamischen Fundamentalisten, die es auf einen Kampf der Religionen anlegen, spielen die offene Religiosität dieser Regierung und die Wortwahl des Präsidenten in die Hände. Beides überdeckt die sorgfältig inszenierten Gesten der Verständigung wie den Besuch Bushs in einer Washingtoner Moschee am 12. September. Umringt von bärtigen Männern in Turbanen erklärte er, dass Amerikas Begriff von Religionsfreiheit auch die Freiheit der Muslime einschließe. Er bekannte sich zum Recht muslimischer Frauen, verschleiert auf die Straße zu gehen und dort unbehelligt zu bleiben. Das Wort »crusade«, das er in den ersten Tagen nach dem 11. September einige Male für den Kampf gegen den Terror gebraucht hatte, strich er schnell wieder aus seinem Vokabular, aber es war schon zu spät. Der »Kreuzzug gegen den Terror« war zum feststehenden, leicht angreifbaren Begriff geworden.

Es sei kein Kampf der Religionen, es sei ein Kampf zwischen Freiheit und Terror, erklärt Bush immer wieder. Es muss ihm ernst sein. Amerika ist in religiöser Hinsicht ein Spiegelbild der Welt: Jemand hat fünfhundert größere Religionsgemeinschaften gezählt und dabei Tausende von kleinen Kirchen und eigenständigen Gemeinden außen vor gelassen. Kein Präsident kann es sich erlauben, irgendwelche von ihnen zu benachteiligen. Auch die nicht Betroffenen wären sofort alarmiert. Der Glaube, dass sich der Staat aus dem Seelenleben seiner Bürger herauszuhalten habe, gehört zum Grundverständnis, ist Existenzbedingung der Vereinigten Staaten. Anders wäre diese Vielfalt nicht zusammenzuhalten.

Meine wichtigste Zeugin dafür ist Nancy Moore in Sacramento, Kalifornien. Sie hat ihren Sohn Jack an die obskure Sekte »Heaven's Gate« verloren. Irgendwann in der leeren Zeit zwischen Highschool und Universität war der junge Mann in einer Shopping Mall von Werbern angesprochen worden. Er folgte ihnen aus Neugier. Aus den gelegentlichen Treffen wurden immer längere Abwesenheiten, schließlich verschwand Jack ganz. Nancy Brown konnte nichts tun. Ihr Sohn war volljährig, für eine gewaltsame Entführung gab es keine Anzeichen; Verdacht auf Gehirnwäsche kam in den Bestimmungen der örtlichen Polizei als Einsatzgrund nicht vor. Die verzweifelte Mutter schloss sich mit anderen Eltern zusammen, die ähnliche Schicksale hatten, gründete eine Initiative und eine Zeitung, appellierte an die Politiker ihres Staates Kalifornien. Nach elf Jahren meldete sich ihr Sohn aus Arizona. Seinen Glaubensbrüdern werde der Wirbel, den sie veranstalte, zu viel. Er werde für ein Wochenende nach Hause kommen und alles besprechen, wenn sie dann endlich Ruhe gebe. David kam und lebte für drei Tage bei seiner Familie, aber alle Gesprächsversuche scheiterten wie an einer unsichtbaren Wand.

Als Nancy das nächste Mal von ihrem Sohn hörte, kam der Anruf von der Polizei in San Diego. David hatte – gemeinsam mit allen anderen Mitgliedern der Sekte – Selbstmord begangen, weil sie glaubten, dass Wesen aus dem Weltall kommen würden, die ihre Seelen in eine bessere Welt mitnehmen wollten.

Ms. Moore erzählte mir diese grauenhafte Geschichte für meine Dokumentation über Religionen in Amerika. Ich fragte sie, ob sie es nach dieser Erfahrung nicht besser fände, wenn Polizei oder Staatsanwälte wenigstens solche gefährlichen Sekten im Auge behielten, um das Schlimmste nach Möglichkeit zu verhindern. Diese Frau, die Jahre ihres Lebens dem Kampf um ihren Sohn geopfert hatte und am Ende gescheitert war, antwortete nachdenklich, aber entschlossen: »Nein, das wäre nicht richtig. Wer würde den Staat dann noch daran hindern, Religionen zu kontrollieren oder zu verbieten?«.

Der Gedanke ist nur deshalb extrem, weil er für Nancy Moore auch nach diesem Schicksalsschlag noch galt. Für weniger hart geprüfte Amerikaner ist er eine Selbstverständlichkeit. Sie sind bereit, für Glaubensfreiheit einen hohen Preis zu zahlen.[14]

Selbst wenn man Bush blinden Eifer unterstellen wollte, was mit Sicherheit falsch wäre: Dieses Volk wird auch ein »bornagain Christian«, der wie sechzig Prozent aller Amerikaner an Wunder glaubt, nicht in einen Religionskrieg führen.

Die Werte, für die Amerika bereit ist zu kämpfen, sind andere. An ihnen ist nichts transzendent. Ihr Kanon ist zunächst ein Katalog amerikanischer Selbstverständlichkeiten. Dazu gehören die »unveräußerlichen Rechte« der Unabhängigkeitserklärung: Freiheit, physische, aber auch die auf Meinungsäußerung und auf jede Religion, und als neuere Ergänzung des alten Gleichheitsgrundsatzes auch die Gleichberechtigung der Geschlechter. Über allem spannt sich der Glaube an die ewige Überlegenheit von Demokratie und Marktwirtschaft. Seit dem Fall des Sowjetimperiums gilt das den meisten Amerikanern nicht mehr als Glaube, sondern als bewiesene Tatsache.

Daraus wird eine sehr hoffnungsvolle Perspektive, wenn man bereit ist, gedanklich einen Schritt weiter zu gehen. Nach amerikanischer Überzeugung muss die Welt nach diesen Grundsätzen friedlich werden, weil zwischen offenen, demokratischen Gesellschaften Konflikte immer friedlich gelöst werden. Die Menschen lassen angesichts der Schrecken des modernen Krieges (über die ja dann auch frei berichtet wird) nichts anderes zu. Francis Fukuyama und Michael Doyle haben für diese These einen Über- und Unterbau konstruiert, über den nachzudenken sich lohnt.[15] Sie formulierten damit die außenpolitischen Grundüberzeugungen der so genannten »Neokonservativen«, der NeoCons. Jesus Christus kommt da nirgendwo vor. Tom Friedman, abgeklärter Chefkorrespondent der New York Times, hat den Gedanken deshalb auf eine sehr diesseitige Formel gebracht: »Zwei Staaten, in denen es McDonald's gibt, führen keine Kriege gegeneinander.« Bis jetzt hält der Satz empirischer Nachprüfung stand. Liberale Demokratien haben zwar häufig Kriege geführt, aber niemals gegen ihresgleichen. Irgendwann wird Friedmans Aussage allerdings schon wegen des rapiden Wachstums der Fastfoodkette an ihre Grenzen stoßen.

Obwohl der Überzeugung der Neokonservativen alles Transzendente fehlt, hat sie einen missionarischen Motor, konstruiert nach der simplen Logik: Wenn eine solche Ordnung Frieden garantiert, kann eine Weltmacht nur dann in Frieden leben, wenn es ihr gelingt, die ganze Welt so zu organisieren. Zu Ende gedacht lässt sich diese Sicht in dem Satz zusammenfassen: »Was gut ist für Amerika, muss auch gut sein für die Welt.«

Wer dieses Konzept als Glauben bezeichnet, kann im Weekly Standard das zugehörige Wochenbrevier sehen. Das schlanke Blatt ist das Zentralorgan der neokonservativen Glaubensgemeinschaft. »Die Auflage ist klein, fünfundfünfzigtausend Stück, aber es will gar nicht die großen, ungewaschenen Massen ansprechen. Der Standard ist inzwischen wahrscheinlich die einflussreichste Zeitschrift der USA«, sagte der Medienprofessor Eric Alterman ausgerechnet der New York Times, die sich doch bisher selbst als die einflussreichste Publikation des Landes gesehen hatte. »Der Standard spricht für die Macht und zu den Mächtigen. Wer wissen will, was diese Regierung denkt, muss ihn lesen.«

William Kristol, der Gründer und Chefredakteur des *Standard,* wirkt trotz seiner fünfzig Jahre jungenhaft unkompliziert. In den Redaktionsräumen herrscht die chaotisch-unkomplizierte Atmosphäre, die einem Blatt gut steht, das einst als Stimme der konservativen Revolution begann. Bill Kristol war Stabschef von Dan Quayle, dem aus vielen guten Gründen in Vergessenheit geratenen Vizepräsidenten von George Bush senior. Damals schon hielt er das Banner der neokonservativen Ideologie hoch, aber er und sein Mentor Quayle konnten sich gegen das Establishment der grauen, weisen Männer von Außenminister James Baker über Generalstabschef Colin Powell bis zu Sicherheitsberater General Brent Scowcroft nicht durchsetzen.

Als Clinton die Konservativen – neo und alt – aus dem Weißen Haus vertrieb, hatte der dynamische junge Intellektuelle Kristol keine Lust, in einen der Washingtoner »Think Tanks« zu flüchten. Er gründete seinen eigenen: das »Project for a New American Century«, das von Anfang an amerikanische Militäraktionen rund um den Globus zur Verbreitung amerikanischer Werte forderte. Und er startete seine Zeitschrift. Die Artikel in dem Blatt widersprachen klassischer konservativer Auffassung, die Amerikas Engagement in der Welt eher herunterschrauben wollte. Bush führte auf dieser Basis noch seinen Wahlkampf, er war sicher kein Leser des *Standard.* Damals schrieben dort machtlose Ehemalige. Sie hießen unter anderem Cheney, Rumsfeld, Wolfowitz und Perle. Der *Standard* ist für sie bis heute Mitteilungsblatt und Pflichtlektüre. Jeden Montagmorgen lässt der Vizepräsident dreißig druckfrische Exemplare aus der Redaktion holen, damit er und sein Stab nicht bis zur regulären Auslieferung am Dienstag warten müssen.

In der Residenz des zweitmächtigsten Mannes werden sie nicht mit jedem Artikel einverstanden sein, aber die Richtung stimmt. Chefredakteur Kristol schaut mit der gleichen Herablassung auf Europa, die auch aus Äußerungen von Donald Rumsfeld und anderen spricht. Er nimmt kein Blatt vor den Mund, als er mir seine Weltsicht erklärt: »Nehmen Sie den Einsatz von Gewalt. Das ist so ein Punkt, bei dem Bush mehr als seine Vorgänger die traditionelle amerikanische Sicht vertritt. Manch eine europäische Regierung – die deutsche ist so eine – denkt da ganz besonders europäisch. Sie glauben eben, dass man die Welt durch die Vereinten Nationen regieren kann. Wir nicht. Die Welt besteht aus Nationalstaaten mit widerstreitenden Interessen, und da wird militärische Macht weiter eine große Rolle spielen.«

Dem hätten auch Präsidenten wie Harold Wilson, Franklin D. Roosevelt, John F. Kennedy und Bill Clinton nicht widersprochen, und doch griffen sie nicht so bereitwillig nach Amerikas Waffenarsenal. William Kristol reicht das noch nicht:

»Ich wünschte, wir hätten die Macht, Nordkorea seine Atomwaffen aus der Hand zu schlagen. Ich wünschte, wir könnten das verkommene Mullahregime in Teheran beseitigen, das sein Volk unterdrückt. Mir machen die Grenzen der amerikanischen Macht viel größere Sorgen als ihre Exzesse. Wir haben auf dem Balkan zu lange gezögert, wir haben uns aus Ruanda herausgehalten, wir haben Osama Bin Laden zu lange laufen lassen, und wir hätten uns viel früher um Saddam Hussein kümmern sollen. In den letzten dreizehn Jahren sind mehr Menschen wegen unserer Zurückhaltung gestorben als wegen unserer Aktionen. Wir hätten der Welt viel Leid ersparen können.«

Es ist nicht das erste Mal, dass sich eine solche Mischung aus amerikanischem Selbstvertrauen, Glauben an die Überlegenheit der eigenen Idee und einem Schuss religiösen Sendungsbewusstseins so über andere erhebt.

In den vierziger Jahren des neunzehnten Jahrhunderts folgte amerikanische Politik der Losung des Journalisten John O'Sullivan, der für Amerika eine offenkundige göttliche Bestimmung sah, den Kontinent für Demokratie und Kapitalismus zu erobern. Unter dem Banner dieser »Manifest Destiny« wurden gegen Mexiko Kriege um Texas und Kalifornien geführt und die Vernichtungsfeldzüge gegen die verbliebenen Stämme der Ureinwohner gerechtfertigt. James Monroe reklamierte 1823 mit der nach ihm benannten Doktrin den gesamten Doppelkontinent von Alaska bis Feuerland als exklusive US-Einflusssphäre.

Damals konnte Amerika noch glauben, dass die beiden Ozeane im Osten und im Westen eine Abgrenzung zum Rest der Welt erlauben. Diese Epoche ist vorbei. Nur weltweiter Anspruch sichert heute noch eine Domäne. Deshalb ist nicht Terror die wahre Herausforderung – das ist nur eine besonders schmutzige Art, Kriege zu führen. Das wahre Gegner der amerikanischen Idee – die wir in Europa ja prinzipiell teilen – ist das Konzept des fundamentalistischen Islam. Beide erheben Anspruch auf universale Geltung in einer Welt, die keine Grenzen mehr kennt. Der Konflikt war wohl unvermeidbar. Er bekam auch auf amerikanischer Seite eine fast religiöse Dimension, weil am 11. September 2001 in Washington ein Präsident aus dem Herzen der Vereinigten Staaten im Amt war. Ein Herz, das viel konservativer und religiöser ist, als wir Europäer wahrhaben wollen.

Der Mann aus Texas

Wir Auslandskorrespondenten in Washington hatten George W. Bush lange nicht ernst genommen. Es war wohl eine sehr europäische Sicht: Wir konnten uns einfach nicht vorstellen, dass eine Nation, die aus dem Widerstand gegen die Monarchie geboren worden war, freiwillig eine fast dynastische Nachfolge im Weißen Haus wählen würde. Aber wir hatten die Rechnung ohne den Wirt gemacht: den amerikanischen Wähler.

Mehr Menschen, als wir für möglich hielten, hatten das Theater der neunziger Jahre satt. Sie hatten einen Präsidenten erlebt, der seine wichtigsten außenpolitischen Berater vor die Kameras schickte, damit sie ihm in der Lewinsky-Affäre ihr bedingungsloses Vertrauen aussprachen. Mit so einem wollten viele Wähler nichts mehr zu tun haben, nicht einmal mit seinem Vize. Sie wollten sich aber auch nicht mit dem puritanischen oder phari-säerhaften Eifer gemein machen, den einige der schlimmsten Clinton-Hasser an den Tag legten. Jenseits aller Sachfragen sahen sie die Zeit für einen radikalen Neuanfang gekommen – ein Ansatz, dem Amerikaner ohnehin mehr Sympathie entgegenbringen als wir Europäer. Bei Reisen durch das Land, bei Gesprächen an Küchentischen und Biertresen hatte ich es immer wieder gehört, aber wahrscheinlich wollte ich es nicht wahrhaben, weil George W. Bush unseren europäischen Vorstellungen vom idealen Mann im Weißen Haus so widersprach: Das Land wollte Gelassenheit auf fester moralischer Grundlage und vor allem einen, der mit dem Schmutz der letzten Zeit nichts zu tun hatte, weder als Verfolgter noch als Verfolger. Alles andere schien zweitrangig. Damals waren die Zeiten noch so, dass man sich einen solchen Mangel an Ernsthaftigkeit leistete. Da kam einer aus Texas, dem manche Journalisten schon vorwarfen, dass er den Wahlkampf nicht ernst genug nehme, der sich auch in den heißen Phasen Auszeiten gönnte, um auf seiner Ranch nach dem Rechten zu sehen, der glaubwürdig schien, wenn er sagte, dass er am Tag nach der Wahl auch dann ein glücklicher Mann wäre, wenn es zum Sieg nicht reichen sollte: George W. Bush. Er hatte das Rennen um die Kandidatur der Republikaner gewonnen. Er war der Gegner von Al Gore. Es wurde Zeit, ihn kennen zu lernen.

Die heiße Phase des Wahlkampfes ist für ausländische Journalisten keine gute Zeit, um an die Kandidaten wirklich nah heranzukommen. Schon vor vielen Jahren hatte mir ein Freund, der damals für Senator Al Gore arbeitete, unumwunden erklärt: »Du wirst Schwierigkeiten haben. Wir arbeiten nach der Regel: Fuck the foreigners, foreigners don't vote.« In der harten Praxis des US-Wahlkampfes gilt jede Minute als vergeudet, in der der Kandidat nicht um Stimmen wirbt. Ausländische Medien sind da nutzlos. Die kleinste Zeitung in Kansas ist wichtiger als der größte europäische Fernsehsender. Wir mussten uns etwas überlegen. Der Kalender kam uns zu Hilfe: 4th of July, der amerikanische Nationalfeiertag, fiel auf einen Donnerstag. Selbst die hartgesottensten US-Kollegen, die aus lauter Angst, einen wichtigen Moment zu verpassen, dem Kandidaten seit Monaten nicht von der Seite wichen, würden einen Brückentag nehmen und weniger gewichtige, weniger gut vernetzte Kollegen zu den Terminen am Freitag schicken. Die konnten wir vielleicht ein bisschen auf die Seite schieben.

Auch der Kandidat selbst hatte sich den Kalender nicht voll gepackt. Amerikas Festtag feierte er, wie immer, auf seiner Ranch. Samstag war sein Geburtstag. Am Tag dazwischen hatte er nur einen Termin, den aber im zweitausend Kilometer entfernten San Diego – eine Rede vor einer Mittelstandsvereinigung der Latinos. George W. Bush musste also mindestens acht Stunden im Flugzeug verbringen – ohne Verpflichtungen. Wenn wir überhaupt eine Chance auf ein Interview hatten, dann auf dieser Reise.

Um es kurz zu machen: Die Reise hat sich für uns sehr gelohnt, aber aus dem förmlichen Interview wurde nichts. Auch hier galt das kalte Kalkül der Wahlkampfmanager: Sollte sich ihr Schützling im Gespräch mit den Ausländern als glänzender Kenner der Weltpolitik bewähren, würde niemand in Amerika davon erfahren. Würde er aber einen peinlichen Fehler machen, käme der Ausschnitt noch am selben Abend in alle Nachrichten. Kein Berater, der sein Geld wert ist, würde den Kandidaten in eine solche »no win«-Situation schicken.

Uns macht man noch lange Hoffnung – »vielleicht später«, »vielleicht auf dem Rückflug« –, aber in Wirklichkeit haben wir schon verloren, als wir in Austin/Texas an Bord des Wahlkampfflugzeugs steigen.

Hinter diesem Begriff verbirgt sich alles andere als Luxus. Die 727 ist ein alterndes, klapperndes Modell. Bushs Kampagne hat keine Geldprobleme, aber die Sponsoren wollen ihre Dollars lieber für den Stimmenfang und vor allem für teure TV-Werbung einsetzen – für Komfort gibt es keinen Etatposten. Einige Tage vorher hat während des Flugs ein Knall in der Wandung der Maschine den Passagieren Todesängste eingejagt. Die Sache ist unheimlich, aber es gibt keine Chance zum Umsteigen. Die Journalisten sind der Logistik der Wahlkampfmaschinerie auf Gedeih und Verderb ausgeliefert. Dem hektischen Zeitplan des Kandidaten kann nur folgen, wer mit ihm reist und die horrenden Umlagen mitbezahlt. Heute begrüßt uns eine fröhliche Ansage aus dem Bordlautsprecher: »Wir setzen alles daran, eine bessere Maschine zu bekommen.« Jubel quittiert den Satz, aber nach einer Kunstpause kommt die Pointe: »Am 20. Januar.« Gelächter und Gejohle. Am 20. Januar wird der nächste Präsident vereidigt, dann soll George W. Bush »Air Force One« zur Verfügung stehen. Aber bis dahin ist es noch weit.

Bush – jeder nennt ihn »Governor« – kommt kurz nach hinten, um seine Mitarbeiter zu begrüßen und sein erstes Geburtstagsgeschenk vorzuführen: einen Historienroman über die aussichtslose Schlacht amerikanischer Siedler gegen mexikanische Truppen um die Festung Alamo – texanischer Mythos aus der Epoche der »Manifest Destiny«. Der Ton ist herzlich. Man ist aufeinander angewiesen und kennt sich seit Monaten. Es herrscht eine gewisse Kameraderie. Die großen amerikanischen Zeitungen und Networks wechseln ihre Korrespondenten während des ganzen Wahlkampfes nicht aus. Sie hoffen, dass sich »dranbleiben« auszahlt, mit besseren Kontakten und Insiderinformationen.

Heute ist jedoch eine Ausnahme. Die Schwergewichte machen tatsächlich frei. Unsere Rechnung geht auf. Der Governor begrüßt uns herzlich. »Welcome. Guess, I need to brush up my German.« Ein Scherz, natürlich. George W. Bush spricht nur eine Fremdsprache: Spanisch. Und auch das nur holprig, wie sich bei dem Treffen mit den Geschäftsleuten der hispanischen Minderheit in Kalifornien gleich herausstellen wird.

Hinter der hemdsärmeligen Atmosphäre verbirgt sich strenger Komment. Es würde den Gepflogenheiten widersprechen, wenn wir jetzt über die Köpfe der Berater hinweg nach einem Interviewtermin fragen würden. Das Ergebnis wäre ein unverbindliches »let's see about this« – mal sehen – vom Kandidaten, ein deutliches »Nein« später von Ari Fleischer, seinem Sprecher, und ein auf Dauer vergiftetes Verhältnis zum gesamten Stab.

Zum Start zieht sich Bush in den vorderen Teil der Maschine zurück. Das Flugzeug hat keine separate Kabine für den Kandidaten, aber es gibt eine unsichtbare Linie, die niemand unaufgefordert überschreitet. Während des gesamten Fluges stehen Bushs Berater im Gang zusammen und tuscheln. Papiere werden redigiert und ausgetauscht, Entscheidungen für die nächsten Wahlkampftage getroffen. Der Governor hat mit all dem scheinbar nicht viel zu tun. Er sitzt in der vordersten Reihe und liest sein Buch.

Die große Frage jener Tage ist die nach dem Kandidaten für den Job des Vizepräsidenten. Bush wird sich bald entscheiden müssen. Keine Frage, die uns Deutsche sonderlich fesselt, aber die amerikanischen Kollegen brennen vor Ehrgeiz, das Geheimnis als Erste zu lüften. Einige schreiben die Namen, die als Gerüchte umherschwirren, auf Orangen aus der Bordverpflegung und rollen sie mit kräftigem Schwung den Gang entlang nach vorne. Sie kommen mit »no comment« oder fröhlichen Zeichnungen verziert zurück. Offenbar kein taugliches Recherchewerkzeug.

Das Treffen mit den Geschäftsleuten aus der größten Minderheit Kaliforniens wird kein rauschender Erfolg, aber es ist bemerkenswert, dass es überhaupt stattfindet. Bush erreicht Bevölkerungsgruppen, die den republikanischen »Law and order«-Kandidaten bisher verschlossen waren. Unsere Gelegenheit kommt auf dem Rückweg nach Austin. Der Kandidat hat das Gefühl, einen guten Tag hinter sich zu haben. In bester Stimmung schlendert er zu uns nach hinten. »Kameras aus«, ruft Ari Fleischer noch. Es gibt »nur« ein persönliches Gespräch, das aber ohne Zwang und ohne Zeitbegrenzung. Die wenigen amerikanischen Kollegen halten sich zurück, ein britischer Kollege und ich haben den Kandidaten praktisch für uns allein.

Aus heutiger Sicht, in einer anderen, viel ernsteren Weltlage mag man sich kaum noch daran erinnern, aber damals hatte George W. Bush den Beinamen »Henker von Texas«, weil er in seiner Amtszeit mehr Todesurteile unterzeichnet hatte als alle seine Vorgänger.

»Muss Amerika nicht fürchten, dass man eines Tages sagen wird: Es hat zu spät die Zeichen der Zeit erkannt und als letzter moderner Industriestaat an einer barbarischen Strafe festgehalten?«, frage ich ihn, ein wenig verklausuliert, um nicht einfach dieselbe Frage zu stellen, die er schon hundertmal beantwortet hat. Der Governor ist überrascht. »Gibt es denn in Deutschland keine Todesstrafe?«, fragt er. »Nein«, antworte ich, meinerseits überrascht über seine Unkenntnis, »in ganz Europa nicht.«

Bush findet die Antwort erstaunlich, aber unerheblich. Er sei für die Todesstrafe, weil sie der Abschreckung diene, sagt er mit einer abweisenden Stimme, die Nachfragen wohl unterbinden soll.

Alle wissenschaftlichen Erkenntnisse zeigten, dass die Todesstrafe keine abschreckende Wirkung habe, werfe ich ein. »Das kommt darauf an, welchen Statistiken man glaubt«, gibt er zurück. »Fehlverhalten muss Konsequenzen haben, und es gibt Verbrechen, bei denen nur die Todesstrafe eine angemessene Konsequenz ist.« Das ist offenbar alles, was er dazu zu sagen hat. Dieser Cowboy-Philosophie – Fehlverhalten muss Konsequenzen haben – werden wir später wieder begegnen. Bei sehr viel wichtigeren Themen.

Das Gespräch geht weiter zu Fragen der internationalen Politik. Bushs großes Verteidigungsprojekt war damals eine reduzierte Form von Ronald Reagans »Star-Wars«-Programm – strategische Verteidigung gegen Angriffe mit Interkontinentalraketen. Eine technische Entwicklung, die im Erfolgsfall das Konzept der gegenseitigen nuklearen Abschreckung aushebeln würde. Bush weiß zwar, dass der neue russische Präsident Vladimir Putin zu diesem Thema Gesprächsbereitschaft angedeutet hat, aber von den Protesten, die er damit in seinem Verteidigungsapparat auslöste, hat der Kandidat noch nichts gehört. Es ist ihm auch egal, als wir es zur Sprache bringen. Seine Entscheidung steht fest: In seiner Präsidentschaft soll Amerika der Gefahr eines Angriffs mit Interkontinentalraketen nicht länger wehrlos ausgeliefert sein. Im Übrigen liegt George Bush ganz offensichtlich wenig an einem langen Gespräch über so abseitige Fragen. Die Themen gleiten ins Private. Die Erziehung seines Hundes, Neuigkeiten von seinen Töchtern, die Ranch und die Einrichtung des neuen, schlichten Wohnhauses dort.

Es ist ein in jeder Hinsicht entspanntes und freundliches Gespräch mit einem durchaus nicht unsympathischen Menschen, aber ich ertappe mich dabei, wie ich nach einer guten halben Stunde auf die Uhr schaue und mich frage, wie ich die Unterhaltung wohl beenden könnte, ohne unhöflich zu sein. Uns geht buchstäblich der Gesprächsstoff aus. Wie ist das möglich mit einem Mann, der sich anschickt, das mächtigste Amt der Welt zu erobern? Mit Bill Clinton wäre das undenkbar gewesen. Ich habe nur zweimal mit ihm sprechen können, einmal, als er noch der unbekannte Gouverneur von Arkansas war, und ein zweites Mal im Weißen Haus als Präsident. Beide Male habe ich mir gewünscht, endlos weiterdiskutieren zu können und dabei ständig Neues zu lernen. Bush ist eindeutig ein anderer Typ.

Am deutlichsten ist mir die nachdenkliche Pause in Erinnerung, die meine simple Frage auslöst: »Al Gore ist ganz sicher ein aufrechter, ehrlicher Mann. Warum, glauben Sie, wäre Amerika mit Ihnen als Präsident besser dran als mit ihm?« Bush vermeidet die Antwort auf diese einfachste aller Standardfragen am Ende mit einer Floskel. In der ganzen Unterhaltung ist kein Drängen, kein Ehrgeiz zu spüren.

Als wir in Austin von Bord gehen, hege ich große Zweifel, ob Bush überhaupt eine Chance hat. Als ich später von diesem Tag berichte, scheint mir ein amerikanisches Unwort meine Eindrücke am besten wiederzugeben. Ich bin »underwhelmed« –

»unterwältigt« – und setzte meine zehn Dollar in der internen Wette des ARD-Studios auf Al Gore.

Die Werte von Midland

Wie kann ein Land, das sich seiner Stellung in der Welt bewusst ist, einem George W. Bush ernsthaft eine Chance geben?

Ich frage einen amerikanischen Geschäftsmann und Topdiplomaten um Rat, der Vater Bush auf wichtigen Posten gedient hat und jetzt zu George W. Bushs außenpolitischem Team gehört. Die Clinton-Jahre hat er genutzt, um in den Chefetagen der New Technology viel Geld zu verdienen, und hielt sich danach bereit, für ein bescheidenes Salär in den »public service« zurückzukehren – eine typisch amerikanische Einstellung zum öffentlichen Dienst. Sein Name ist für Spitzenpositionen in jeder republikanischen Regierung im Gespräch. Er wählt George Walker Bush. Warum nur?

»Sie machen denselben Fehler, dem schon John McCain zum Opfer gefallen ist, und Al Gore wird der Nächste sein«, bekomme ich zur Antwort. »Der Governor kann sich nur nicht so gut verkaufen wie Bill Clinton, er wirkt oft ungeschickt und linkisch, besonders im Fernsehen.« Das Argument will ich nicht gelten lassen. Ich bin nicht mehr auf Fernsehberichte angewiesen, ich habe George W. Bush gegenübergestanden, mit ihm gesprochen. Es hat den Eindruck nicht verbessert. »Trotzdem täuschen Sie sich«, ist die Antwort. »Bush ist eine Führungspersönlichkeit. Er erkennt die Qualitäten seiner Mitarbeiter und macht sie sich zunutze. Er hat gar nicht den Ehrgeiz, der schlaueste Mann im Raum zu sein, sondern sorgt dafür, dass die klügsten Leute mit ihm im Raum sind. Dann stellt er Fragen, wägt ab und entscheidet. Da ist er wie Ronald Reagan, nur hat er die Lage noch fester im Griff und beschäftigt sich mit den Details. Und noch etwas ist bei ihm wie bei Reagan: Es gibt Grundüberzeugungen, an die er fest glaubt. Danach richtet er sich. Er hat einen sicheren moralischen Kompass. Das ist es, was Amerika jetzt sucht. Deshalb wird er die Wahl gewinnen. Mark my words.«

Aus amerikanischer Sicht mögen das berechtigte Argumente sein, aber kann es sich die Weltmacht leisten, einem Mann zu folgen, der so offensichtlich nicht an Ereignissen in der Welt interessiert ist?

»Auch da irren Sie sich«, belehrt mich mein Gesprächspartner. »George Bush interessiert sich für die Welt. Er hat eine Vorstellung von ihr. Aber seine Vorstellung ist nicht die der außenpolitischen Eliten von Washington und New York – auf die hören Clinton und Gore –, seine Sichtweise ist die der Handelskammer von Midland/Texas.«

In europäischen Ohren muss das wie eine Beleidigung klingen, aber das Gegenteil ist gemeint. Bill Clinton hat das Land mit seinen Bekenntnissen zu den Vereinten Nationen, mit den Militäreinsätzen in Bosnien und im Kosovo überfordert. Das »andere« Amerika will eine Weltpolitik, die immer zuerst nach den eigenen Interessen fragt. Der Gouverneur aus Texas schickt sich an, für dieses »andere Amerika« das Weiße Haus zu erobern.

Es wird Zeit, nach seinen Wurzeln zu suchen.

Bis heute weckt vieles in der Präsidentschaft von George W. Bush in mir Erinnerungen an meinen ersten Besuch in Midland/Texas im Spätsommer des Jahres 2000.

Vom Flughafen Dallas/Fort Worth fahren wir – die Producerin Herta Borniger, unser Kamerateam und ich – sechs Stunden lang durch grünbraune Prärie nach Westen. Hier, im »Permian Basin« schlägt das Herz der texanischen Ölindustrie. Hierher kam die Familie Bush, als »Little George« noch in den Kindergarten ging. Der Vater wollte weg von der Neuengland-Aristokratie, in die er hineingeboren war, er wollte sich im Ölgeschäft bewähren. Die Erdverbundenheit, um die er sich so bemühte, hat er selbst jedoch nie gewonnen. George H. W. Bush blieb der, der er immer war: der Sohn des einflussreichen Senators aus Connecticut. Ein Gentleman, niemals ein Mann des Volkes.

Vierzig Jahre später, als Wirtschaft und Arbeitsmarkt in eine Krise steuerten, spielte dieses Defizit eine entscheidende Rolle bei Vater Bushs Niederlage gegen Bill Clinton. Amerikas Wähler wollten damals einen Mann im Weißen Haus, der ihre Sorgen und Nöte nachfühlen konnte. Sein Sohn George W. Bush wird damit niemals Probleme haben, obwohl zu seinem Freundeskreis nicht weniger Millionäre gehören als zu dem seines Vaters und obwohl er selbst mit einigen glücklichen Entscheidungen und vor allem mit guten Verbindungen den Aufstieg in die reichen Cliquen von Texas schaffte. Deren Welt lässt sich allerdings nicht vergleichen mit der Welt der pseudoeuropäischen »Garden Parties« von Neuengland, auf denen sich Al Gore und John Kerry wohl fühlen.

Als am Horizont, wo die schnurgerade Linie der Autobahn in den Himmel zu führen scheint, die Skyline von Midland/Texas auftaucht, sind wir überrascht. Die Hochhäuser passen nicht in unser Bild von der Kleinstadt in der Prärie, von der die Bush-Legende in den Wahlkampfspots erzählt. Wir haben schnell gebaute Bungalows in grellen Farben mit Holzterrassen und Schaukelstühlen erwartet, ruhige Straßen, in denen die Kinder Fahrrad fahren. Stattdessen führen vierspurige Autobahnen bis in die Downtown. Midland ist seit den fünfziger Jahren von fünfundzwanzigtausend auf hunderttausend Einwohner gewachsen. Das Wolkenkratzerensemble im Zentrum glaubten die Stadtväter sich selbst schuldig zu sein, um Anschluss zu halten an Dallas und Houston, wo längst die sehr viel größeren Geschäfte abgeschlossen werden.

Die Häuserschluchten des Viertels sind leer, kein Mensch ist zu sehen. Unser Hotel liegt in einer Geisterstadt. »Wo ist das echte Midland?«, fragen wir. »Gehen Sie zur Highschool, auf den Sportplatz«, antwortet man uns. »Am Freitagabend sind alle dort. Die Bulldogs spielen.«

Als wir dort ankommen, plärrt die Nationalhymne aus den Lautsprechern. Respektvoll bleiben wir am Spielfeldrand stehen und studieren den Anblick der ehrlichen Bürger von Midland auf der Blechtribüne. Niemand scheint laut mitzusingen, aber alle halten die Baseballkappen vor der Brust, und die Lippen bewegen sich im Rhythmus der Worte: »Oh say does the star-spangled banner still wave… ov'r the land of the free and the home of the brave?«

Ich habe diese Hymne hundertmal gehört und mitgesummt. Bei offiziellen Anlässen, an festlichen Abenden im Kennedy Center, beim großen Galadiner der White-House-Korrespondenten in Washington. Aber hier ist es anders, hier gehört sie her. Es ist wohl doch etwas dran an den Sprüchen vom »wahren Amerika«, in dem Kandidat Bush seine Wurzeln haben soll.

Man hatte uns gesagt, dass wir keine Schwierigkeiten haben würden, seine Freunde zu finden. Ein paar von ihnen seien immer da und steckten meist zusammen. »Oh yeah, Chuck und Joe sitzen dort drüben, und Paul kommt auch gerade«, sagt uns ein Junge, der für die Midland-Bulldogs, die Footballmannschaft der Highschool, die Pressearbeit macht.

Die drei Herren, die in Jeans und T-Shirts auf der Mitteltribüne sitzen, haben schon lange keine Kinder mehr auf der Highschool, und ihre Mannschaft spielt grauenhaft, aber es gehört in Midland einfach dazu, freitagabends auf diesem Platz zu sein und dem »Home Team« die Stange zu halten. Es gibt auch nicht viel anderes zu tun, und die nächste große Stadt ist eine Tagesreise entfernt.

Fremde, aus Deutschland zumal, sind eine willkommene Abwechslung. Als wir erklären, wonach wir suchen, ist keiner überrascht. Das ist halt so, wenn ein Jugendfreund Präsident werden möchte. Wir wollen wissen, was George Walker Bush meinen könnte, wenn er über die »Werte von Midland« spricht.

»Wissen Sie, hier sind alle entweder Rancher oder im Ölgeschäft«, sagt Paul Rothenberg, der Bush noch aus der Grundschule kennt. »Das ist ein riskantes Business. Wenn's keinen Regen gibt oder wenn du zum x-ten Mal ein trockenes Bohrloch hast, dann stehst du vor der Pleite. Dann musst du sehen, ob deine Freunde dir weiterhelfen. Aber du kannst auch Glück haben. Daran glauben wir. Hier gilt ein Mann etwas, wenn er fleißig ist und Initiative hat. Wir halten nichts von einem Wohlfahrtsstaat, der sich nur überall einmischen will.«

Wie oft habe ich dieses Argument in Debatten gehört. Nicht nur draußen im ehemals Wilden Westen, aber da vor allem. Es war meist nicht wirklich durchdacht, kam aber aus tiefstem Herzen. Gäbe es in den USA jemals eine Volksabstimmung darüber, dass der Staat auf fast alle Steuern verzichten und sich zurückziehen solle auf ein paar wesentliche Punkte wie Streitkräfte, Straßenbau und vielleicht noch Schulen (obwohl selbst das nicht unumstritten wäre) – die in Deutschland aussichtslose Initiative hätte in Amerika eine Chance auf die Mehrheit.

Pauls Nachbar Joe O'Neill hat im Ölgeschäft Millionen verdient, aber er ist immer noch »one of the guys«. Reichtum zeigt sich hier nicht in Kleidung oder Gewohnheiten. Sein größtes Verdienst um den Kandidaten Bush ist, dass er den jungen Tunichtgut mit einer braven, hübschen Lehrerin zusammenbrachte, die ihn irgendwann, entgegen allen Prophezeiungen ihrer besorgten Freundinnen, auf die gerade Bahn führte: Laura Welch Bush.

Joe ist »businessman«, wie er selbst sagt. Das Land hat unter Clinton einen fast beispiellosen Aufschwung erlebt. Die Staatsfinanzen sind in Ordnung wie seit dem Ende des Zweiten Weltkriegs nicht mehr. Wie kann er dafür sein, jetzt die Richtung zu wechseln?

»Sie glauben doch wohl selber nicht, dass die Regierung irgendwas mit dem Wirtschaftswachstum zu tun hat!«, knurrt er. »Wer hat denn mehr für den Boom getan? Bill Gates oder Bill Clinton? Die Demokraten machen uns Geschäftsleuten nur das Leben schwer. Mit ihren übertriebenen Umweltgesetzen zum Beispiel. Ölbohren macht halt Dreck. Wo gehobelt wird, da fallen Späne.«

Auch hier lieben sie die Umwelt, aber auf andere Weise als die Städter, die sie als Refugium bewahren wollen. In Westtexas war die Natur immer schon in erster Linie ein Reservoir, das es auszubeuten gilt. Der Wildweststaat Montana, dem sich Texas verbunden fühlt, hat sogar offiziell den Beinamen »Schatzkammer der Nation«. Hier herrscht die Einstellung, dass der Herrgott Amerika genügend Land gegeben habe, um Natur zu bewahren – abseits der Öltürme und der Goldminen. Wo es aber etwas zu fördern gibt, ist es »America's business«, alles rauszuholen, was im Boden steckt. Das ist hier »common sense« im eigentlichen Sinn des Wortes, darüber wird nicht diskutiert. Klimakatastrophe und Kyoto-Protokoll sind Themen für intellektuelle Zirkel in Boston und Washington, nicht für handfeste Politik hier, wo die Werte im Boden liegen.

Als Gerhard Schröder seinen Antrittsbesuch im Weißen Haus macht, schlägt ihm dieser »Texas Value« ungefiltert entgegen. Der deutsche Kanzler war schon im Anflug auf die US-Hauptstadt, als der frisch eingeführte Präsident George W. Bush mit größter Selbstverständlichkeit verkündete, Amerika – der größte Luftverschmutzer der Welt – werde das Klimaschutzabkommen natürlich nicht unterzeichnen. Bush und seine Mannschaft konnten die Aufregung nicht verstehen, die sie damit auslösten. »Ich kann nicht anders entscheiden. Kyoto wäre schlecht für amerikanische Jobs«, verkündet der Präsident im Oval Office, während der deutsche Kanzler mit versteinertem Gesicht neben ihm sitzt.

In solchen Momenten löst Bush – wohl nicht aus Kalkül, sondern eher aus innerer Überzeugung – die Erwartungen ein, die seine texanischen Freunde im Wahlkampf in ihn gesetzt hatten. Nichts in seiner Biographie oder in seiner kurzen Erfahrung als Politiker hat ihn darauf vorbereitet, dass ein Gesprächspartner aus Europa – ein Kontinent, den er bis zu seiner Wahl nie betreten hat – Umweltschutz für eine lebenswichtige Frage halten könnte.

Der Ölmann Joe O'Neill gehörte zu den stillen Teilhabern, die Bushs Wahlkampfapparat zur bestorganisierten und bestfinanzierten politischen Unternehmung der amerikanischen Geschichte machten. Kein Kandidat hat jemals so viele Spendengelder aus einem einzigen Staat erhalten wie Bush aus Texas. Er verzichtete sogar auf Wahlkampfmittel aus der Staatskasse. Allein im Stadtgebiet von Dallas kassierte die »Bush Campaign« mehr Geld als Al Gore in ganz Kalifornien – seinem wichtigsten Staat. »Wir zahlen, und wir rufen Freunde an, die auch zahlen. Ein Schneeballsystem. Wenn du gute Politik haben willst in diesem Land, dann musst du etwas dafür tun. George braucht Tausende von Freunden«, sagt uns Joe O'Neill ganz offen.

»In unserem System gibt es Macher und Verlierer. Wenn du nichts machst, hast du verloren. Das soll uns nicht passieren«, ergänzt Chuck Younger, ein Chirurg, der ebenfalls zum alten Freundeskreis gehört. Dann konzentrieren sich beide auf das Spiel. Die Bulldogs taumeln wieder mal einer spektakulären Niederlage entgegen. Die alten Mäzene werden mit dem Trainer mal ein ernstes Wort reden müssen.

Wir sind hergekommen, um in der Handelskammer von Midland das Weltverständnis kennen zu lernen, das George W. Bush angeblich nach Washington bringen will. Die Kammer hat an diesem Wochenende einen der fixen Termine im Jahreskalender: das Golfturnier. Niemand hat etwas dagegen, dass wir mit einer der Seniorengruppen mitlaufen. Am Anfang ist es schwer, ein ernsthaftes Gespräch zu beginnen. Die Probleme der Welt scheinen weit entfernt von Midland. »Wir sind schon deshalb für George, weil er besser Golf spielt als Clinton, außerdem mogelt er nicht dauernd.« Das laxe Verhältnis des amtierenden Präsidenten zum Regelwerk war damals in Amerikas Golfwelt ein mit Leidenschaft diskutiertes Thema. Ein Sport, der ohne Schiedsrichter auskommt, achtet mehr auf Treu und Glauben als auf Platz und Sieg. Für unsere Gesprächspartner hatte das bei der charakterlichen Beurteilung des Präsidenten das gleiche

Gewicht wie seine Außenpolitik. Die Männer hier – Frauen spielen offenbar keine Rolle – interessieren in erster Linie die steuer- und finanzpolitischen Vorstellungen des Präsidenten. George W. Bush ist im direkten und im übertragenen Sinn einer aus ihrem Klub. Seit Ronald Reagan haben sie sich von niemandem mehr so viel versprochen.

Als wir dann doch darauf bestehen, über Außenpolitik zu reden, ist für unsere Gesprächspartner das Wesentliche schnell gesagt. »Ich frage mich, ob wir wirklich mit unseren Soldaten überall für Frieden sorgen sollen«, sagt einer aus der Runde, der sich einfach mit »I'm Frank, I'm a businessman and a friend of the Governor« vorgestellt hatte. »Wir schicken unsere Soldaten dauernd in Krisengebiete, in denen wir nichts verloren haben. Haiti oder Kosovo – solche Länder sind doch keine Bedrohung für Amerika!« Und die Vereinten Nationen? Wegwerfende Handbewegungen. Für manche Probleme sind die ganz okay, aber über seine Sicherheit muss Amerika selbst entscheiden können. Auf diesen Satz können sich alle sofort verständigen.

Im Übrigen haben sie hier drängendere Probleme: den Rückstand im Turnier, den niedrigen Ölpreis auf dem Weltmarkt, der die Förderung in Texas fast unwirtschaftlich macht, und mittelfristig die dringend fällige Steuersenkung, vor allem die Abschaffung der Erbschaftssteuer. Beim Golf fehlt ihnen der Governor, einer der besten Spieler des Klubs, in allen anderen Fragen wird auf ihn Verlass sein. Sie haben ihre Wahlentscheidung längst getroffen. Außenpolitik hat dabei keine wichtige Rolle gespielt.

Ein paar Tage später erleben wir den Kandidaten in einer Umgebung, in der seine weltpolitischen Vorstellungen eigentlich im Mittelpunkt stehen müssten: auf einer Luftwaffenbasis bei Columbus/Ohio. Aber seine Ausführungen zu diesem Thema bleiben, wie fast immer während des Wahlkampfes, sehr allgemein. Er feiert Amerikas Stärke, verspricht den Soldaten alles, was sie für ihre Einsätze brauchen, außerdem bessere Unterbringung und bessere medizinische Versorgung. Fehlt nur noch besseres Essen in den Kantinen. Fast alles, was er sagt, hätte auch in einer Rede von Al Gore stehen können. Bis auf einen Begriff: Immer wieder spricht Bush von der »humble power«, der bescheidenen Macht. Damit meint er die Reduzierung der Auslandseinsätze auf die, in denen vitale amerikanische Interessen auf dem Spiel stehen – ganz so, wie es uns seine Freunde in Midland mit auf den Weg gegeben haben. Sergeant Pucci, eine junge Frau in der Uniform eines Feldwebels der US-Army mit einem Kleinkind auf dem Arm, will in der Fragestunde wissen, ob sie schon ganz konkret etwas von dieser Bush-Politik haben werde.

»Ich habe gerade den Marschbefehl für den Kosovo bekommen«, ruft sie in der Fragestunde in Richtung Podium. »Werde ich im Februar gehen müssen, wenn Sie dann Präsident sind?« Tatsächlich hat der Kandidat im internen Kreis längst gesagt, dass es wohl Zeit sei, die US-Truppen vom Balkan abzuziehen und das Problem den Europäern zu überlassen, aber er ist wohl nicht bereit, den Verbündeten schon jetzt reinen Wein einzuschenken.

»Ich kann Ihnen das nicht sagen«, antwortet er deshalb. »Aber eines kann ich Ihnen versprechen: Wenn ich als Oberkommandierender amerikanische Frauen und Männer zu gefährlichen Einsätzen schicke, dann mit einer ganz klaren Mission und mit einem festen Ziel. So wie es mein Vater im Golfkrieg getan hat.« Der Bezug zum Golfkrieg wirkt in dieser Situation seltsam. Heute wissen wir, dass einige seiner Berater damals schon überzeugt waren, dass das »klare Ziel« des Vaters Bush im ersten Golfkrieg zu kurz gesteckt war, weil es Saddam Hussein im Amt ließ. Sie waren entschlossen, diesen »Fehler« so schnell wie möglich zu korrigieren. Solche Überlegungen sind jedoch nichts für dieses Publikum. Hier wirkt der Verweis auf den ruhigen, erfahrenen Staatsmann im Weißen Haus der Jahre 1988 bis 1992 beruhigend.

Als wir Sergeant Pucci nach der Veranstaltung einholen und fragen, ob sie mit Bushs Antwort zufrieden sei, schauen wir in ein immer noch zweifelndes Gesicht. »Ich will mich nicht drücken«, sagt sie. »Ich war im Golfkrieg, von dem er gesprochen hat. Als ich damals den Anruf bekam, dass ich nach Saudi-Arabien muss, war meine ältere Tochter auch gerade erst ein Jahr alt. Ich hab mich erst mal hingesetzt und eine Stunde lang geheult. Aber ich bin gegangen. Das hab ich akzeptiert, dafür werde ich bezahlt. Was ich nicht ertragen kann, ist die Unehrlichkeit, mit der wir zum Beispiel auf den Balkan geschickt wurden. Clinton hat versprochen, das sei nur für ein Jahr. Wir haben doch alle gewusst, dass das nicht stimmt.«

Auch hier begegnet uns wieder das Stichwort »Ehrlichkeit«, und schon steht, mitten in einer außenpolitischen Debatte, der Name »Monica Lewinsky« wieder im Raum. Auch nach monatelanger Berichterstattung über den Skandal hatten es selbst die erfahrensten US-Korrespondenten nicht geschafft, dem deutschen Publikum den Kern dieser Affäre verständlich zu machen. Argumente halfen nichts gegen die tief sitzende Überzeugung, dass da eine verklemmt puritanische Nation ihre Komplexe auslebte. Aber in einem Land, in dem noch jeder Präsident seinen Soldaten Befehle auf Leben und Tod geben musste, haben Versprechen und Ehrenworte ein Gewicht, das wir Deutschen uns in unserem Politikbetrieb nicht vorstellen können. Und der unverbrauchte Bush galt den Amerikanern damals als eine ehrliche Haut.

Hätte sich Amerika im Herbst 2000 schon ähnliche Sorgen um seine Sicherheit machen müssen wie ein Jahr später, dann hätte diese Tugend wohl nicht gereicht. Die Wähler hätten von ihrem Oberkommandierenden mehr Erfahrung verlangt. So aber konnte ein Mann ins Weiße Haus gewählt werden, dem auf außenpolitischem Gebiet Reife, Interesse und Glaubwürdigkeit fehlten. Ihm sollte ein Test bevorstehen, den bei der Wahlentscheidung niemand ins Kalkül gezogen hatte.

Glaube wird Politik

*Handeln um des Handelns willen ist kein Ziel.
Ich frage mich, ob dieser Präsident so sehr
zum Handeln getrieben ist, dass er das nicht
erkennt.*

Der sechsundachtzigjährige demokratische
Senator Robert Byrd, allseits respektierter
Doyen des Oberhauses, in der Debatte über
die Irak-Kriegsermächtigung

Zeitenwende

Meine Erinnerung an den Tag, der die Welt verändern sollte, beginnt mit der Fahrt zur Arbeit, am Potomac entlang, unter einem atemberaubend blauen Himmel. Die Septembersonne hat nicht mehr die Kraft, schon am frühen Morgen Dunst vom Fluss aufsteigen zu lassen und eine milchigweiße Glocke über Washington zu hängen. Der 11. September 2001 war ein strahlend schöner Tag, Indian Summer. »Big Sky«, großer Himmel, sagen die Einheimischen – strahlender Sonnenschein von Maine bis Miami. »Ein guter Tag zum Fliegen«, müssen die fanatischen Selbstmordattentäter gedacht haben, die etwa um diese Zeit in Portland/Maine, Boston, New York und am internationalen Flughafen von Washington ohne Probleme die Sicherheitskontrollen passierten. Es war der letzte Morgen, an dem sich Amerika abgeschirmt fühlen konnte von den Gefahren der Welt.

Ich erinnere mich an Tage, die offensichtlich gefährlich waren – für Amerikas Feinde, aber nicht für Amerikas Hauptstadt. Der 16. Januar 1991 zum Beispiel, an dem das letzte Ultimatum für Saddam Hussein abgelaufen war. In Deutschland wollte es damals noch niemand glauben, aber wir Washingtoner Korrespondenten waren sicher, dass der Golfkrieg jetzt ausbrechen würde. Monatelang hatten wir nachts das tiefe Brummen der Transportmaschinen gehört, die das Material für Amerikas gewaltige Kriegsmaschinerie nach Saudi-Arabien trugen. Da gab es keine Frage mehr: Weit weg von hier würden bald blutige Kämpfe beginnen, ferngesteuert aus dem Weißen Haus und dem mächtigen Bau des Pentagon auf der anderen Seite des Flusses. Als im Jugoslawien-Konflikt die Bombenangriffe auf serbische Ziele begannen, war es genauso. Ich lebte und arbeitete in der Hauptstadt einer kriegführenden Macht. Und doch hatte ich keine Angst um meine Familie. Wir waren, so glaubten wir jedenfalls, sicher auf »unserer« Seite der großen Ozeane. Das Gefühl, das Amerikas Weltsicht zu dieser Zeit beherrschte, hatte auch uns angesteckt. Diese eigenartige Wahrnehmung half mir, Amerikas Handlungsweisen zu verstehen; aber da war auch eine dunkle Ahnung, dass es nicht ewig so würde bleiben können. Wir beachteten diese Ahnung nicht weiter, aber sie erfüllte sich. Am 11. September 2001. Buchstäblich »aus heiterem Himmel«.

»Das ist etwas Schlimmes, nicht nur ein Unfall« – dieses Gefühl sitzt uns vom ersten Augenblick an im Nacken, als Siri Nyrop, die Dienst habende Producerin des ARD-Studios, eine erfahrene und besonnene Kollegin, mehr zu sich selbst als zu jemand Bestimmtem ruft: »Watch this, the World Trade Center is on fire. My god!« Im Nachhinein muss ich mich fast entschuldigen für das, was mir als Erstes durch den Kopf schoss: »Die Zeit!« Es war acht Minuten vor neun, in Deutschland Sendezeit für die »Tagesschau« um drei. Bei »ARD-aktuell« in Hamburg sehen sie dieselben Bilder wie wir und verstehen auch nur, dass eine

Katastrophe passiert sein muss. Irgendwann sagt jemand etwas von einem Flugzeug. Wohl Gerüchte, wie sie im ersten Schreck immer aufkommen. Hamburg kümmert sich um den Satelliten, wir bereiten das Studio vor. In Hamburg beginnt die Sendung. Immer noch keine Satellitenverbindung, keine sichere Meldungslage.

Das Warten auf Satellitenzeit schenkt uns wertvolle Minuten, um Agenturmeldungen zu lesen und Liveberichte aus New York zu hören. Immer mehr Reporter sprechen von einem Flugzeug – einer kleinen Sportmaschine, wie es zunächst heißt. Wir wollen es noch nicht glauben. Wie kann ein Pilot an einem so klaren Tag in die mächtigen Türme fliegen? Niemand kann sich vorstellen, dass es Absicht war.

Niemand kommt zum Nachdenken. Es ist zu viel zu tun. Der New Yorker ARD-Korrespondent sei auf Drehreise im Westen Kanadas, heißt es. Ein freies Team, Debbie Kraus und Joe McCarthy, rasen von der East Side nach Lower Manhattan. Wir ahnen nicht, dass sie dort gleich in Lebensgefahr sein werden.

Die ersten Livebilder sind in die »Tagesschau« eingespielt worden; der Moderator hat das wenige gesagt, was zu sagen ist. Und mehr versprochen.

Ich sitze in der Regie – dort laufen auf großen Monitorwänden alle US-Programme gleichzeitig – und versuche mir ein Bild zu machen. Buchstäblich. »Wir bekommen keinen Satelliten. Live über Telefon. Jetzt!«, ruft Martin, der Technikkollege.

Keine gute Situation für einen Reporter. Ich sitze zweihundertfünfzig Meilen vom Geschehen entfernt. Nichts ist sicher, außer dass es katastrophal brennt. Nun kommt es darauf an, nicht aus lauter Verlegenheit ungeprüftes Zeug zu verbreiten. Festhalten am Offensichtlichen – mit dem Blick auf eine Wand voller Bildschirme, die aus verschiedenen Blickwinkeln alle dasselbe zeigen. Ich muss wohl einen Moment lang den falschen beobachtet haben. Der Moderator unterbricht mich. »Da ist gerade ein Flugzeug in den Turm gestürzt!« – »Unmöglich«, höre ich mich sagen. »Unvorstellbar, dass jemand das vorhin gefilmt hat. Es muss eine Täuschung sein.« – »Oder ein zweites Flugzeug«, sagt die dunkle Ahnung. Ich höre nicht darauf.

Dann gibt die »Tagesschau« an das ARD-Regelprogramm ab. Fassungslos hören wir über die Rückleitung aus Hamburg, dass in unserem Sender vom Leben der Elefanten die Rede ist. Uns gibt die Trägheit des Systems ein paar Minuten, um unsere eigene Situation zu klären. Wir spüren, dass hier die größte, schlimmste Geschichte beginnt, die wir je zu berichten hatten – und dann sehen wir Rauchwolken am Himmel. Es brennt auf der anderen Seite des Flusses, kaum mehr als drei Meilen entfernt. Es ist das Pentagon, das Herz des US-Militärapparats! Die Einschläge kommen näher.

Wir sind nicht vorbereitet, wie sollten wir auch? Korrespondenten und Teams sind im ganzen Land verteilt – wie es gut ist in ruhigen Zeiten. Die Flughäfen sind jetzt gesperrt. Alle machen sich im Auto auf den Weg zurück nach Washington und New York.

Meine Partnerin Patricia Schlesinger wird, gottlob, gleich wieder im Studio sein. Christiane Meier bricht ihren Dreh an den Großen Seen sofort ab und will versuchen, nach New York durchzukommen. Gerald Baars, der Studioleiter dort, wurde an der Westküste Kanadas überrascht und durchquert jetzt im Auto den Kontinent – fünfzig Stunden.

Tage-, wochenlang schaut niemand mehr auf die Uhr. Alle arbeiten bis zur Erschöpfung und darüber hinaus. Es kann keine Verstärkung kommen – fast eine Woche lang ruht der internationale Flugverkehr. Deutschland hält uns mit Lob aufrecht, aber wir vergessen nicht, mit welcher Geschichte wir da journalistische Lorbeeren ernten.

Erst nach über einer Woche habe ich eines Morgens endlich etwas Zeit. Ich jogge am Potomac entlang. Wieder ein herrlicher Spätsommertag, nur liegen diesmal Nebelschwaden über dem Wasser. Da erst kommt mir ein amerikanischer Freund wieder in den Sinn, der mich in den ersten Tagen nach dem Anschlag fragte: »Wie ist es, das Sterben von sechstausend Menschen live zu übertragen?«[16] Erst jetzt finden auch meine Emotionen ein Ventil. Ich kann nicht mehr weiterlaufen, setze mich auf einen Stein am Fluss und halte die Tränen nicht mehr zurück. Es waren schreckliche Tage. Am 11. September 2001 starb mit Tausenden von unschuldigen Menschen für mich auch der Kinderglaube an das unbezwingbare Amerika.

Wenn dieser Tag schon in einem Reporterleben ein solcher Einschnitt war, was musste er dann für den Mann bedeuten, der gerade acht Monate zuvor einen Eid darauf geschworen hatte, dass er solche Katastrophen von seinem Volk abwenden würde?

Die Stunde des Präsidenten

Wo ist der Präsident? Der Tageskalender der Nachrichtenagenturen, die jede Bewegung des POTUS, des President of the United States, verfolgen, meldet ein »educational event«, einen Bildungstermin in Sarasota, Florida. Bush hat allen Grund, sich so oft wie möglich im »Sonnenscheinstaat« sehen zu lassen, in dem sein Bruder Jeb Gouverneur ist. Die Erinnerung an den Hickhack über gültige und ungültige Stimmzettel ist hier noch frisch; die oppositionellen Demokraten haben sich noch längst nicht mit dem Präsidenten abgefunden, der als Erster in der Geschichte der Vereinigten Staaten durch Gerichtsentscheid ins Amt kam. Florida wird auch in drei Jahren wieder eine Rolle spielen, wenn der nächste Wahlkampf ansteht. Es gilt also, langfristig zu planen. So kommt es, dass die Bilder, die an diesem dramatischen Morgen in Washington über die Monitore der Redaktion flimmern, den Präsidenten in einer fast peinlichen Situation zeigen: Im dunklen Anzug mit roter Krawatte sitzt George Walker Bush auf einem zu kleinen Stuhl vor siebenjährigen Kindern, die mühsam einen Text in ihren Büchern entziffern. Über ihm verkündet ein handgemaltes Schild: »Lesen macht ein Land groß.«[17]

In Deutschland sehen wir den Präsidenten der USA fast nie in solchen Situationen – diese Ereignisse haben keinen Nachrichtenwert. Für Amerikaner sind solche Bilder selbstverständlich. Sie erwarten vom Führer ihrer Nation, dass er Alltagssorgen versteht und ernst nimmt, auch wenn sein Amt ihm so gut wie keine Machtbefugnisse in diesen Angelegenheiten gibt.[18] Unsere europäische Sicht auf den Präsidenten ist verkürzt auf die Rolle des Weltenlenkers. Amerikaner beurteilen den Mann im Weißen Haus auch nach ganz anderen Gesichtspunkten, jedenfalls in Friedenszeiten.

Bis neun Uhr morgens am 11. September hatte der Termin in der Emma-E.-Booker-Grundschule noch einen Sinn. Dann wirkt er plötzlich nur noch albern. Hätte man den Tag planen können, niemand hätte dem Präsidenten diesen Ort für diesen Augenblick zugemutet – vor allem nicht die Fernsehkameras, die nun auf ihn gerichtet sind.

Der innenpolitische Berater Karl Rove hatte den Präsidenten im Vorraum bereits über den ersten Vorfall informiert.

»Ich wusste schon von dem ersten Angriff«, sagte der Präsident mir Monate später in einem Gespräch im Weißen Haus. »Aber da dachte ich noch, es sei ein Unfall gewesen.«[19] Minuten danach wird der Ernst der Lage klar. Andrew Card, der Stabschef des Präsidenten, beugt sich zu ihm und flüstert ihm ins rechte Ohr: »Ein zweites Flugzeug hat den zweiten Turm getroffen.« Und dann fügt Card den Satz hinzu, der für mich mit seiner lakonischen, treffsicheren Analyse zu den erstaunlichsten Momenten dieses Tages gehört: »Amerika wird angegriffen.« Vielleicht muss man die Verwirrung und das Entsetzen dieser ersten Stunde aus der Nähe erlebt haben, um den strategischen Wert dieser blitzschnellen Einordnung zu schätzen. Perfekte Stabsarbeit: Dem Präsidenten wird die Nachricht bereits im Kontext übermittelt. Die Wortwahl, mit der er mir selbst später

seine Reaktion schildert, macht deutlich, dass ihm Cards Einordnung die Richtung vorgab.

»Ich beschloss sofort in diesem Moment: Wenn jemand uns
angreift, dann werden wir mit der ganzen Macht Amerikas antworten.« – »Sie konnten sehr wenig tun in diesem Moment«,
werfe ich ein. »Da haben Sie Recht«, antwortet er. »In diesem
Moment nicht. Ich musste versuchen, aus der Schusslinie zu
kommen. Wir hatten Sorge, dass die nächsten Anschläge direkt
dem Präsidenten gelten würden. Bis heute glauben viele, dass
der Flug United Airlines 93 dem Weißen Haus galt.[20] Ich wollte
einfach wissen, ob meine Frau in Sicherheit ist. Das müssen Sie
verstehen. Das machte mir Sorgen. Wo waren meine Töchter?
Aber gleichzeitig, so gut müssen Sie mich kennen, dachte ich
sehr klar darüber nach, wie wir reagieren würden. Wenn Amerika angegriffen wird, dann ist es mein Job als Präsident, unsere
Heimat zu schützen, die Fakten herauszufinden und damit auf
entschlossene Art fertig zu werden.«

Was wir in dem Moment, den er so entschlossen beschreibt,
im ARD-Studio Washington auf den Monitoren sehen, ist ein
Präsident, der minutenlang mit gefalteten Händen auf seinem
Stühlchen sitzt und schlicht überwältigt wirkt. Solche Situationen sind hinter den verschlossenen Türen des Oval Office leichter zu ertragen als vor Kameras.

Der Aktivist und Filmemacher Michael Moore hat sich in seinem Opus »Fahrenheit 9/11« an diesen Minuten geweidet.
Auch ich habe sie, wenige Wochen nach den Ereignissen, in
einer Dokumentation über »Die Stunde des Präsidenten« ver-
wendet – mit der schlichten Feststellung: »Er ist am falschen
Platz.« Als ich den Film vor einem deutschen Publikum in
Washington zeigte, brach an dieser Stelle schadenfrohes Gelächter aus. Das Publikum hatte offenbar schon lange vor den
Ereignissen beschlossen, George W. Bush für einen Tölpel zu
halten, und freute sich nun über jede scheinbare oder tatsächliche Bestätigung dieser These – eine zuverlässige Geschäfts-
grundlage für Michael Moores Erfolg in Europa.

Tatsächlich macht Bush in den nächsten Minuten keine gute Figur. Er ist nicht vorbereitet, aber er muss etwas sagen. Als er um halb zehn vor die Kameras tritt, ist nicht nur der »Presseraum« in der Grundschule improvisiert. Sichtlich aus dem Gleichgewicht gebracht, formuliert der Präsident mehr oder minder aus dem Stegreif völlig unangemessene Sätze. Die Worte geraten ihm ungewollt leger: »Wir werden die Kerle finden, die das gemacht haben.«

Später sagt er, wie zur Entschuldigung: »Ich kann Ihnen versichern, wir haben nicht lange an dem Statement gefeilt. Ich bin einfach aufgestanden und habe geredet. Die Reaktion kam aus meinem Bauch.«[21]

Kaum zehn Minuten später, um 9.37 Uhr, schlägt Flug American Airlines 77 in den Westflügel des Pentagon ein. Die Maschine tötet hundertneunundachtzig Menschen.[22]

Amerika ist nicht vorbereitet. Die einzig verbliebene Supermacht hat sich mit Fragen der »asymmetrischen Kriegführung«, der »islamischen Herausforderung« und mit »Massenvernichtungswaffen in Terroristenhand« vorwiegend akademisch beschäftigt.

Der Präsident ist durch eine Pirouette des Wahlsystems mit einer Minderheit der abgegebenen Stimmen ins Weiße Haus gekommen. Selbst Freunde des George W. Bush glauben, dass er zunächst eine ruhige Phase braucht, um seinen Stil und seine Richtung zu finden. Die Welt traut ihm globale Verantwortung erst recht (noch) nicht zu. Die ersten acht Monate der Regierung Bush haben eher erschreckt. »Unilateralismus« wurde zum Attribut amerikanischer Außenpolitik. Nackte US-Interessen stehen für den Präsidenten offenbar an erster Stelle. Auf sie beruft er sich, als die Vereinigten Staaten das Kyoto-Protokoll zum Klimaschutz aufkündigen, aus den Verhandlungen zum Chemiewaffenprotokoll aussteigen und das baldige Ende des Vertrags gegen Raketenabwehrsysteme (ABM) annoncieren. Die Supermacht verhält sich unter dem neuen Präsidenten wie der sprichwörtliche Elefant im Porzellanladen.

Kritische Stimmen sind schon laut geworden. Russlands Präsident Vladimir Putin sucht den Schulterschluss mit den Machthabern in Peking gegen eine »unipolare Welt«. Die Vereinten Nationen werfen das Heimatland der »Bill of Rights« aus ihrem Menschenrechtsausschuss. Am 11. September 2001 sind die Vereinigten Staaten nicht isoliert, aber auch kein selbstverständliches Mitglied jeder internationalen Solidargemeinschaft mehr. Die Brutalität der Terroranschläge verändert schlagartig das Bild und gibt den USA eine historisch einmalige Chance, die ganze Welt auf ihre Seite zu bringen.

Der erste ausländische Staatschef, der im Weißen Haus anruft, ist Vladimir Putin. Er reduziert die Alarmbereitschaft seiner Truppen, um jedes Missverständnis auszuschließen und die Handlungsfähigkeit der US-Regierung zu erhöhen.

Aber die muss erst einmal entscheiden, *wie* sie reagieren soll. Das Weiße Haus und der Kongress scheinen bedroht.

Im Weißen Haus hat Vizepräsident Cheney die Initiative ergriffen. Intern nennen ihn die Beamten schon lange den »Kriegsminister«. Nun scheint seine Stunde gekommen. Er schildert die kritischen Stunden später in einem Interview in der ihm eigenen, trockenen Art.[23]

»Wir beobachteten die Ereignisse im Fernsehen und versuchten, irgendeine Reaktion zu organisieren, da kamen meine Secret-Service-Agenten rein. In so einer Situation fackeln die nicht lange. Keine Höflichkeiten. Sie sagten nur: ›Wir müssen raus hier!‹ Sie packten mich und schleiften mich in den Keller. Die Kerle sind größer als ich. Meine Füße berührten kaum den Boden.

Es ging durch ein paar Türen, die Treppen runter. Sehr schnell. In den Bunker des Weißen Hauses. Das ist eigentlich nur ein Flur mit schweren Türen an beiden Enden. Es gab Berichte, dass ein Flugzeug auch aufs Weiße Haus ziele.«

Der Vizepräsident hat nun die unmittelbare Kontrolle. Im Weißen Haus muss jemand schwerwiegende Entscheidungen treffen, mit dem Präsidenten nur telefonisch verbunden. Cheney rät Bush dringend, nicht nach Washington zu kommen. Die Lage sei nicht sicher. Mindestens zwei, vielleicht drei Flugzeuge seien als verschollen gemeldet und damit vollkommen unberechenbar.

Er bittet den Präsidenten um die Erlaubnis, verdächtige Flugzeuge, die den Anweisungen der Kontrollstellen nicht folgen, abschießen zu lassen. Bush gibt in seiner Eigenschaft als Oberkommandierender der Streitkräfte den Befehl dazu.

»Man kann sagen, dass das eine ganz schreckliche Entscheidung war. Das stimmt auch«, sagt Cheney später. »Eine Maschine voller Amerikaner. Zivilisten. Entführt. Wehrlos. Die sollen wir alle töten? Ja! Wenn wir die Wahl gehabt hätten bei den Maschinen, die in das World Trade Center flogen – dann wäre das die einzig richtige Entscheidung gewesen.«

Air Force One ist inzwischen gestartet, es ist 9.54 Uhr. Wir sehen die Bilder auf den Schirmen, wissen aber nicht, wohin der Flug geht. Heute ist bekannt, dass der Präsident um diese Zeit kein Ziel hatte. Washington schien zu unsicher. Der zuständige Secret-Service-Offizier berichtet der 9/11-Kommission später, es sei nur darum gegangen, die Präsidentenmaschine so schnell wie möglich so hoch wie möglich zu bekommen. Dann erst würde Zeit sein, weitere Entscheidungen zu treffen. Air Force One als Fluchtburg. So etwas gab es bisher nur in Horrorszenarien über den nuklearen Holocaust.

Das kleine Pressekontingent, das für den Routinetermin in Sarasota mitgeflogen war, versucht zu verstehen, was da geschieht.

Gleichzeitig mit ihrem Präsidenten in der vorderen Kabine sehen sie über das Bordfernsehen den zweiten Turm in New York einstürzen.

Kein Zweifel mehr. Es ist Terror. Es wird Tausende von Toten geben. Zum ersten Mal spricht jemand von Pearl Harbor auf diesem bizarren Flug. Das Pentagon brennt. Es gibt weitere Meldungen über Entführungen (die sich später als falsch herausstellen). Das Gerücht macht die Runde, dass ein Telefongespräch abgehört worden sei, in dem jemand sagte: »Angel ist der Nächste.« »Angel« ist der Codename für die Präsidentenmaschine. Auch das wird sich bei den offiziellen Untersuchungen als Missverständnis herausstellen, aber in diesen Stunden scheint nichts mehr ausgeschlossen. Der Vizepräsident erklärt die Lage später so: »Das Entscheidende ist, dem Land einen Präsidenten zu sichern. Es geht nicht um George Bush oder Dick Cheney. Es geht darum, dass jemand das Amt ausfüllt. Damit unsere Gegner, wer auch immer sie sind, uns nicht köpfen, nicht führerlos machen können.«[24]

Die Nation verfolgt am Bildschirm, wie Alpträume Realität werden. Beamte, die im Bunker keinen Platz mehr haben, räumen im Laufschritt das Weiße Haus. Air Force One befindet sich auf einem Zickzackflug über das Land und wagt offenbar nicht, in die Hauptstadt zurückzukehren. Das Kapitol und seine riesigen Nebengebäude werden evakuiert. Auf den riesigen Bildschirmen der Luftaufsicht erlischt ein Lichtpunkt nach dem anderen, bis alle Flüge über dem Kontinent am Boden sind. Dann ist alles schwarz. Zum ersten Mal seit Beginn der Luftfahrt ist außer Air Force One und Militärmaschinen nichts mehr am Himmel. So hätte auch der dritte Weltkrieg beginnen können.

Die Krise trifft die Regierung Bush nach weniger als acht Monaten im Amt, aber unvorbereitet ist sie nicht. Im Gegenteil: Eine Riege neokonservativer Ideologen erkennt im Terroranschlag des 11. September ihre historische Chance. Sie sind jedenfalls vorbereitet, sie haben die ersten Monate der neuen Bush-Präsidentschaft genutzt, um sich an die entscheidenden Stellen zu manövrieren.

Die Stunde der Scharfmacher

Wenn man sie mit dem umfassenden, geradezu grausamen Austausch der politischen Führungsschicht bei einem Machtwechsel in Washington vergleicht, sind Regierungswechsel in Deutschland relativ harmlose Operationen. Die »Transition Teams«, die traditionell auf der anderen Seite der Pennsylvania Avenue im Blair House, der Gästeresidenz des Weißen Hauses, Quartier beziehen, haben zwischen sechs- und zehntausend Jobs zu vergeben, vom engsten Mitarbeiterstab des Präsidenten bis hinunter zu kleinen, scheinbar unwichtigen Angestellten. Ich erinnere mich an das Schicksal einer Freundin, die unter Reagan und Bush im Verwaltungsanbau des Weißen Hauses voller Stolz eingehende Geschenke ausländischer Staatsgäste und dankbarer Bürger an den Präsidenten katalogisierte. Mit Jobs wie dem ihren wurden Leute belohnt, die in den frühen Phasen des Wahlkampfes für den siegreichen Kandidaten Briefe eingetütet und Plakate geklebt hatten. Sie musste selbstverständlich, wie alle anderen Regierungsmitarbeiter, vor der Wahl ihre »freiwillige« Kündigung einreichen. Clintons Wahlsieg bedeutete automatisch Arbeitslosigkeit für sie.

Die Köpfe der bisherigen Regierung – die sichtbaren und die denkenden – ziehen sich nach einem Regierungswechsel entweder auf einen gut bezahlten Posten in der Industrie zurück oder in einen der vielen »Think Tanks«, die »Denkfabriken« in der Innenstadt von Washington. Beide Parteien haben dort mehr oder minder unabhängige Refugien, in denen die Vordenker des nächsten Wahlsiegs und der nächsten Regierung geparkt werden und Programme ausarbeiten. Interessengruppen und Sponsoren, Industrie- und Berufsverbände, »staatsbürgerliche Vereinigungen« und Gewerkschaften halten die Denkfabriken mit Spenden in Gang und sichern sich damit ihren Einfluss auf die zukünftige Regierungspolitik. Wer das System als Geheimbündelei interpretiert, kennt diesen Teil der politischen Welt Amerikas nicht. Die akademische Regel »publish or perish« gilt auch hier. Werde zitiert oder werde vergessen. Jeder sucht Publikum und Aufmerksamkeit, vor allem die der Presse. Es ist ein offener Markt der Ideen, auf dem sich jeder bedienen kann, auch jeder Journalist. In Washington lässt sich jederzeit mit einem Anruf und einer Taxifahrt ein Beleg für jede beliebige These einholen – oder für ihr Gegenteil.

In dieser Welt überwinterte auch eine Gruppe konservativer Strategen, die unter Reagan und Bush den Zusammenbruch des sowjetischen Imperiums aus nächster Nähe miterlebt und – so würden sie sagen – betrieben haben. Sie hielten Kontakt zueinander und knüpften die Fäden des Netzwerks, das nach dem 11. September die Linien der neuen, aggressiven US-Weltpolitik bestimmen sollte, immer enger.

Da war der vor allem in Deutschland ständig zitierte »Prince of Darkness«: Richard Perle, Veteran des Reagan'schen Rüstungsprogramms und als Verteidigungsstaatssekretär einer seiner Strategen. Da war Bill Kristol, ehemals Stabschef von Dan Quayle, dem im Ausland fast vergessenen Vizepräsidenten des älteren Bush. Außerdem Paul Wolfowitz, Partner von Richard Perle schon unter Reagan und Bush sen., Lewis »Scooter« Libby, Protegé von Wolfowitz, und andere. Am Rande der Szene ein kahlköpfiger, mit allen Wassern gewaschener Außen- und Rüstungspolitiker, dessen gewaltiger Brustkorb seine Leidenschaft für Gewichtheben demonstriert: Richard Armitage. Dazu gehörte auch – in einer bescheideneren Rolle – ein in Afghanistan geborener Aktivist, dem ich später in Kabul begegnen sollte: Zalmay Khalilzad. Und über allen schwebte, die Geschicke des Netzwerks von einem lukrativen Posten in der texanischen Ölindustrie aus lenkend, der düster-schweigsame Pate der Neokonservativen: Richard »Dick« Cheney aus dem Cowboystaat Wyoming, unter George Bush sen. der Verteidigungsminister im ersten Golfkrieg.

Daran war nichts Unheimliches. So hatten sich in der Opposition seit jeher die künftigen Regierungen geformt. So funktioniert das Spiel von Macht, Gegenmacht und Machtwechsel in Washington. Die global engagierte Supermacht, die jeden Tag für die nächste Krise bereit sein muss, kann sich ohne solche »Reservemannschaften« die Unsicherheiten eines Amtswechsels nicht leisten. Die Ereignisse des 11. September, die die neue Regierung ja noch in der Aufbauphase trafen, hätten sie ohne solch eingespielte Netzwerke völlig aus der Bahn geworfen. Alles in Ordnung also. Und trotzdem war etwas anders als sonst.

Die Energie, mit der die Konservativen auf das Ende der Ära Clinton/Gore hinarbeiteten, trug Züge von Eifer und Wut, wie ich sie vorher in den USA nicht erlebt hatte. Während der Clinton-Jahre wurden konservative Talkradio-Stationen zum politischen Faktor. Selbst in Deutschland ist Rush Limbaugh, der Doyen der täglichen Hasstiraden, jedenfalls dem Namen nach bekannt. Weil sich sehr schnell herausstellte, dass diese Programme überall in den USA ihr Publikum finden und deshalb reiche Werbeeinnahmen bringen, entstanden bald überall Nachahmer von »Gold Rush« Limbaugh.

Als die Republikaner, unter anderem wegen massiver Propagandahilfe durch solche Programme, nach zwei Clinton-Jahren die Mehrheit in beiden Häusern des Kongresses eroberten, lud der neue Unterhauspräsident, »Speaker« Newt Gingrich, die Talkmaster ein, einen Tag lang aus dem Kapitol zu senden. Sie mussten nicht lange gebeten werden und meldeten sich bald mit düster rollenden Trommelwirbeln bei ihren Hörern »from the belly of the beast«, aus dem Bauch der Bestie, bis dahin bekannt als die heiligen Hallen der Demokratie.

Die Liveveranstaltungen gerieten zu Volksfesten des »rechtschaffenen Amerika«. Vor der Moderatorenbühne lag für das Publikum Propagandamaterial aus, das die Clintons in Sado-Maso-Lederkluft oder als blutverschmierte Abtreibungsärzte zeigte. Ein besonders populärer Aufkleber für die Heckscheiben wurde aus dem anderen politischen Lager übernommen. Er forderte Hillary Clinton auf, sich um einen Senatssitz zu bewerben: »Run, Hillary, Run.« Republikaner kauften ihn für die vordere Stoßstange. Und das in den altehrwürdigen Räumen des Kapitols, in denen seit Abraham Lincoln alle Präsidenten aus und ein gingen, in denen entscheidende Debatten über das Schicksal der Welt geführt wurden und die ich auch als Reporter immer noch mit Respekt betrat.

Mich hat dieses Schauspiel damals sehr erschreckt. Da war nichts mehr vom politischen Fair Play, das ich in Amerika so zu schätzen gelernt hatte. Die Spaltung der amerikanischen Gesellschaft, die seit Beginn der Regierung von George W. Bush beklagt wird, hat in Wirklichkeit schon damals begonnen. Der Mann aus Texas hat sie nicht verursacht, er hat von ihr nur profitiert.

Selbstverständlich haben die Neokonservativen, die sechs Jahre später die Weltpolitik der Supermacht lenken sollten, nichts mit den tollwütigen Attacken aus dem Kapitolskeller zu tun. Ich bin vielen von ihnen begegnet und habe stets mit Gewinn mit ihnen diskutiert. Es sind fast ohne Ausnahme gebildete, verantwortungsbewusste, gelegentlich auch vornehme Menschen, aber zur konservativen Flut, die sie ins Amt getragen hat, gehörte auch diese Welle des Hasses. Ein Teil des »body politic« der USA stieß in einer fiebrigen Reaktion alles ab, wofür das Powerpaar Clinton stand. In dieser Phase wuchs der missionarische Eifer, mit dem die NeoCons darangingen, Amerikas beispiellose Macht unter ihre Kontrolle zu bringen. Der erste Testfall musste nach dem Fall der Sowjetunion der Nahe Osten werden, die Weltregion der unverzichtbaren Ölquellen, das Heilige Land. Unverzichtbar übrigens auch für Europa, was dort aber gern übersehen wird.

Im Frühsommer 1992, dem letzten Jahr der Regierung »Bush 41« (das Kürzel für Bush sen., den 41. Präsidenten der USA), kursierte im Pentagon ein Strategiepapier, das der Rüstungspolitik für die angestrebte zweite Amtszeit des Reagan-Nachfolgers eine Richtung geben sollte. Die Autoren, unter ihnen Paul Wolfowitz und »Scooter« Libby, traten der weit verbreiteten Hoffnung entgegen, dass das »Ende der Geschichte«, wie es Francis Fukuyama in seinem Bestseller beschrieben hatte, umfassende Abrüstung bedeuten müsse. Im Gegenteil: Für sie blieb die Welt gefährlich. Nur stehe jetzt, nach dem Fall der Berliner Mauer und dem Zusammenbruch der Sowjetunion, das Fenster zu einer historischen Chance offen, das sich wieder schließen würde: sobald Russland und China so mächtig seien, dass die USA nicht mehr allein schalten und walten könnten. Jetzt gelte es, so das Strategiepapier, amerikanische Interessen und Wertvorstellungen so entschlossen durchzusetzen, dass die Prozesse irreversibel würden. In dieser Zeit sollte Amerika notfalls auf Unterstützung durch etablierte Organisationen wie UN oder NATO verzichten und sich auf Ad-hoc-Koalitionen stützen, damit seine Absichten nicht verwässert würden.

Diese Forderungen hatten sehr praktische und milliardenschwere Konsequenzen für die Beschaffungspolitik. US-Truppen sollten so aufgerüstet werden, dass sie unabhängig von ihren bisherigen Verbündeten kämpfen könnten. Ihre Übermacht sollte so offensichtlich und einschüchternd sein, dass die Gegner noch nicht einmal an Widerstand denken würden.

Das Papier wirbelte damals in den europäischen Hauptstädten, aber auch in Washington eine Menge Staub auf. Hier, so schien es, bereiteten die USA ihren Abschied von den erfolgreichen Friedenssicherungssystemen der Nachkriegszeit vor. Der einflussreiche demokratische Senator Joseph Biden, Vorsitzender des außenpolitischen Ausschusses, verurteilte in scharfen Worten das Konzept eines erzwungenen Weltfriedens nach amerikanischen Vorstellungen. Eine solche Pax Americana widerspreche dem amerikanischen Geist, dem Völkerrecht und den Grundsätzen der Nichteinmischung. Sie sei zum Scheitern verurteilt.

Nach dem Wahlsieg von Bill Clinton verschwand das Papier endgültig auf Reagans »Müllhaufen der Geschichte« – so schien es jedenfalls. Aber die Väter des Gedankens nahmen das Konzept mit in ihr Denkfabrikexil und arbeiteten weiter daran, während der neue Präsident die Militärausgaben beschnitt und die Ersparnisse als »Friedensdividende« für seine eigenen Programme verbrauchte, unter anderem für den Abbau des gewaltigen Staatsdefizits, das Reagans Rüstungspolitik aufgetürmt hatte.

Washingtons Denkfabriken sind keine Elfenbeintürme. Die wirklich wichtigen »Think Tanks« nehmen aktiv Einfluss auf die Politik. Das Institute for Advanced Strategic and Political Studies zum Beispiel, ein Ableger der mächtigsten Lobbygruppe in den Vereinigten Staaten: des American-Israel Political Action Committee (AIPAC). Im Sommer 1996 erarbeitete das noch junge Institut eine Studie mit dem apodiktischen Titel »Clear Break«, »Klarer Bruch«. Es war eine Auftragsarbeit der israelischen Regierung für den neuen Premierminister Benjamin Netanyahu.

Mindestens drei der Autoren, das wissen wir heute, hatten noch eine große Zukunft vor sich: Richard Perle wurde später Chef von Donald Rumsfelds externem, aber einflussreichem Verteidigungspolitischen Rat. Douglas Feith, ein Anwalt, der unter anderem die Interessen israelischer Rüstungsfirmen in Washington vertrat, wurde unter Bush jr. als Staatssekretär in der politischen Abteilung des Pentagon dritthöchster Zivilbeamter des Verteidigungsministeriums, und David Wurmser ist in der Nahostabteilung des Außenministeriums gelandet.

Diese Männer empfahlen damals schon einen radikalen Kurswechsel der israelischen und damit auch der amerikanischen Politik. Der Staat der Juden solle das Konzept »Land gegen Frieden« aufgeben, das allen Verhandlungen der letzten Jahre und der US-Politik mindestens von Jimmy Carter bis Bill Clinton zugrunde lag. Stattdessen solle sich Israel darauf konzentrieren, Saddam Hussein auszuschalten. Damit würde das Kräftegleichgewicht im Nahen Osten zugunsten von Israel verschoben, weil einer seiner militärisch und wirtschaftlich potentesten Gegner wegfiele. Syrien, ebenfalls unter Kontrolle einer Ba'ath-Diktatur, werde dann allein stehen und gezwungen sein, seine aggressive Haltung gegenüber Israel aufzugeben.

So könnte im Sinne einer neuen, positiven Dominotheorie das Konzept von Demokratie, offener Gesellschaft und Marktwirtschaft einen Siegeszug durch den Nahen Osten antreten und Frieden sichern.

Das war eine weit hergeholte, durch keine historische Erfahrung gedeckte These. Dennoch: Benjamin Netanyahu machte das Papier auf seiner ersten Amerikareise im neuen Amt zur Grundlage einer Rede vor dem US-Kongress. Es wirkte damals wie eine Drohgebärde gegenüber Clinton, der Israel zu immer mehr Zugeständnissen drängte. So konnte der Gast aus Jerusalem sagen: »Ich kann auch ganz anders, und es sind sogar Amerikaner, die mir das empfehlen.«

Bill Clinton dachte jedoch nicht daran, von seinem Kurs abzuweichen. Niemand in seiner Regierung war bereit, das Konzept »Land gegen Frieden« und damit den gesamten so genannten Oslo-Friedensprozess ausgerechnet jetzt zu den Akten zu legen, wo sich der Regierungschef so unumkehrbar darauf festgelegt hatte. Es schien daher undenkbar, dass auf amerikanischer Seite das »Clear Break«-Papier Wirkung entfalten würde. Für die Öffentlichkeit versank es so schnell in Vergessenheit, wie es aufgetaucht war.

Seine Autoren warteten ab. Ihre Stunde kam mit der Amtseinführung von George W. Bush. Dort stieß noch Elliott Abrams zu ihnen, kein Koautor der Studie, dem Kreis aber in gemeinsamer Überzeugung verbunden. Er ist mir aus Reagan-Zeiten in deutlicher Erinnerung. Damals gehörte er als Staatssekretär im Außenministerium zu der verschworenen Gruppe um Oberstleutnant Oliver North, die in geheimen, verbotenen Geschäften mit dem Iran Geld zur Unterstützung der »Contra«-Rebellen in Nicaragua erwirtschaftete. Im Zuge der Aufklärung dieser abenteuerlichen Affäre wurde Abrams wegen Falschaussage vor dem Kongress zu einer Gefängnisstrafe verurteilt. Er habe nichts zu bereuen, erklärte er dem Gericht. Dennoch wurde er in den letzten Tagen der Regierung von George Bush sen. begnadigt.

Heute ist der so bewährte Aktivist Leiter des Nahostreferats im Büro von Vizepräsident Cheney. Diese Seilschaft formulierte die Außenpolitik eines Präsidenten, der bald finster entschlossen war zu handeln.

Wer den Augenblick sucht, in dem aus dem Kandidaten, der eine »bescheidene Weltmacht« versprach, der George W. Bush wurde, den viele in der Welt heute fürchten, der wird auf Freitag den 14. September 2001 stoßen.

Der Präsident hatte drei Tage ins Land gehen lassen, bevor er »Ground Zero« in Manhatten persönlich in Augenschein nahm. Er wollte die Rettungsarbeiten nicht behindern. Nun ging es ihm wie allen, die die schreckliche Szenerie zum ersten Mal sahen. Kein Bericht, kein Fernsehbild konnte einen Menschen auf diesen Anblick vorbereiten. Das Ausmaß der Zerstörung überwältigte auch George W. Bush. Die Vorhut, die sonst jeden seiner Schritte inszeniert, hatte vor dieser Herausforderung kapituliert. Es war nichts vorbereitet.

Bush ließ seine Begleiter ein paar Schritte hinter sich und ging auf das Wrack eines Feuerwagens zu, der noch zwischen den Betonplatten eingeklemmt war, die ihn erdrückt hatten. Er suchte einen erhöhten Standort, alle sollten ihn sehen. Behände erklomm er das Dach des zerstörten Führerhauses und schwang sich neben Bob Beckwith, einen neunundsechzig Jahre alten Feuerwehrmann, der wie hunderte von anderen noch einmal die Uniform aus dem Schrank gezogen hatte, um die dezimierten Reihen seiner Kameraden zu füllen. »Soll ich Sie allein lassen?«, fragte er leise. »Bleiben Sie bei mir«, gab Bush zurück, legte den Arm um die Schulter des Veteranen und zog ihn näher zu sich.

Die apokalyptische Szenerie um sie herum ließ die beiden Gestalten auf dem Trümmerhaufen winzig erscheinen, aber ein Reporterkollege, der dabei war, schrieb später, er habe fast körperlich gespürt, wie sich in diesem Moment Führungskraft formte. Karl Rove erkannte die Gelegenheit, instinktsicher wie immer, rief nach einem Megafon und reichte es nach oben. Die

Feuerwehrleute schrien bereits, dass sie ihren Präsidenten nicht hören könnten. »Aber ich höre euch, und die Welt hört euch!«, gab Bush durch den Verstärker zurück. »Und diejenigen, die diese Gebäude zum Einsturz brachten, werden bald von uns allen hören.« Der Satz hätte simpler nicht sein können, aber er veränderte die Stimmung. Endlich eine Aussage, die nach vorne wies, in eine Zukunft jenseits der rauchenden Trümmer.

Amerika würde sich nichts mehr gefallen lassen. Schon viel zu lange war nur geredet worden. Jubel brandete auf.

Ideologie bestimmt das Handeln

Ein Regimewechsel in Bagdad war schon erklärtes Ziel der Regierung Clinton gewesen. Der scheidende Präsident war nur nicht bereit, auf solche Erklärungen in seinen letzten Amtsmonaten auch Taten folgen zu lassen. Mit diesem Problem sollte sich sein Nachfolger herumschlagen. Dass der Diktator von Bagdad eine ernsthafte Bedrohung für die Region, sogar direkt für die Sicherheit der USA darstellte, war unumstritten, Misstrauen kein Privileg der Konservativen.

Im Herbst 2000, als der Wahlkampf zwischen Bush und Gore schon ein Kopf-an-Kopf-Rennen erwarten ließ, spielte das Thema Irak deshalb keine Rolle, weil es dazu kaum Meinungsverschiedenheiten gab. In wenig beachteten Erklärungen ließen beide Kandidaten erkennen, dass sie eine härtere Gangart gegenüber Saddam Hussein wählen würden, das war alles. Auch unter einem Präsidenten Al Gore hätte der Konflikt nicht so weiterkochen können. Am Ende hätten die USA auch unter ihm auf entschiedenem, notfalls militärischem Vorgehen bestanden. Im Bush-Lager war die Überzeugung im Grunde dieselbe. In einer der Kandidatendebatten erklärte Bush: »Wenn ich auf irgendeine Art herausfinden würde, dass er Massenvernichtungswaffen produziert, würde ich sie zerstören« – alles im Konjunktiv. Für den Wahlkampf genügte das. Der Seilschaft der Hardliner um Perle, Wolfowitz und Co. konnte das nicht reichen. Sie wollten auf eine viel weiter gehende Lösung hinaus. Für sie war die Gefahr von Massenvernichtungswaffen zwar ein nützliches, weil allgemein akzeptiertes Argument, aber doch nur ein Mittel zum Zweck. Sie wollten auf den Trümmern der Saddam-Diktatur einen völlig anderen Irak errichten. Ein wohlhabendes, demokratisch und marktwirtschaftlich geführtes Land mit einer westlich orientierten Mittelschicht, die andere Ziele haben würde, als islamistischen Fanatikern hinterherzulaufen oder gar Israel anzugreifen. Das sollte, so ihre Vision, der Anfang einer grundlegenden Umgestaltung des Nahen Ostens im Sinne der USA und Israels sein. Wenn sich der Staub erst einmal gelegt habe, würden auch Europa und der Rest der Welt einsehen, dass dieser aggressive Kurs der richtige war. Noch konnte die Öffentlichkeit darüber in den Reden des Kandidaten Bush nichts hören und in den Verlautbarungen der Kampagne nichts lesen. Es hätte die entscheidenden Wechselwähler der Mitte nur verschreckt. Dort gab es ohnehin schon ein Problem mit dem Cowboy-Image des Kandidaten. So groß war die Eile der Hardliner nicht. Sie konnten die Wahl und die Personalentscheidungen der »Transition« abwarten.

Vizepräsident Cheney sorgte dafür, dass Männer ihres Schlages in den Entscheidungsgremien des Nationalen Sicherheitsrats, des Verteidigungsministeriums und – trotz des Widerstands von Colin Powell – im Außenministerium etabliert wurden. Das war keine Nebensache. Die Neuordnung des Nahen Ostens von Bagdad nach Jerusalem, von der während des gesamten Wahlkampfes nie die Rede gewesen war, konnte die historische Leistung der Regierung »Bush 43« werden. Dagegen verblassten die viel diskutierten Pläne über die Errichtung eines strategischen Raketenabwehrsystems. Die Welt würde schon sehen, dass kein Leichtgewicht ins Weiße Haus eingezogen war.

In der Sache selbst aber liefen die Dinge anfangs nicht in die gewünschte Richtung. Der Präsident und der Sicherheitsapparat um die Bush-Beraterin Condoleezza Rice wollten von einer »großen Lösung« des Nahostproblems zunächst nichts wissen. George W. Bush hatte gesehen, wie sich Bill Clinton in seinen letzten Amtsmonaten in dem Versuch verzehrte, seine große historische Leistung mit einer Friedensordnung für das Heilige Land zu vollenden. Er war an der Unversöhnlichkeit der Beteiligten jämmerlich gescheitert. Für Bush stand daher fest, dass das Konzept falsch war. Höchste Zeit, die Richtung zu ändern.

Schon in der ersten Konferenz seines Sicherheitsteams, zehn Tage nach der Amtseinführung, erklärte der Präsident seinen verblüfften Mitarbeitern: »Wir werden die Unausgewogenheiten der letzten Regierung im Nahostkonflikt korrigieren. Wir gehen zurück an die Seite Israels. Und da bleiben wir. Clinton hat den Spagat versucht, und deshalb ging alles schief. Wenn die beiden Seiten keinen Frieden wollen, dann kann man sie nicht dazu zwingen.« Der neue Präsident wollte die unversöhnlichen Konfliktparteien sich selbst überlassen.

Wir verdanken die detaillierte Schilderung dieses entscheidenden Treffens dem ersten Finanzminister der Regierung Bush, Paul O'Neill. Ein selbstbewusster, geistig und finanziell unabhängiger Selfmademan aus der amerikanischen Aluminiumindustrie, enger Freund von Notenbankchef Alan Greenspan und Vizepräsident Dick Cheney. Trotz dieser engen Verbindungen verzichtete er nach nur zwei Jahren frustriert auf seinen Ministerposten. Er ist bisher der Einzige, der die Wagenburg des Bush-Teams verließ und über das Erlebte redet. Er vertraute sich dem angesehenen Autor Ron Suskind an, der O'Neills Darstellung durch eigene Recherchen überprüfte und zu einem Buch zusammenfasste[25]. Vom Informationsapparat des Weißen Hauses gab es die zu erwartenden abwertenden Kommentare, aber keine substanziellen Widersprüche. So kann die Schilderung dieses Treffens als zuverlässig gelten.

Nach O'Neills Erinnerung war Außenminister Powell der

Einzige im Raum, der zu Bushs »Null-Lösung« im Palästina-konflikt eine Art Widerspruch äußerte. Er erinnerte an die Gewaltbereitschaft der Palästinenser und Israelis in den besetzten Gebieten. Wenn die USA sich so erkennbar aus dem Konflikt zurückzögen, bestünde Gefahr, dass Ariel Sharon die volle Macht seines Militärs gegen die Palästinenser einsetzen würde. »Das könnte schlimme Folgen haben«, sagte Powell nach O'Neills Schilderung, »besonders für die Palästinenser.« Doch der Präsident hatte sich offenbar schon entschlossen, dieses Argument nicht gelten zu lassen: »Vielleicht kommt die Sache auf diese Weise am ehesten in Ordnung. Manchmal werden die Dinge klarer, wenn eine Seite mal zeigt, welche Macht sie zur Verfügung hat.« Powell war sprachlos.

Nichts in O'Neills Schilderung weist darauf hin, dass der Palästinakonflikt von Bush und seiner Sicherheitsberaterin schon in dem größeren Zusammenhang gesehen wurde, der den Theorien der NeoCons zugrunde lag. Einzig die Tagesordnung lässt das vermuten. Bush rief nämlich gleich den ersten formellen Punkt auf: »Worum soll's heute gehen, Condie?« – »Hauptpunkt soll sein: Wie destabilisiert der Irak den Nahen Osten?«, antwortete die Sicherheitsberaterin in einem Frage-Antwort-Spiel, das O'Neill abgesprochen vorkam. Zur Einstimmung präsentierte CIA-Direktor George Tenet die Luftaufnahme einer Fabrik im Irak, die seiner Ansicht nach in der Lage war, chemische oder biologische Waffen zu produzieren. In einer Szene, die an die entscheidenden Tage der Kubakrise erinnern muss, beugten sich ein gutes Dutzend Entscheidungsträger im Weißen Haus über ein tischtuchgroßes Foto, das eine Industrieanlage im Zweistromland zeigte, und lauschte den Erklärungen und Vermutungen des obersten Spionagechefs der USA.

Diesmal war es der erfahrene Industriekapitän O'Neill, der die einzige kritische Frage stellte: »Ich habe überall auf der Welt viele solche Anlagen gesehen. Woher kommt unser Verdacht, dass die hier solche Waffen produzieren?« Der CIA-Direktor antwortete mit einer langen Liste von Hinweisen, gestand aber freimütig ein, dass er keine endgültige Gewissheit habe. Konsequenzen hatte das nicht mehr. Mit seiner Eröffnungserklärung über Israel und mit der Überschrift des aktuellen Tagesordnungspunkts hatte der neue Präsident eine Richtlinie seiner Politik gesetzt: Die USA würden sich aus dem unerfreulichen Klein-Klein des Palästinakonflikts zurückziehen und den Blick auf die großen Zusammenhänge richten. Damit stand – ohne größere Diskussion – der Irak als die wesentliche Quelle allen Übels in der Region fest.

Bush setzte auch im Stil des Treffens seine Marke. Ergebnislose Endloskonferenzen, die sich unter Clinton oft bis in die Morgenstunden hinzogen, würde es unter ihm nicht geben. Der Terminkalender hatte für die erste Sitzung des Sicherheitskabinetts eine Stunde vorgesehen, und dabei blieb es auch. Pünktlich vor Ablauf der sechzig Minuten verteilte der Präsident die Hausaufgaben. Außenminister Powell sollte einen Plan vorlegen, wie die Sanktionen besser auf Saddam Hussein, die Führungsclique in Bagdad und vor allem die Waffenprogramme des Regimes gerichtet werden könnten – die »smart sanctions«, die der Außenminister in vorsichtiger Korrektur der Clinton-Politik anstrebte. Colin Powell hätte mit dem Ergebnis also zufrieden sein können, wäre der entscheidende, richtungweisende Auftrag nicht an Verteidigungsminister Rumsfeld und Generalstabschef Hugh Shelton gegangen. Der Präsident wollte einen Bericht über die militärischen Optionen gegen den Irak, die Chancen für den Aufbau einer ähnlichen internationalen Koalition wie im Golfkrieg seines Vaters und eine Aufstellung über die Kosten einer direkten militärischen Unterstützung für kurdische und schiitische Aufstände im Norden und Süden des Landes.

»Zehn Tage im Amt, und schon ging es um den Irak«, fasst Suskind O'Neills Erinnerungen an das Treffen in sarkastischer Kürze zusammen. Von nun an ging es um das »Wie?« einer militärischen Operation. Das alles entscheidende »Warum?« war nie ernsthaft diskutiert worden, jedenfalls nicht im Beisein O'Neills und offensichtlich auch nicht mit dem militärisch so erfahrenen Außenminister Colin Powell.

Die führenden Denker der NeoCons waren, sieht man von Cheney und Rumsfeld ab, an diesem Tag noch nicht dabei. Die Regierung war im Aufbau, Paul Wolfowitz zum Beispiel noch nicht offiziell als stellvertretender Verteidigungsminister nominiert. Dennoch: Es hätte für die NeoCons kaum besser laufen können. Der Kurs der neuen Regierung war noch nicht förmlich entschieden, aber es war wie selbstverständlich eine Tür geöffnet worden, die in der zweiten Hälfte der Amtszeit von Bush sen. und in acht Clinton-Jahren verschlossen gewesen war. Amerika begann Planungen für einen neuen Waffengang gegen Saddam Hussein. Noch ohne Anlass und ohne jedes Mandat von Amerikas Wählern. Wenn der Wahlentscheidung über die Persönlichkeit der Kandidaten hinaus überhaupt Sachthemen zugrunde lagen, dann waren es Wirtschaftsthemen, vor allem Bushs Versprechen, umgehend die Steuern zu senken. Und die deutsche Öffentlichkeit war immer noch fasziniert von der Todesstrafendebatte. So waren die Zeiten.

Es ist eine Menge geschrieben und geschlussfolgert worden aus dem Verlauf dieses ersten Treffens des Sicherheitskabinetts. Vielen in den USA und vor allem in Deutschland erscheint es als Beweis dafür, dass George Bush – angestiftet oder als Anstifter – schon zu Beginn seiner Amtszeit den Krieg mit dem Irak wollte. Tatsächlich tagte der »Rat der Stellvertreter« – die Ebene unter den Ministern – im Sommer 2001 viermal über die Irakfrage und produzierte eine Menge Papier, aber nie die Energie, die notwendig gewesen wäre, um die nationale Politik zu bestimmen. Powell beobachtete das Ganze, bestens informiert durch seine alten Kontakte im Militärapparat, mit Verwunderung, aber noch ohne große Beunruhigung. Solange der Irakplan auf dieser Ebene blieb, konnte er kontrolliert werden.

Tatsächlich hatte die Sitzung des Kriegskabinetts nicht ganz die Wirkung, die ihr manche heute zuschreiben, denn als Donald Rumsfeld fast zehn Monate später, nach dem 11. September 2001, von General Tommy Franks Pläne für einen Krieg gegen Saddam Hussein verlangte, konnte der ihm nichts Aktuelleres bieten als die verstaubten Unterlagen für eine De-facto-Neuauflage des letzten Golfkriegs, die seit vielen Jahren in den Schubladen lagen und weder in die Zeit noch in die Politik, noch in die Militärdoktrin der neuen Regierung passten. Nun aber wurde das Problem drängender. Der Afghanistan-Krieg war so gut wie gewonnen, doch der Krieg gegen den Terror hatte gerade erst begonnen. Strategen im Pentagon und im Außenministerium, nach Zeitangaben befragt, orientierten sich an jungen historischen Erfahrungen: »Wie lang dauerte der Kalte Krieg?«, war die Gegenfrage an mich bei einem solchen Gespräch. »Fünfzig Jahre. Nichts spricht dafür, dass es diesmal einfacher oder kürzer sein wird.« Die langfristige Perspektive war kein Grund zu bummeln. Nicht für den Präsidenten, nicht für den Verteidigungsminister und ganz sicher nicht für die Neo-Cons. Sie marschierten in Gedanken schon auf Bagdad. Die, die wirklich marschieren sollten – nicht in Gedanken, sondern durch Sandstürme, unter Beschuss und, wie man damals glaubte, unter Bedrohung durch chemische und biologische Attacken –, waren noch nicht so weit. Der politische Prozess hatte den militärischen weit überholt – ein klares Zeichen dafür, dass Ideologie inzwischen zum Motor des Handelns geworden war.

Zeit der Entscheidung

»Hail Mary«, »Gelobt seist du, Maria« heißt im American Football der Pass, in dem ein zu allem entschlossener Spieler über kurzfristige taktische Züge hinauswächst, den Ball mit einem Stoßgebet weit nach vorne schleudert und gegen jede Wahrscheinlichkeit hofft, dass ein Mannschaftskamerad ihn fängt und zum Punkt verwandelt. »Hail Mary« ist ein Manöver, das keine indifferenten Ergebnisse kennt. Es bringt dem Spieler entweder Ruhm wegen seines Mutes oder Schande wegen seiner Verantwortungslosigkeit. Dazwischen ist nichts.

»Hail Mary« nannte auch General Norman Schwartzkopf im Januar 1993 den schnellen Vormarsch seiner Truppen durch die Wüste von Saudi-Arabien, der die Republikanischen Garden von Saddam Hussein überraschte, ihnen Nachschub und Rückzugswege abschnitt.

Schwartzkopf war damit zunächst erfolgreich, aber dann ging der Krieg bekanntermaßen nicht weiter.

Damals schon war es eine Grundüberzeugung der Männer, die später »NeoCons« genannt wurden, dass der Nahe Osten reif sei für ein neues, noch tollkühneres »Hail Mary«-Manöver. Im Rest der Amtszeit von Bush sen. hatten sie mit dieser Vorstellung keine Chance, unter Bill Clinton erst recht nicht. Unter Bush jr. kamen sie zum ersten Mal an die Schaltstellen der Macht, aber auch da mussten sie sich zunächst gedulden. Die Planungen des Pentagon für einen neuen Irak-Krieg gingen nur langsam und wenig entschlossen voran. Es galt jede Chance zu nutzen, die die Geschichte bot.

Für die ganz Eifrigen schien schon der 11. September die Gelegenheit zu sein. Die Trümmer des World Trade Center rauchten noch, da plädierte Paul Wolfowitz bei der ersten Sitzung des Sicherheitskabinetts nach den Anschlägen für einen Krieg gegen den Irak statt gegen Afghanistan. In dem bettelarmen Land am Hindukusch bestehe die Gefahr, dass amerikanische Truppen in einen endlosen Guerillakrieg verwickelt würden, der der Supermacht auf Jahre hinaus jede Bewegungsfreiheit rauben werde. Irak sei ein lohnenderes Ziel, argumentierte Wolfowitz: ein bröckelndes Regime, existierende Widerstandsbewegungen, die den vordringenden US-Truppen zur Seite stehen würden, und leicht erreichbare, hoch profitable Ölquellen, mit denen der Wiederaufbau des Landes zu finanzieren wäre. Außerdem und vor allen Dingen werde mit dem Sturz des Diktators in Bagdad eine Welle der Demokratie über die gesamte Region schwappen.

Colin Powell hielt dagegen. Es gebe keine Verbindung zwischen den Anschlägen des 11. September und Saddam Hussein. Das amerikanische Volk verlange eine Antwort auf die Anschläge, einen Angriff auf Osama Bin Laden, al-Qaida und Afghanistan. Die verwundete Nation werde keinen Krieg akzeptieren, der das ignorierte. Die Frage war entscheidungsreif. Der Präsident forderte seine wichtigsten Leute auf, ein Votum abzugeben. Es ging vier zu null aus – mit einer bemerkenswerten Enthaltung von Rumsfeld. So fiel um den 15. September 2001 herum der Beschluss für den Afghanistan-Krieg.[26]

Aber das Thema Irak war damit nicht vom Tisch. Es verschwand nur vorübergehend unter dem Berg von Plänen und Details der aktuellen Operationen am Hindukusch und schwelte dort weiter.

Es wurde Gegenstand des ersten großen Konflikts in der Bush-Administration, von dem wir Reporter überhaupt erfahren haben. Einer der Köpfe der NeoCons hatte ihn – absichtlich oder in einer klassischen Freud'schen Fehlleistung – öffentlich gemacht: Staatssekretär Paul Wolfowitz, der dem Verteidigungsminister in der Woche nach dem 11. September das lästige Pressebriefing abnahm. Er erklärte: »Es geht nicht nur darum, die Verbrecher zu fassen und zur Rechenschaft zu ziehen. Es geht darum, ihre Logistik zu zerstören, ihnen ihre Rückzugsgebiete zu nehmen und den Staaten ein Ende zu machen, die sie unterstützen.« Staaten ein Ende machen – eine solche Sprache hatten wir von einer amerikanischen Regierung noch nie gehört, aber alle verstanden, was gemeint war: der Irak.

Außenminister Powell distanzierte sich noch vor den Abendnachrichten öffentlich von dieser Erklärung: »Herr Wolfowitz spricht für sich selbst.« Er zog seinen Nachfolger auf dem Posten des Generalstabschefs, Hugh Shelton, zur Seite: »Was, zum Teufel, denken die sich?« Er meinte die militanten Zivilisten im Pentagon. »Können Sie die nicht irgendwie wieder in die Kiste zurückstopfen, aus der die kommen?« Shelton, der ranghöchste Offizier der USA, tat sein Bestes, doch Wolfowitz blieb hartnäckig. Am Ende diente der Waffengang am Hindukusch sogar seinen Absichten, weil sich die moderne Kriegführung zu bewähren schien, die Donald Rumsfeld wollte. Damit rückte ein Angriff auf Saddam Hussein ohne den massiven Truppenaufmarsch des letzten Golfkriegs in den Bereich des Möglichen.

Afghanistan wurde ein Krieg, wie ihn die US-Streitkräfte noch nie geführt hatten. Die Kombination von kleinen, leichten, mobilen Einheiten am Boden mit Waffenhochtechnologie verband geringe Verwundbarkeit mit höchster Schlagkraft.

In vielen Pentagon-Büros habe ich das Bild gesehen, von dem mir auch Rumsfeld persönlich mit Begeisterung erzählte. Es sei sein liebstes, interessantestes Foto, sagte er: US-Spezialagenten zu Pferd, irgendwo in den Bergen Afghanistans. Mit ihren weiten Burnussen und Turbanen sind sie aus der Entfernung nicht von afghanischen Kämpfern zu unterscheiden, aber über Satellitentelefone und Lasergeräte mit Einsatzzentralen und Bomberkommandos verbunden. Diese können gewaltige Feuerkraft in Minutenschnelle an Stellen bringen, die die Agenten als geeignete Ziele ausgemacht haben. Die Zeiten, in denen Guerillakämpfer schwerfälliges US-Militär nach Belieben in Hinterhalte locken und ausbluten lassen konnten, sollten ein für alle Mal vorüber sein. Nie wieder Vietnam.

Auch hatten die USA noch nie einen Krieg mit im Verhältnis so wenigen Streitkräften am Boden geführt. Die US-Truppenpräsenz blieb unter zwanzigtausend Mann, die Verluste waren minimal: Bis Ende Januar 2002 fielen sechsundzwanzig US-Soldaten in Afghanistan. Für Rumsfeld war das der Beweis, dass die »Kunst des Krieges« im technologischen Zeitalter neu definiert werden musste – der Vorsprung der USA auf diesem Gebiet gab der Theorie der NeoCons vom historischen Zeitfenster, das es zu nutzen galt, eine Basis aus kalten technischen Fakten.

Entscheidend für den anfänglichen Erfolg des Afghanistan-Feldzugs war jedoch das Bündnis mit den Truppen der Nordallianz gewesen, die den amerikanischen Befehlshabern viel Schmutzarbeit abnahmen. Sie hatten die Ortskenntnis, die den

US Special Forces fehlte, sie waren kampferprobt und durch das Bündnis mit dem großen Bruder Amerika anscheinend hoch motiviert.

Dass die Afghanen in ihrer langen Geschichte gelernt hatten, Bündnisse behände zu schmieden und wieder aufzulösen, und dass sie dabei immer nur ihre eigenen Partikularinteressen auch gegen andere afghanische Volksstämme durchzusetzen suchten, spielte zu dieser Zeit noch keine Rolle in den amerikanischen Planungen. Afghanistan war, jedenfalls im Bewusstsein der Verantwortlichen in Washington, längst erfolgreich erledigt. Ich sollte später selbst sehen, wie blauäugig diese Sicht war, aber nun ging es um den Irak.

Rumsfeld und seine Verbündeten im nationalen Sicherheitsapparat zogen eine schnelle Lehre aus dem Afghanistan-Feldzug. Sie sahen die Chance, dass mit den Schiiten und Kurden des Irak, die unter Saddam Hussein jahrzehntelang grausam gelitten hatten, ähnliche Bündnisse möglich sein mussten wie in Afghanistan. Rumsfeld bedrängte seine Generäle. Er wollte eine radikale Abkehr von den alten Schlachtplänen, die eine halbe Million Soldaten im Irak verlangten. Er wollte auf lokale Hilfe bauen, den Aufwand reduzieren. Er wollte einen Plan, der einen neuen Krieg am Golf politisch und militärisch möglich machte.

Wenn der Präsident wirklich daran glaubte, dass mit dem 11. September nicht nur eine Polizeiaktion am Hindukusch begonnen hatte, sondern ein langer, weltweiter Krieg gegen den Terror, wie er immer sagte, dann war jetzt die Zeit gekommen, der Nation die Richtung zu weisen. Der Kalender Washingtoner Rituale gab ihm dafür den Termin vor: Dienstag, 29. Januar 2002. Die Rede zur Lage der Nation.

Spätestens seit John F. Kennedys unvergesslicher Aufforderung: »Fragt nicht, was euer Land für euch tun kann, fragt, was ihr für euer Land tun könnt!« suchen die Schreiber des Weißen Hauses bei jeder großen Rede nach der »catch phrase«, dem Zitat, das die Schlagzeilen des nächsten Tages und die Debatten der nächsten Zeit dominieren und die Rede in die Geschichtsbücher bringen wird. Die erste »State of the Union« nach dem 11. September ist in die kollektive Erinnerung der Welt eingebrannt als die Rede über die »Achse des Bösen«.

Bush prägte einen Begriff, der für seine Weltsicht so bezeichnend ist wie die Reaktionen in Europas Hauptstädten für die der Alten Welt. Die »Achse des Bösen« hatte Anklänge an Ronald Reagans Ausspruch vom »Reich des Bösen«, mit dem eine militärische und moralische Aufrüstung begann, die nach Ansicht Bushs und der meisten Amerikaner am Ende den Sieg im Kalten Krieg brachte. Das Wort führte aber noch tiefer, weit hinein in alttestamentarisches Verständnis von Gut und Böse. Gleichzeitig war es eine handfeste Drohung.

Europa erschrak über diese groteske Vereinfachung. Ohne jedes historische Verständnis warf Bush drei so unterschiedliche Systeme wie den fundamentalistisch-islamischen Iran, die durch und durch materialistisch-weltliche Diktatur von Saddam Hussein und das bizarr-stalinistische Nordkorea in einen Topf. Wer so argumentierte, hatte für europäisches Verständnis jeden Anspruch verspielt, politisch und intellektuell ernst genommen zu werden. Umso erschreckender die offensichtliche Shoppinglist für die nächsten Kriege.

Ich erinnere mich lebhaft an die Liveschaltungen vom Rasen des Weißen Hauses am nächsten Tag. In deutschen Redaktionen herrschte ungläubiges Entsetzen: »So kann er das doch nicht gemeint haben!« Meine Antwort kam aus den Erfahrungen mit Bush seit den Tagen des Wahlkampfes: »Wenn wir eines über diesen Präsidenten wissen, dann, dass er meint, was er sagt.«

Ich erfuhr erst später, dass Colin Powell ein paar hundert Meter Luftlinie entfernt seinen Topdiplomaten genau das Gleiche eingebläut hatte: »Sie haben es gehört. Das war's. Da gibt es nichts mehr zu diskutieren, einzuschränken und zu qualifizieren. Ich will nicht, dass einer von Ihnen ans Telefon geht, seine Ansprechpartner in anderen Hauptstädten anruft und sagt: ›Der Präsident meinte das nicht so.‹ Er meinte es so.« Powell ahnte wohl, dass einige seiner Topleute genau das schon getan hatten.

Die intellektuellen Handwerker im Untergeschoss des Weißen Hauses waren zufrieden. Der Stil ihres Präsidenten war kraftvoll bestätigt. Schluss mit fein justierten Erklärungen. »Das Gute stellt sich gegen das Böse« – so spricht ein Mann, der von seinem Recht überzeugt ist und nicht zögern wird, es durchzusetzen. Das verstanden sie in Midland/Texas. Und, so die Kalkulation und Überzeugung, auch in Pjöngjang, Teheran und Bagdad.

Die Aufregung über die »Achse des Bösen« lenkte vom Kern der Rede ab, der sehr viel eher Rückschlüsse darauf zulässt, was die Supermacht seit dem 11. September treibt. »Ich werde nicht stillhalten, während die Gefahren näher und näher kommen«, sagte Bush. »Ich werde nicht abwarten, während sich die Gefahr zusammenbraut. Die Vereinigten Staaten werden den gefährlichsten Regimen der Welt nicht erlauben, die gefährlichsten Waffen zu entwickeln.«

Das war ein neues Element im Völkerrecht, formuliert von einer Weltmacht, die überzeugt ist, wegen ihrer schweren Verwundung so sehr im Recht zu sein, dass sie neues, eigenes Recht setzen darf. Der Erstschlag, die Abwehr eines unmittelbar bevorstehenden Angriffs, ist von der Völkergemeinschaft schon lang als Teil des Rechts auf Selbstverteidigung akzeptiert. Bush ging einen gewaltigen Schritt weiter. Er reklamierte das Recht auf einen vorbeugenden Krieg, einen Angriff in Erwartung einer sich bildenden Gefahr. Am 29. Januar 2002 war der Irak gemeint, aber der Anspruch ging viel weiter.

Zweiundfünfzig Millionen Amerikaner sahen und hörten die Liveübertragung. Die Rede wurde in allen Medien ausführlich analysiert – und es regte sich in den USA wenig Widerspruch gegen die so genannte Bush-Doktrin. Das erschrockene Europa war mehr als nur einen Ozean entfernt in diesen Tagen.

Der Präsident und seine Sicherheitsberaterin Condoleezza

Rice waren überrascht von der weltweiten Aufregung über die »Achse des Bösen«. Sie fürchteten, dass die eigentliche Botschaft im Lärm untergehen würde: das Recht der USA auf einen weit vorbeugenden Krieg. »Machen Sie noch einmal klar, worum es geht«, war am nächsten Tag die Weisung des Präsidenten an seine engste außenpolitische Mitarbeiterin. Die Gelegenheit war günstig. Rice sollte in drei Stunden als Gastrednerin beim Jahrestreffen des Conservative Political Action Committee in Washington erscheinen. Sie gab Weisung, das Manuskript zu ändern und zu verschärfen. Helfer reichten ihr den Text in letzter Sekunde ins Auto. Die Redenschreiber hatten ihr Bestes getan, aber die Aussage des Präsidenten war kaum noch zuzuspitzen. »Wir werden alles tun, was in unserer Macht steht, um den gefährlichsten Mächten der Welt die gefährlichsten Waffen zu verwehren«, erklärte Rice. Die deutlichste Formulierung fiel ihr erst Monate später ein, zum Jahrestag des 11. September. In einer politischen Talkshow brachte sie das Argument so auf den Punkt, dass es in den USA fast nur noch Beifall gab: »Die Welt kann es sich nicht leisten zu warten, bis ein endgültiger, unbestreitbarer Beweis für die Gefahr vorliegt, denn dieser Beweis könnte ein Atompilz sein.« Das unausgesprochene Etwas, mit dem die Welt nach Ansicht der US-Regierung nicht warten konnte, war der Krieg. Heute gegen den Irak, nach der Logik der Bush-Doktrin morgen gegen jedes andere Regime, das Massenvernichtungswaffen anstrebt und eventuell Verbindung zu Terroristen unterhalten oder aufbauen könnte.

Europa blickte in eine geöffnete Pandorabüchse. Doch die meisten Amerikaner sahen den wehrhaften Präsidenten, den sie sich in dieser Weltsituation wünschten. Es gab daher keine nennenswerte Opposition. Senator Tom Daschle aus South Dakota, damals Führer der Demokraten im Oberhaus und damit eigentlich der mächtigste Oppositionspolitiker im Land, hatte schon am Tag nach der »State of the Union« die Waffen gestreckt: »Die Erinnerung an 9/11 geht so tief. Der Kongress akzeptiert, dass wir uns zur Wehr setzen müssen. Der Präsident hat die

Richtung vorgegeben. Wir brauchen vorbeugende Aktionen, wie der Präsident sie verlangt, und der Kongress ist bereit, sie zu unterstützen.« Der Präsident hatte also freie Hand. Er konnte und musste entscheiden.

»Der Präsident muss nicht der klügste Mann im Raum sein. Er muss nur dafür sorgen, dass die klügsten Männer im Raum sind, er muss die unterschiedlichen Ansichten hören, abwägen und entscheiden.« So hatte mein Gewährsmann vor der Wahl den Arbeitsstil von George Bush beschrieben.

In der Irakfrage gab es keinen Mangel an unterschiedlichen Auffassungen in Bushs Kabinett. Die Fronten waren klar gezogen: Auf der Seite der Kriegsgegner standen die allermeisten Generäle, ein großer Teil der Geheimdienstspezialisten für den Nahen Osten und fast alle Entscheidungsträger des Außenministeriums. Auch sie wollten nicht einfach das Katz-und-Maus-Spiel mit Saddam Hussein nach den hergebrachten und erfolglosen Regeln fortsetzen. Sie wollten den Druck erhöhen, Inspektionen durchsetzen und »den Deckel auf Saddams Kiste zuhalten«, wie der gängige Slogan lautete. Einen neuen Golfkrieg aber hielten sie für unnötig und gefährlich, sogar für verantwortungslos. »Smart sanctions«, die die regierende Clique in Bagdad treffen sollten und nicht das irakische Volk, waren das Rezept dieser Fraktion. Ihr Führer war Colin Powell.

Auf der anderen Seite standen die NeoCons. Nicht alle sind Republikaner, einige haben durchaus Erfahrung auf dem Sachgebiet und sind Kenner des Nahen Ostens. Auch James Woolsey, Bill Clintons erster CIA-Direktor und ein überall anerkannter Terrorismusexperte, gehörte zu den NeoCons. Im Wesentlichen aber waren es Männer, die ihre besten Jahre in Washingtons Denkfabriken zwischen Stapeln von Papier verbracht hatten. Kaum einer von ihnen hatte Militärdienst geleistet, aber sie waren auf Krieg getrimmt. Seit Jahren forderten sie einen Waffengang gegen Saddams Irak. »Die rufen nur noch: ›Dürfen wir jetzt? Dürfen wir jetzt?‹«, mokierte sich einer meiner Freunde im

US-Außenministerium mit gespielter Kinderstimme über den Eifer dieser Kriegsbefürworter. Nach dem 11. September sahen sie ihre Stunde gekommen.

Bush musste also wählen zwischen dem Lager des etablierten militärischen und außenpolitischen Know-how und den Aktivisten und Ideologen aus den Denkfabriken, die sich Positionen in seiner Regierung gesichert hatten.

Seine Entscheidung war vorhersehbar: Bushs Instinkte reagieren empfindlich auf alles Etablierte. Manche führen das auf seine Erfahrungen als texanischer Außenseiter an den Eliteuniversitäten von Yale und Harvard zurück. Außerdem hatte er immer schon wenig Geduld mit Bedenkenträgern. Er sieht sich als den Mann, den Gottes Fügung an diese Stelle gebracht hat, um Amerika mit mutigen Entscheidungen vor den neuen, existenziellen Gefahren zu beschützen.

Außerdem schien die Geschichte auf der Seite der Mutigen zu sein, auch wenn sie zunächst ausgelacht wurden. Ideologen und Aktivisten hatten in letzter Zeit oft Recht behalten. Allen voran Ronald Reagan, in dessen Nachfolge Bush sich viel eher sieht als in der seines letztlich gescheiterten Vaters.

Als Reagan ins Amt kam, war es Konsens aller so genannten »Vernünftigen«, dass der Kalte Krieg ein Dauerzustand sein würde, mit dem sich die Welt abzufinden habe. Die Aufgabe von Regierungen und Diplomatie war es in erster Linie, die weitere Ausbreitung des Kommunismus zu stoppen (»containment«) und den Ausbruch eines großen heißen Krieges zu verhindern, auch wenn regionale Kriege zum Arsenal dieser Realpolitiker gehörten. Gegenüber der anderen Supermacht war ein sanfter Kurs zu steuern, an ihrer Destabilisierung konnte der Westen kein Interesse haben, weil die Folgen unabsehbar und deshalb nicht zu verantworten waren. Das schreckliche, aber unverzichtbare Steuerungsmittel dieser Epoche werde die nukleare Abschreckung bleiben, so die allgemeine Überzeugung.

Der Held der NeoCons, der in Europa oft verlachte, aber

meist gefürchtete Ronald Reagan, durchbrach diese Logik. Ihm fehlte, wie vielen Neokonservativen, Detailkenntnis. Er hatte sich zudem nie für Einzelheiten der historischen Entwicklung interessiert. Dafür verstellte ihm aber auch nichts und niemand den Blick auf die großen Zusammenhänge. Er warf die moralische Äquidistanz über Bord, mit der europäische Politiker und Intellektuelle die beiden großen Mächte zunehmend sahen, er teilte die Welt in Gut und Böse und zögerte nicht, das offen auszusprechen. Gegen das Böse reichte ihm »containment« nicht, er wollte »roll-back«, den Kommunismus zurückdrängen. Er verteilte weiße und schwarze Hüte wie die Ausstatter der Westernfilme, in denen er gespielt hatte. Damit kam er im doppelten Wortsinn dem Herzen Amerikas nahe. So hatten sie die Welt dort schon immer gesehen, und nun gab es endlich jemanden, der bereit war, auf dieser Basis Politik zu machen. Der einen unerträglichen Zustand so nannte und bereit war, ihm ein Ende zu setzen. Reagan glaubte an Amerikas unbändige Kraft, senkte Steuern, fütterte den militärindustriellen Komplex mit Geldern, die der gar nicht so schnell ausgeben konnte, wie sie hereinkamen, und startete tollkühne neue Rüstungsprojekte wie das weltraumgestützte Raketenabwehrsystem SDI, das alle Abrüstungsvereinbarungen in Frage stellte, von dem aber die meisten Fachleute sagten, dass es niemals funktionieren könne. Hail Mary. Die NeoCons jubelten, die Welt hielt den Atem an, bis das persönliche Bündnis, eine moderne »entente cordiale« zwischen dem kalten Krieger Ronald Reagan in Washington und dem Reformer Michail Gorbatschow in Moskau den Weltfrieden für eine Weile sicherer machte.

Auch das ist es, was Amerika heute antreibt: die verklärte Erinnerung an einen charismatischen Präsidenten, der in lebensgefährlicher Situation, als die Welt angstvoll im Status quo verharren wollte, alles auf eine Karte setzte und gewann.

Einem wie George W. Bush, der in dieser Tradition steht, mussten Verträge und Strukturen aus dem früheren Zeitalter zweitrangig erscheinen.

Am Ende des ersten amerikanischen Golfkriegs waren es die noch untergeordneten NeoCons in der Regierung von Vater Bush, die darauf bestanden, die Truppen nach Bagdad weitermarschieren und Saddam Hussein beseitigen zu lassen. Es waren Außenminister James Baker und Colin Powell als Generalstabschef, die das verhinderten. Ihnen war wichtig, den Boden der völkerrechtlichen Legitimation durch den Sicherheitsrat der Vereinten Nationen nicht zu verlassen und das Bündnis mit Saudi-Arabien, Jordanien, Ägypten und den Golfstaaten nicht zu zerstören. Im Übrigen rechneten Baker und Powell fest damit, dass der auch im Land verhasste Saddam, nachdem seine Verwundbarkeit nun bewiesen schien, nicht lang überleben würde. Unter Bush sen. gewannen die Vorsichtigen den Richtungsstreit. Das Ergebnis war ein unerträglicher Dauerkonflikt und der Tod Tausender von Menschen im Norden und Süden des Irak.

Nach dem Machtwechsel 2001 erinnerten die NeoCons den neuen konservativen Präsidenten ständig daran, immer mit dem Unterton: »Ronald Reagan wäre das nicht passiert.« Der Erfolg des verehrten alten Präsidenten im Kalten Krieg und die Schwierigkeiten nach dem frühen Ende des Golfkriegs waren zwei wichtige Argumentationspfeile in ihrem Köcher. Einen weiteren hatte überraschenderweise Bill Clinton geliefert.

Der Mann im Präsidentenamt zwischen Sohn und Vater Bush erbte den ungelösten Konflikt in Jugoslawien. NeoCons hatten schon lange darauf gedrängt, auf dem Balkan einzugreifen. Hier, im Hinterhof der NATO, tobte ein unerklärter, unerträglicher Krieg, kostete Zehntausende von Menschenleben und untergrub die moralische Glaubwürdigkeit des westlichen Bündnisses.

Das gesamte Verteidigungsestablishment in Washington riet dem Präsidenten, diese schmutzige Angelegenheit den Europäern zu überlassen. Erst nach Jahren, als die Bilder im US-Fernsehen unerträglich wurden, setzte sich Clinton über alle Bedenken hinweg, trieb die NATO zum Einsatz und sicherte fast ohne eigene Verluste zumindest ein Ende des Blutvergießens und einen vorläufigen Waffenstillstand. Die Episode hinterließ in Washington den Eindruck, dass die kriegerischen Stämme Europas noch lange die Aufsicht der USA brauchen würden und dass die Verbündeten in der Alten Welt zu ängstlich seien, um bei Fragen von Krieg und Frieden wirklich ernst genommen zu werden; keine Gesprächspartner jedenfalls für Politiker, die in der nach dem 11. September angebrochenen historischen Epoche den Einsatz der überwältigenden militärischen Macht der USA für ein zulässiges Mittel der Politik hielten.

Die Argumente der Befürworter eines neuen Krieges kamen den Emotionen des Präsidenten entgegen. Der *Washington-Post*-Reporter Bob Woodward berichtet im Nachwort seines Buches *Bush at War* über Bushs Afghanistan-Krieg von einer Unterhaltung, die er mit dem Präsidenten auf seiner Ranch in Crawford hatte – noch war keine Entscheidung zum Irak gefallen. »Condi will nicht, dass ich darüber rede«, sagte Bush, »aber ich will mal sehen, ob Sie das nicht überzeugt. Natürlich wird es einen wichtigen strategischen Effekt haben, wenn wir einen Regimewechsel in Bagdad erreichen, aber da gibt es noch einen viel wichtigeren Grund. Unglaublich viele Menschen leiden unter seinem Regime.« Dann wechselte Bush, wie es für ihn typisch ist, mitten im Satz die Weltregion. Er wollte das heißeste Thema meiden. »Reden wir lieber von Nordkorea. Ich verachte Kim Jong Il. Ich reagiere instinktiv auf diesen Kerl, der sein Volk verhungern lässt.« Woodward dachte, dass Bush gleich aufspringen würde, so temperamentvoll war der Ausbruch. »Ich habe die Luftaufnahmen gesehen von seinen Gefangenenlagern. Sie sind riesig. Er foltert Menschen, zerreißt Familien. Es widert mich an… Es ist mein Instinkt, vielleicht ist es meine Religion. Vielleicht sonst etwas, aber ich fühle das mit Leidenschaft.«

Er, Bush, verstehe nicht, wie Regierungen der zivilisierten Welt den Diktator in Pjöngjang umwerben könnten im Sinne einer vorsichtigen Diplomatie. »Ich bin nicht dumm. Ich weiß, dass die mir sagen, man solle langsam vorgehen. Es würde eine zu große finanzielle Last für den Süden bedeuten, wenn dieser Kerl plötzlich fällt. Wer würde sich um die Menschen in Nordkorea kümmern? Aber ich halte nichts von diesem Argument. Entweder man glaubt an die Freiheit ... oder man glaubt nicht. Entweder man sorgt sich um die Lebensbedingungen der Menschen oder nicht.« Und dann kehrte er doch wieder zu dem aktuellen Thema zurück, das seine Sicherheitsberaterin eigentlich aus dem Interview heraushalten wollte. »Genauso denke ich über die Menschen im Irak.« Diese Sätze hätten auch von Ronald Reagan kommen können, nur hätte er keine religiösen Gefühle ins Feld geführt.

Bush war im Grunde von Anfang an von seinem Ziel und von seinem Plan überzeugt. Die NeoCons hatten in ihm einen Verbündeten, der seinem eigenen Verständnis von Geschichte und seinen Instinkten folgte. Er kam damit zu denselben Ergebnissen wie sie, ohne selbst ein Ideologe zu sein.

Wer in Chroniken den Tag sucht, an dem der Beschluss für den neuen Golfkrieg fiel, wird den 19. März 2003 finden. Aber dieses Datum markiert nur den Befehl zum Angriff. Die eigentliche Entscheidung war schon lange vorher gefallen. Irgendwann im Lauf des Jahres 2002 war der Zug abgefahren, hatte eine Weiche nach der anderen passiert, bis es nur noch das direkte Gleis in den Krieg gab.

Als Bob Woodward mit Bush in Texas sprach, hatte Colin Powell den Präsidenten gerade für den Versuch gewonnen, eine UN-Resolution zu bekommen und eine internationale Allianz zu schmieden. Bush hatte zugestimmt, aber nicht eine Minute daran gedacht, der Weltgemeinschaft mehr als eine Chance zum Mitmachen zu bieten. Mitsprache oder gar ein Vetorecht kamen für ihn nicht in Frage. Das Ziel stand fest: Saddam Hussein musste entmachtet werden. Alles andere war eine Frage der Methoden.

Solange es gelänge, eine Verbindung zwischen dem Schrecken

des 11. September und der Gefährlichkeit des Irak herzustellen, würde es in den Vereinigten Staaten wenig Widerstand geben. Das sagten ihm seine Berater und sein eigener, hellwacher politischer Instinkt.

Die Bereitschaft der Nation zum entscheidenden Waffengang gegen Saddam Hussein wuchs nicht deshalb, weil die Bedrohung größer geworden wäre. Das Szenario hatte sich eher beruhigt: Ein Jahrzehnt der Sanktionen und der Verlust der Kontrolle über weite Teile des Irak durch die Flugverbotszonen hatten Saddam Husseins Macht im eigenen Land geschmälert und sein Programm zur Produktion von Massenvernichtungswaffen zumindest gebremst. Das Volk der USA würde sich einem Krieg gegen Saddam Hussein am Ende deshalb nicht entgegenstellen, weil ihm der 11. September die Gelassenheit geraubt hatte, mit der es bisher bereit gewesen war, die Gefahren der Welt zu akzeptieren.

Opposition kam von den Verbündeten in Europa. Nichts in der Vita des Präsidenten hatte ihn darauf vorbereitet, solche Einwände einzuschätzen und ernst zu nehmen. »I don't know where they come from« ist eine amerikanische Redensart, wörtlich übersetzt: »Ich weiß nicht, wo die herkommen.« Gemeint ist meist die übertragene Bedeutung: »Ich verstehe nicht, was die meinen.« Für Bush traf der Satz in jedem Sinn zu. Er teilte die Welt ein in entschlossene Verbündete und beschwichtigende Zauderer.

In der Zeit zwischen den Kriegen in Afghanistan und im Irak interviewte ich den Präsidenten und seine Sicherheitsberaterin Condoleezza Rice. Bei beiden Gesprächen war ich überrascht, mit welcher moralischen Gewissheit, aber auch mit welchem Optimismus sie über Motive redeten, die in Deutschland so viele Zweifel und Unverständnis auslösten.

Ich wollte wissen, ob der Krieg noch zu vermeiden sei, und begann den entscheidenden Teil des Interviews mit Bush mit der recht konkreten Frage: »Gibt es irgendetwas, was Saddam Hussein außer seinem Rücktritt und einem Gang ins Exil tun kann, um den Krieg zu verhindern?« Hätte es eine solche Möglichkeit gegeben, wäre die Antwort leicht gewesen, aber Bush machte sich die Mühe, sie zu umgehen.

»Die Deutschen sollten wissen, dass ich Klartext rede. Ronald Reagan sagte in Berlin auch: ›Mr. Gorbatschow, reißen Sie die Mauer ein!‹ und nicht: ›Nimm ein paar Ziegel raus.‹ Er wollte, dass das ganze Ding verschwindet. So rede ich wohl auch… Der Irak hat eine Regierung, die Giftgas gegen ihre eigene Bevölkerung eingesetzt hat und die Massenvernichtungswaffen entwickeln will. Vielleicht haben sie die sogar schon. Wir wissen es nicht. Das ist ein gefährliches Regime. Im Interesse unserer Freiheit und unserer Zukunft müssen wir damit fertig werden.«

Ich sah eine Chance, die Bestätigung für die Kriegspläne zu bekommen, die immer noch nicht offiziell waren. »Mit allen Mitteln, so oder so?«, fragte ich dazwischen. Bush sprang für ein paar Sekunden darauf an, bremste sich aber dann und schwenkte auf die vorbereitete Linie für seinen Besuch in Europa ein. »So oder so, absolut! Moment… Ich habe keine Einsatzpläne auf meinem Schreibtisch, die eine Militäroperation im Einzelnen darlegen. Ich halte mir alle Optionen offen. Und natürlich werde ich mit unseren Verbündeten und Freunden reden. Das ist eine Bedrohung, die wir ernst nehmen müssen, und zwar jetzt.«

Bushs Antwort war wahrheitsgemäß, aber unaufrichtig. Er hatte nur deshalb keine Pläne auf dem Schreibtisch, weil die zwischen Rumsfeld und General Tommy Franks hin- und hergingen und in der x-ten Überarbeitung darauf getrimmt wurden, den Krieg durchführbar zu machen – und damit wahrscheinlicher.

Auch wenn es nie einen förmlichen Beschluss gab: Die Grundsatzentscheidung war längst gefallen. Nur das »Wie« war noch zu klären. Die wichtigste Frage: Würde es gelingen, Verbündete zu gewinnen, oder musste Amerika alleine kämpfen? Für Bush war die Bereitschaft, es notfalls allein zu wagen, Voraussetzung dafür, dass das Unternehmen gelingen konnte.

»Man kann Probleme nicht durch reden lösen«, sagte Bush auf seiner Ranch in Texas in einem Interview mit Bob Woodward. »Die Vereinigten Staaten sind in einer einzigartigen Position. Wir sind die Führungsmacht, und ein Führer muss die Fähigkeit zuzuhören verbinden mit der Fähigkeit zu handeln. Ich glaube an Ergebnisse. Ich habe das schon mal gesagt: Ich weiß, dass die Welt sehr genau beobachten wird, ob wir Ergebnisse erzielen, und dann wird sie beeindruckt sein oder auch nicht. Das ist in vielerlei Hinsicht so ähnlich wie der Aufbau von Kapital. Mit Ergebnissen sammeln wir Kapital für eine Koalition, die sehr zerbrechlich sein kann. Sie ist zerbrechlich, weil es uns gegenüber Ablehnung gibt. Denken Sie nur an das Wort ›Unilateralismus‹, das benutzt jeder, der etwas Hässliches über uns sagen will: Bush ist ein Unilateralist, Amerika handelt unilateral. Ich finde das ulkig. Ich war zu oft auf Konferenzen, die unter dem Motto standen: Wenn wir uns nicht alle einig sind, dann machen wir gar nichts. Gut, wir werden niemals alle hinter uns bringen, wenn es darum geht, militärische Gewalt anzuwenden. Aber Handeln, selbstbewusstes, zuversichtliches Handeln mit Ergebnissen wird eine Strömung erzeugen. In der können die zögerlichen Nationen und ihre Führer hinterherschwimmen und sagen: ›Wir haben etwas Gutes für den Frieden getan.‹«[27]

Das war in einer Sprache, die auch die Freunde in Midland verstehen würden, die Abkehr vom Konzept des kollektiven Handelns in Organisationen, die ein anderes Amerika einst aufgebaut hatte: die Vereinten Nationen und die NATO.

Was Bush dazu trieb, war seine Ungeduld mit der langsamen Arbeitsweise der internationalen Gemeinschaft. Die gründete wiederum auf einem Mangel an positiven Erfahrungen, überhaupt auf einem Mangel an Erfahrung mit der schwierigen Kunst der Diplomatie. Amerikanische Politik hatte in Jahrzehnten sowjetischer Obstruktion und großer Spannungen Mittel und Wege gefunden, die Vereinten Nationen, die NATO und andere Verteidigungspakte für ihre Zwecke zu nutzen. Aber das gehörte nicht zur Erlebniswelt des heranwachsenden George W. Bush. Dem etablierten Apparat im Außenministerium, der nach seiner Überzeugung die Niederlage seines Vaters gegen Bill Clinton mit auf dem Gewissen hatte, misstraut er.

Dazu kommt ein undifferenziertes, aber starkes Gefühl, in dieser schwierigen Zeit der entschlossene Führer sein zu müssen, den Amerika jetzt braucht. »Ich werde die Gelegenheit nutzen, Großes zu leisten«, sagte er einmal. Und er glaubte wohl tatsächlich an die »clear and present danger«, die dringende, aktuelle Gefahr, die ein mit Massenvernichtungswaffen ausgestatteter Wahnsinniger in Bagdad bedeuten würde. Bush war entschlossen, sich nicht beirren zu lassen. Großes lag zum Greifen nah: das Ende eines ruchlosen Diktators und Mörders, die Befriedung des Nahen Ostens durch Demokratie und Freiheit, die Sicherung der Ölversorgung. Nur Saddam Hussein schien dem allem im Weg zu stehen. Er musste beseitigt werden, so oder so.

Aus dieser Überzeugung wuchs die Entscheidung zum Krieg. Hail Mary! Amerikas Streitmacht bekam ihren Auftrag.

Kollaps der Kontrollen

Einem Korrespondenten, der eine Stimmungsaufhellung braucht, sei ein Besuch bei der Führungsspitze des US-Verteidigungsministeriums empfohlen. Ein Gardeoffizier in prächtiger Paradeuniform erwartet mich im Juni 2003 vor dem VIP-Eingang des riesigen Gebäudekomplexes. Stramme Haltung, korrekt abgewinkelte Unterarme, weiße Handschuhe, ein Schild mit meinem Namen. Er nimmt sofort Blickkontakt mit mir auf. Jetzt ahne ich, weshalb sie ein Foto von mir haben wollten. »Welcome to the Pentagon, Dr. Kleber.«

Der junge Sergeant aus South Carolina eskortiert mich die endlosen Gänge entlang immer tiefer in das Innere des größten

Behördengebäudes der Welt. Ich muss an die Schilderungen vom 11. September denken, als dichte Rauchschwaden jedem hier drin Sicht und Atem nahmen. Wie Verteidigungsminister Donald Rumsfeld in einer für ihn bezeichnenden Reaktion auf den eigenen Schock zur Einschlagsstelle rannte und dort half, Verletzte zu versorgen, bis ihn seine Adjutanten zurückriefen: »Es gibt für Sie jetzt Wichtigeres zu tun, Mr. Secretary!« Als ich ihn in einem Interview ein halbes Jahr später auf diese wenig bekannte Geschichte ansprach, wechselte er sofort das Thema. Das war nichts, woran er erinnert werden wollte.

Es gibt wohl kein anderes Gebäude, in dem das Selbstbewusstsein der Supermacht so vor Kraft strotzt wie hier. Und doch haben die Terroristen, nur mit Fanatismus und Teppichmessern bewaffnet, Amerika hier eine tiefe Wunde zugefügt. Mein Sergeant war nicht dabei, er hatte erst danach seinen Dienst angetreten. »We are back in full force, Sir!«, sagt er, wir sind wieder da, schlägt die Hacken zusammen und öffnet die Tür zum Allerheiligsten – der Büroflucht der engsten Mitarbeiter des Verteidigungsministers.

»Danke für den imperialen Empfang«, sage ich zu meinem Gastgeber, nachdem sich die Tür geschlossen hat. »Warum haben Sie mir das bisher immer vorenthalten?« Aber er ist nicht zu Scherzen aufgelegt. Das wundert mich. Der Irak-Krieg ist bisher entgegen allen Vorhersagen erfolgreich gewesen. Weder die Republikanischen Garden noch die überdehnten Versorgungswege, noch ein gewaltiger Sandsturm haben die US-Truppen aufhalten können. Saddams Statue ist gefallen, Präsident Bush hat unter dem Banner »mission accomplished« das Ende der Kampfhandlungen verkündet und damit praktisch den Sieg. Es ist Frühsommer 2003, noch ist nicht klar, wie schwierig und verlustreich die zweite Phase dieses Krieges noch werden würde.

Nach ein paar Minuten Smalltalk gibt mein Gesprächspartner preis, was ihn bedrückt: »Wir bekommen keine guten Reports von den Truppen, die Massenvernichtungswaffen suchen. Sie sind verschwunden. Keine Spur davon. Wenn das so bleibt, haben wir ein Problem.« – »So leicht werden sich Ihre Propagandaleute doch nicht einschüchtern lassen«, versuche ich ihm mit einem Schuss Zynismus zu helfen. »Die werden sich ganz schnell auf die Frage einschießen, ob die Welt nicht ohne Saddam besser dran ist als mit ihm, und dann werden sie so tun, als wären die Massenvernichtungswaffen nicht weiter wichtig gewesen. Ich höre die Reden schon.« Mein Gegenüber hat jedoch zu viel Erfahrung in diesem Geschäft, um sich so leicht beruhigen zu lassen. »Wir haben zu sehr auf diesen Punkt gesetzt. Jetzt kontrollieren wir das ganze Land. Wir können jeden verhören, den wir haben wollen. Niemand muss mehr Angst haben vor Saddam. Das sind ideale Bedingungen. Wenn wir das Zeug jetzt nicht finden, dann haben wir ein Riesenproblem«, sagt er niedergeschlagen. An dieses Gespräch muss ich später noch oft denken.

Heute wissen wir, dass es zumindest bei Kriegsende im Irak keine Massenvernichtungswaffen mehr gab. Es fanden sich auch keine Beweise dafür, dass es anders war, als das politische Washington die Existenz des Schreckensarsenals behauptete. Ich erinnere mich an keinen Politiker, der die herrschende Meinung damals ernsthaft in Frage stellte. Meine eigenen Recherchen hatten mich mit Menschen in Verbindung gebracht, die seit Jahren auf diesem Gebiet arbeiteten und an deren Aufrichtigkeit ich nicht den geringsten Zweifel hatte. Einer von ihnen war der Waffeninspektor David Kay, der sich als Chef des Inspektionsteams nach dem ersten Golfkrieg auf Parkplätzen in Bagdad mit irakischen Wachmännern erregte Wortgefechte geliefert hatte – vor den Kameras der Weltpresse. Er wusste, dass er von Saddams Schergen damals an der Nase herumgeführt worden war, und ging davon aus, dass sie etwas zu verbergen hatten. Er sagte das auch öffentlich, obgleich er kein Bush-Mann war, sondern ein verantwortungsbewusster, unabhängiger Experte. Er war mit Bushs aggressiver Taktik nicht einverstanden, hatte aber auch keinen Zweifel an Saddams Gefährlichkeit.

Eine gute Freundin arbeitete seit vielen Jahren auf dem Gebiet der B- und C-Waffen-Abwehr, sie hat Lehrbücher darüber geschrieben. Eine Frau, die sich von keiner Partei und von keiner Regierung vereinnahmen lässt. Sie, Kay und andere, mit denen ich in dieser kritischen Zeit engen Kontakt hielt, waren überzeugt, dass Saddam ein Arsenal grauenhafter Waffen produzierte und bereit war, es einzusetzen. Sie dehnten die Grenzen ihrer Geheimhaltungspflicht, so weit es ging, und informierten mich über eine Fülle von Indizien. Leitwerke zum Beispiel, die dafür konstruiert sind, den Fall von Bomben zu verlangsamen, wie man sie nur für biologische und chemische Kampfstoffe braucht. Der Irak hatte sich vierhundert davon beschafft, übrigens aus spanischer Produktion. Nun waren sie verschwunden. Den Waffeninspektoren wurde von irakischen Offizieren erzählt, sie seien irgendwann irgendwo verschrottet worden, Genaues wisse niemand mehr. Solchen Auskünften war ganz offensichtlich nicht zu trauen, und mir – und vielen anderen Journalisten damals – schien diese Einschätzung glaubwürdig und zuverlässig.

Wir konzentrierten uns daher sehr schnell auf die Frage, welcher Schaden, welcher Terror mit solchen Waffen angerichtet werden könnte, wenn sich die kriminelle Energie des 11. September mit dem Know-how aus Saddams Labors verbinden würde. Genau das war die »Story-Line«, mit der die NeoCons und andere Kriegsbefürworter in der Regierung den Angriff auf den Irak rechtfertigten. Nicht alle, die so dachten, waren skrupellos, manche waren sogar voller Skrupel, aber es regte sich kaum Widerspruch gegen die Argumentation aus dem Pentagon und dem Weißen Haus. Was Amerika trieb, war schlicht und einfach Angst. Wer anderer Ansicht war, sah sich sofort dem Vorwurf ausgesetzt, offensichtliche Gefahren zu unterschätzen und eines Tages zu den Idioten zu zählen, die viel Schlimmeres als 9/11 möglich machten, weil sie eine entschlossene Abwehr behinderten. Unter diesem Druck brachen Amerikas Kontrollmechanismen einfach zusammen: in den Geheimdiensten, in der Regierung, im Kongress – und in der Presse.

Patrick Lang, ehemaliger Leiter der Nahostabteilung im militärischen Geheimdienst und nun Chef einer eigenen internationalen Beratungsfirma für Sicherheitsfragen, beschreibt den Vorgang aus seiner intimen Kenntnis der beteiligten Behörden heraus als eine Kernschmelze des Aufklärungsapparats unter enormem politischem Druck.[28] Die Männer um Wolfowitz und Cheney, die Amerikas Streitkräfte zum Werkzeug ihrer Vorstellungen machen wollten, saßen nicht ganz oben in der Pyramide der Macht, aber sie hatten lebenslange Erfahrung mit dem Getriebe hinter den großen Entscheidungsprozessen in Washington.

Bei meinen Besuchen im Weißen Haus war ich immer wieder davon beeindruckt, unter welch jämmerlichen Bedingungen wichtige Menschen dort ihren Dienst tun. In fensterlosen Kellerräumen, aus denen deutsche Behörden nicht einmal Aufenthaltsräume für das Reinigungspersonal machen würden, saßen Offizielle, auf deren Schreibtischen Messingschilder mit Aufschriften standen wie »Special Assistant to the President«. Das ist der Maßstab von Einfluss, darum geht es: das Wort »President« im Titel und räumliche Nähe zum West Wing, kurze Wege zu den informellen Gesprächen, die Chance, Entscheidungsprozesse zu formen, solange sie noch formbar sind. In solchen Zonen legten sie nun die Hebel in Richtung Bagdad.

Douglas Feith, Staatssekretär für politische Fragen, damit der drittmächtigste Zivilist im Pentagon und nach Paul Wolfowitz der mächtigste NeoCon im Haus, richtete in seinem unmittelbaren Einflussbereich einen solchen unauffälligen Raum im Keller ein. Zwei Männer seines Vertrauens, ein ehemaliger Journalist und ein ehemaliger Nahostexperte des Außenministeriums, begannen die Rohdaten der Geheimdienste nach Verbindungen zwischen al-Qaida und Saddam Hussein zu durchforsten. Der Chef sorgte für den nötigen Zugang zu streng geheimen Quellen. Ein Jahr lang bekamen die Offiziellen des Pentagon nicht mit, was dort geschah.

In Szenen, die an Russell Crowe im Film »A Beautiful Mind« erinnern müssen, malten die Geheimdienstamateure ihre Ergebnisse auf Packpapierbogen und hängten sie an die Wände des kleinen Büros. Als sie das Gesamtbild betrachteten, waren sie erschüttert: Vor ihren Augen standen Beweise dafür, dass die Mauern einstürzten, die Terrororganisationen entlang ethnischer, religiöser oder politischer Linien bislang immer getrennt hatten. Es gab nie erkannte Verbindungen zwischen den Outlaws der Terrororganisationen und staatlichen Apparaten, besonders im Irak.

Am Ende stand ein hundertfünfzig Seiten langer Bericht an die Auftraggeber, Männer mit unmittelbarem Zugang zu den Entscheidern. Sie bekamen, was sie erwartet hatten. »Wir hatten tonnenweise hochinteressantes Rohmaterial entdeckt«, erklärte David Wurmser, einer der beiden Terroristenjäger aus dem Keller, der *International Herald Tribune,* »und waren schockiert, dass in den offiziellen Berichten des CIA darüber nichts stand.«

Die Experten des Geheimdienstes hatten jedoch ihre Gründe dafür, diese Verbindungen nicht so hoch zu bewerten: Die Quellen waren unzuverlässig. Es gab zwar Anzeichen für Versuche von al-Qaida, mit Saddams Irak ins Geschäft zu kommen, aber keinerlei Erkenntnisse darüber, ob daraus etwas geworden war. Es gab auch Kontakte zwischen irakischen Agenten und pakistanischen und nordkoreanischen Fachleuten für Atomwaffen. Alles beunruhigend, denn auch Vorbereitung bedeutet Gefahr, aber nicht so bedrohlich, wie es die NeoCons für ihre Pläne brauchten. Nach dem Urteil der Geheimdienstfachleute blieb Zeit, Verhandlungen und Sanktionen weitere Chancen zu geben.

Im Bericht »Irak und al-Qaida – eine undurchsichtige Beziehung«, der dem Präsidenten im Juni 2002 vorgelegt wurde, las es sich anders. Er enthielt nur noch eine Warnung im Vorwort: »Diese Darstellung geht bewusst aggressiv vom Schlimmsten aus.« Die Verbindung zwischen dem weltlichen Diktator und den religiös-fundamentalistischen Terroristen war von nun an fester Bestandteil der Reden von Präsident und Vizepräsident.

Bereitwillig glaubten Wolfowitz, Feith und die anderen Geheimdienstamateure an Dokumente, die angeblich bewiesen, dass irakische Agenten versucht hatten, im Niger Uran zu beschaffen – doch die Papiere waren in Wirklichkeit eine plumpe Fälschung. Trotzdem erwähnte der Präsident diese Absicht vor beiden Häusern des Kongresses als Beweis für Saddams Gefährlichkeit. Die Spezialisten des CIA, die der Rede zur Lage der Nation 2003 an den Fernsehern folgten, fielen vor Schreck fast aus den Sesseln. Wie konnte dieser Unfug durch alle Kontrollinstanzen in die feierliche Zeremonie gelangen? Der Grund: CIA-Direktor George Tenet hatte es nicht für nötig gehalten, die Rede im Detail gegenzulesen, und sie einfach abgehakt. Er wusste ja, dass die Richtung dem Chef gefallen würde. Aluminiumrohre, nach Darstellung der Scharfmacher für Gaszentrifugen zur Urananreicherung gedacht, waren dafür nicht geeignet. Irak benutzte sie zur Herstellung erlaubter konventioneller Artilleriemunition. Trotzdem wurden sie staunenden Abgeordneten als greifbarer Beweis für Saddams Gefährlichkeit bei Briefings in die Hand gelegt und von höchster Stelle immer wieder als Beweis für sein Atomwaffenprogramm zitiert.

Als Gerüchte aufkamen, ein irakisches unbemanntes Miniflugzeug sei zur Verbreitung chemischer und biologischer Kampfstoffe gedacht, erreichten die Spezialisten der Air Force, dass in den Bericht für den Präsidenten der Satz aufgenommen wurde: »Diese Verwendung ist technisch nicht auszuschließen, aber aus verschiedenen Gründen extrem unwahrscheinlich.« Der Passus fehlte jedoch in der Version, die dem Präsidenten schließlich vorgelegt wurde.

Persönliche Querverbindungen im Netzwerk der NeoCons sorgten dafür, dass die Meinung des Aktivistenteams an allen Kontrollmechanismen vorbei direkt in das Büro des Vizepräsidenten gelangte, das der Verbündete Lewis »Scooter« Libby kontrollierte. Dort wurden die zweifelhaften Theorien dem Chef als gesicherte Erkenntnisse präsentiert.

Die Profis des CIA und aller anderen Geheimdienste versanken immer tiefer in einer Mischung aus Wut und Resignation. Was da aus dem Keller kam, war – von Ausnahmen wie dem Niger-Uran abgesehen – nicht nachweislich falsch. Es nutzte nur die Spielräume bei der Beurteilung immer wieder auf dieselbe Weise. Die Fachleute wussten, was passieren würde: Rohdaten aus der Spionagearbeit sind unzuverlässiges Material; mit ihnen kann jede These wahlweise begründet oder widerlegt werden. Die eigentliche Aufklärungsarbeit beginnt bei Auswertung und Gewichtung. Das Material lädt zu Manipulationen geradezu ein. In der Hand von Aktivisten wird es zu einer gefährlichen Waffe. Von nun an wurde den Auswertern klar gemacht, »welche Erkenntnisse erwünscht waren und welche nicht«, wie Bruce Hardcastle, einer der Spezialisten für den Nahen Osten im militärischen Geheimdienst DIA, dem Untersuchungsausschuss des US-Senats später berichtete.

Fortan saßen die beiden Amateure mit in der Runde, wenn für das Weiße Haus und den Kongress Berichte über die irakische Gefahr verfasst wurden. »Die achteten darauf, dass wir nicht zu viele Einschränkungen in unsere Berichte schrieben und dass die Worte scharf und präzise waren«, erklärte einer der Fachleute dem Senatsausschuss später die Rolle der beiden Zivilisten. So entstand auch das Material, auf das Außenminister Powell in der dramatischen Sitzung des Weltsicherheitsrats am 5. Februar 2003 seine Argumente stützte.

Der Auftritt war die schwerste Mission im Leben des pflichtbewussten Soldaten. Er war von Zweifeln gequält, aber nun hatte er die Linie seines Oberkommandierenden zu vertreten. In historischem Rahmen trat er gegen ein großes Vorbild an. Während der Kubakrise 1962 hatte Adlai Stevenson, ehemaliger Präsidentschaftskandidat und US-Botschafter bei den Vereinten Nationen die Sowjetunion vor den Kameras der Welt der Lüge überführt. Detaillierte Luftaufnahmen bewiesen die Präsenz sowjetischer Atomraketen auf Kuba. »Ich warte hier, bis die Hölle zufriert: Ich will von Ihnen eine Antwort. Stimmt das, ja oder nein?«, hatte der sonst so vornehm zurückhaltende Stevenson dem sprachlosen sowjetischen Botschafter entgegengeschleudert.

Jetzt ging es wieder um Krieg und Frieden. Die Welt und vor allem Washington erwartete von Powell, dem angesehensten, vertrauenswürdigsten Vertreter der Regierung Bush, eine nicht minder überzeugende Vorstellung. »Das Problem war nur, dass seit der Kubakrise niemand mehr so dumm ist, seine Raketen im Freien zu parken«, sagte mir ein Geheimdienstmann später.

Powell bewegte sich auf dünnem Eis. Zur Verbindung zwischen Saddam und al-Qaida hatte er so gut wie nichts zu bieten. Das Argument, das in der internen Diskussion im Weißen Haus die größte Rolle spielte, kam in seiner Rede so gut wie nicht vor. Er stützte sich auf die Weigerung des Irak, sein Arsenal an Massenvernichtungswaffen »vollständig, komplett und endgültig zu offenbaren«, wie es die UN-Resolutionen verlangten. Das dramatischste »Beweismittel«, das ihm dafür zur Verfügung stand, waren Zeichnungen von mobilen Labors zur Produktion von B- und C-Waffen. Sie beruhten angeblich auf Aussagen von vier Irakern, vor allem einem mit dem bezeichnenden Codenamen »Curveball« – im Baseball eine besonders raffinierte Art, den Ball ins Spiel zu bringen. Der einzige Amerikaner, der je selbst mit »Curveball« sprach, bezeichnete ihn in einem internen Dokument als einen geschwätzigen Alkoholiker. »Der Mann ist unzuverlässig«, warnte er seine Vorgesetzten in einer E-Mail.

Die Antwort auf das Memo war kurz, sprach aber Bände[29]: »Die, die jetzt an der Macht sind, werden sich nicht so sehr dafür interessieren, ob ›Curveball‹ überhaupt weiß, wovon er spricht. Dieser Krieg wird stattfinden, egal, was ›Curveball‹ sagt oder nicht sagt.« Colin Powell hat von diesem Schriftwechsel und von dieser Einschätzung nie erfahren.[30]

Seine bis dahin unangefochtene Reputation in der Welt hat sich von dieser Vorstellung nie wieder erholt. Die »Curveball«-Blamage war nur möglich, weil auch die Kommunikation unter den Verbündeten zusammengebrochen war. Der Informant mit dem seltsamen Decknamen war nämlich unter deutscher Kontrolle. Deutsche Dienste hatten ihre amerikanischen Kollegen über »Curveballs« Aussagen informiert, ohne sie sonderlich skeptisch zu bewerten. Das geschah erst, als in Berlin erkennbar wurde, dass »Curveballs« Story für die USA ein wesentliches Beweisstück war. Als dann die Warnung kam, nahm sie in Washington niemand mehr ernst, wie mir eine Quelle aus den amerikanischen Geheimdiensten berichtete. Der Verdacht lag zu nahe, dass die deutschen Kollegen von ihrer Regierung zurückgepfiffen worden waren, die Washington keine Kriegsgründe liefern wollte.

In dieser ganzen Zeit schlief der sonst zuverlässigste Wachhund des amerikanischen Systems: die freie Presse. Schon am 11. September 2001 begannen die ersten Moderatoren und Reporter, ihre Jacketts mit kleinen amerikanischen Fahnen zu schmücken. Das wäre an sich nicht schlimm gewesen, wäre es der Regierung nicht gelungen, im öffentlichen Bewusstsein Patriotismus und bedingungsloses Vertrauen in die Behauptungen der Führung gleichzusetzen. Es gab Glaubenssätze, die auch durch die Presse nicht mehr in Frage gestellt wurden. Dazu gehörte die Überzeugung, dass die Vereinigten Staaten durch irakische Programme zur Herstellung von Massenvernichtungswaffen unmittelbar bedroht seien. Es gab gute Gründe, das zu glauben, aber unter normalen Umständen hätten sich die amerikanischen Medien bei einer so wichtigen Frage damit nicht zufrieden gegeben. In diesem Fall unterblieb jede wirklich gründliche Recherche.

Das war – entgegen einer Auffassung, die in Deutschland weit verbreitet zu sein schien – nicht das Ergebnis von Zensur durch das Weiße Haus. Es war viel schlimmer: Ich bin überzeugt, dass hier die Gesetze des Marktes am Werk waren. Der Präsident und sein Krieg gegen den Terror waren außerordentlich populär. Das zu Tode erschrockene Amerika war gegenüber Kritikern und Zweiflern von innen und außen unduldsam geworden.

Websites, Zeitungen und Fernsehprogramme, die sich wie Richard Murdochs »FOX News« zum Sprachrohr der aggressiven Regierungspolitik machten, waren auch wirtschaftlich außerordentlich erfolgreich. Die Kundschaft verlangte »Entschlossenheit«, und der Präsident schien sie zu bieten.

Führende amerikanische Journalisten, die ich zu meinen Freunden zähle, erklärten mir später entschuldigend, dass sie an der Herausforderung scheitern mussten. Sie seien für ihre Recherchen schon immer darauf angewiesen gewesen, dass politische Gruppen, Parteien, Forschungsinstitute oder unabhängige Organisationen Zweifel und Kritik anmeldeten, denen sie nachgehen konnten. Diese Ansätze habe es diesmal einfach nicht gegeben.

Ganz so war es nicht. In Wirklichkeit war die politische Strömung so stark, dass die wenigen, die sich ihr entgegenstellten, weggerissen wurden, bevor sie sich überhaupt Gehör verschaffen konnten. Nicht einmal der bullige Scott Ritter hatte eine Chance. Der ehemalige US-Elitesoldat war nach dem ersten Golfkrieg einer der aggressivsten Waffeninspektoren im Dienst der Vereinten Nationen gewesen. Sein Charakter und seine Fachkenntnis waren eigentlich über jeden Verdacht erhaben.

Als er sich in den USA mit begründeten Zweifeln zu Wort meldete und es auch noch wagte, nach Bagdad zu reisen und dem irakischen Parlament ins Gewissen zu reden, wurde er für die amerikanischen Medien zur Persona non grata. Ein paar Tage hielt er sich tapfer gegen zum Teil unsachliche persönliche Angriffe, die ihn als skurrilen Außenseiter diffamierten, dann war er vom Bildschirm verschwunden.

Die Grundtugend des angelsächsischen Journalismus, die saubere Recherche, war im Kollaps der Kontrollsysteme gleich mit verschüttet worden. Am Ende baten die größten und angesehensten Zeitungen des Landes ihre Leser um Entschuldigung dafür, dass sie versagt hatten, und zwar auf der ganzen Linie und durch alle Medien, einschließlich der anarchischen »Biogosphere« im Internet.

Der Präsident brauchte keine Presse. Er las jeden Morgen nach dem Frühstück eine »Bedrohungsmatrix«, die die Gefahren der Welt in grellsten Farben malte. Vieles davon war ungefiltertes, nicht genügend gewichtetes Rohmaterial. Jeden Tag mussten in ihm Erinnerungen aufsteigen an den »Chatter«, den alarmierenden »Geräuschpegel« in den Geheimdienstberichten, von dem wir inzwischen wissen, dass er Vorbote war zum Terror des 11. September. Verkannt, damals. Schlimme Ahnungen mischten sich mit schlechtem Gewissen.

Bush hatte seine ganze Präsidentschaft, viele sagen seine Existenz, in den Dienst der Mission gestellt, dergleichen nie wieder geschehen zu lassen. Er setzte im Kongress all seine Überzeugungskraft ein. Die Abgeordneten und Senatoren standen unter massivem Druck. Alarmmeldungen aus den Geheimdienstberichten bestimmten die öffentliche Meinung.

Am Ende stimmte der Senat mit fünfundsiebzig von hundert Stimmen für eine Kriegsermächtigung.

»Wenn wir damals gewusst hätten, was wir heute wissen, dann hätten wir diesem Krieg nicht mit solcher Mehrheit zugestimmt – ich wiederhole, *nicht* zugestimmt«, sagte Senator Jay D. Rockefeller bei der Vorlage des unsäglichen überparteilichen Untersuchungsberichts am 9. Juli 2004 über diese Fehlleistungen. Ein Fünftel des Textes war zur Geheimhaltung geschwärzt. »Wenn Sie lesen könnten, was unter den Balken steht, würden Sie die Augenbrauen noch weiter hochziehen«, sagte Senator Pat Roberts, sonst ein zuverlässiger Verbündeter des Präsidenten und anfangs einer der stärksten Befürworter des Krieges. Er war nicht weniger empört. »Heute wissen wir, dass die Gefahreinschätzung nicht nur falsch war, sie war ohne jede Grundlage. Die meisten dieser Probleme sind zurückzuführen auf eine kaputte Kultur in den Geheimdiensten, auf ein Versagen des Managements. Sie haben es versäumt, ihre Analysten zu Widerspruch zu ermutigen, andere Erklärungen zu suchen, die notwendigen Warnungen auszusprechen und Analysten zu ermahnen, die den Boden der Objektivität verlassen haben.«

Republikaner und Demokraten hatten sich im Untersuchungsausschuss darauf geeinigt, den heißesten Aspekt für eine Zeit nach der Präsidentenwahl im November 2004 zu vertagen: nämlich die Frage, wie die Ministerien und das Weiße Haus die ohnehin schon gefärbten Berichte dann weiter in die von ihnen gewünschte Richtung drehten. Vorläufig stellten die Ermittler nur fest, dass niemand versucht habe, die Fachleute unter Druck zu setzen. Auch die ungewöhnlichen Besuche des strengen Vizepräsidenten Cheney im Hauptquartier des CIA auf der anderen Seite des Potomac seien friedlich verlaufen. Einzelne Agenten aber hatten erzählt, dass Analysten, die Zweifel an der offiziellen Theorie anmeldeten, sehr viel gründlicher »gegrillt« wurden als jene, die der Regierungslinie folgten.

Und welche Antwort kann man geben, wenn die Frage des Vizepräsidenten mit Worten beginnt wie: »Können Sie dafür geradestehen, dass Saddam Hussein nicht…« Der Schreck des 11. September steckt allen noch in den Knochen – bis heute.

In keinem Untersuchungsbericht wird erwähnt, was es für einen kleinen, schlecht bezahlten Analysten bedeutet, einen differenzierten Bericht über die angebliche Gefährlichkeit von Saddam Hussein anzufertigen, wenn der Präsident täglich öffentlich erklärt, dass der Mann das verkörperte Böse sei, bereit, die Welt in eine Katastrophe zu stürzen.

Komplexe Systeme reagieren unter großem psychischem Druck so wie einzelne Menschen: Sie kollabieren. Die Kommissionen, die nach der Explosion der Raumfähre »Challenger« und, siebzehn Jahre später, nach dem Absturz der »Columbia« die NASA und die Privatfirmen der Raumfahrtindustrie untersuchten, kamen zu diesem Schluss.

Die Fehleinschätzung des Irak durch die Bush-Administration lag noch anders und schlimmer. Hier saßen Menschen in verantwortlichen Positionen, die genau die Ergebnisse haben wollten, die sie bekamen.

Als in der Halle des Kapitols deutliche Worte über die Fehlleistungen der Dienste – und damit über die Begründung dieses

Krieges – gesprochen wurden, waren schon fast tausend US-Soldaten gefallen, mindestens fünfzehntausend Iraker tot, zig Milliarden an Werten vernichtet, der Krieg noch lange nicht vorbei und von den segensreichen Wirkungen des Falls von Saddam Hussein auf den Nahen Osten nichts zu erkennen.

In Bushs erster Amtszeit schwankte die amerikanische Regierung zwischen Arroganz und Angst. Die Verbindung von beidem war fatal. »Die Stellung der USA in der Welt ist heute schlechter als je zuvor, und dadurch ist unser Land verwundbarer als je zuvor«, so die Einschätzung von Senator Rockefeller.

Die Spannungen mit fast dem gesamten Rest der Welt entstanden, nachdem sich die US-Regierung bedingungslos der Theorie von der irakischen Gefahr verschrieben hatte. Von da an war die Welt in Gefolgsleute und Beschwichtiger aufgeteilt. Die Auseinandersetzung blieb säkular, aber sie hatte einen fast religiösen Eifer. In solchem Streit kann es für die Überzeugten keine Kompromisse geben – nur falsch oder richtig, »action or appeasement«, überzeugtes Handeln oder lebensgefährliche Nachgiebigkeit.

Getrieben von dieser Einstellung machte sich die US-Regierung daran, eine »Coalition of the willing« – eine Koalition der Willigen – zu suchen. Aber es kam nicht wirklich darauf an. General Tommy Franks, Befehlshaber des »Southern Command«, sollte einen Schlachtplan liefern, für den Amerika keine Verbündeten brauchte.

Koalition der Willigen

Es ist eine Stärke des amerikanischen politischen Systems, dass es aus Fehlern lernt und behände auf neue Strategien umsteigt, wenn die gewünschten Ergebnisse ausbleiben: Die grotesken Fehlleistungen des Geheimdienstapparats unter dem Druck der zivilen Ideologen werden sich wahrscheinlich so nicht wiederholen. »Wir machen Fehler, aber nicht dieselben zweimal«, erklärte mir ein Kenner der Materie.

Der rüde Umgang der Supermacht mit den Vereinten Natio-nen und der NATO und die Risse, die seitdem durch diese Or-ganisationen gehen, sind dagegen von grundsätzlicher Bedeu-tung. Es spricht einiges dafür, dass die USA trotz des weltweiten Protestes wieder so handeln oder solche Handlungsoptionen zu-mindest »in Reserve« halten werden, wenn die nächsten Kon-flikte mit dem Iran und mit Nordkorea nach Entscheidungen verlangen.

In die Beratungen des Kriegskabinetts war schon unmittelbar nach dem 11. September ein Geist von »my way or the highway« eingezogen: Entweder geht es nach unseren Vorstellungen, oder wir handeln allein. Diese Einstellung gewann schon lange vor der Präsidentschaft von George Bush jr. Bedeutung in der amerika-nischen Politik. Seit dem Ende des Kalten Krieges schienen feste Bündnisse für die Sicherheit der USA nicht mehr unbedingt nötig zu sein. Nach einem oft und immer nur halb im Scherz zitierten Spruch war die NATO einst gegründet worden, um in Europa die USA drin, die Russen draußen und die Deutschen unten zu halten. Alle drei Motive hatten mittlerweile ihre Bedeutung ver-loren. Jetzt stand nicht mehr hinter jedem Streit ein existenziel-ler Einigungsdruck. Von den immer wiederkehrenden Bananen-, Hühner- und Rindfleisch-»Kriegen« zwischen der EU und den USA bis hin zur Truppenstationierung konnte jetzt jede neben-sächliche Frage, die in der schlechten alten Zeit dem strategi-schen Interesse untergeordnet wurde, plötzlich zum ernsthaften Konflikt werden. Der Franzose Pascal Lamy und der Amerika-ner Bob Zoellick, bis 2004 die Handelsbeauftragten der beiden größten Wirtschaftsblöcke der Erde, haben durch ihre enge, in vielen gemeinsamen Langstreckenläufen gefestigte Freundschaft manches Eisen für die EU und die USA aus dem Feuer geholt, das unter weniger günstigen persönlichen Voraussetzungen mögli-cherweise durchgeglüht wäre.

Wir haben inzwischen fast vergessen, dass die neue, selbstbe-wusstere, man kann auch sagen rücksichtslosere US-Politik schon früher begonnen hatte: unter dem in Europa so sehr als Internationalist verehrten Bill Clinton. Die Verweigerung der USA beim Landminenverbot, das Verschleppen des umfassenden Atomteststopp-Abkommens, die halbherzige Behandlung des Kyoto-Protokolls begannen bereits in den neunziger Jahren.

Bei meinem ersten förmlichen Interview mit Bill Clinton im Weißen Haus hatte ich gute Gründe, nach diesen Themen zu fragen. Die Menschen in Deutschland wollten das wissen.

Clinton lehnte sich zum ersten Mal in diesem Gespräch vor und antwortete mir erregt: »Das ist nicht fair, das ist überhaupt nicht fair, wie Sie meine Positionen hier darstellen! Ich kann Ihnen versichern: Sie wären wahrscheinlich erstaunt, wenn Sie wüssten, wie viele europäische Nationen uns zustimmen, wenn wir vertraulich miteinander reden, aber dann öffentlich ganz anders Stellung beziehen, weil das bei ihrer Bevölkerung besser ankommt. Sie verstecken sich hinter uns.«[31]

Beim anschließenden obligatorischen Gruppenfoto knurrte er mir zu: »You got me on this one« – damit haben Sie mich erwischt. Im ARD-Studio hatte das großartige Team, dessen Chef ich damals war, Champagner kalt gestellt und ein Banner aufgehängt:. »We are proud of you.« Auf diesen kleinen Erfolg in meinem ersten Präsidenteninterview bin ich auch heute noch stolz. Die Frage blieb aktuell, und es lag nahe, den Trick immer wieder zu versuchen, bei Madeleine Albright und Colin Powell, bei Condoleezza Rice und bei Bush jr. – allerdings mit immer weniger Erfolg. Sie hatten schnell Erfahrung gewonnen in der öffentlichen Darstellung dieses Problems, das vor allem in Europa, wo die Stimmung von einer Mischung aus Überheblichkeit und Trennungsangst erfüllt war, bald eine große Rolle spielte. Die amerikanischen Antworten kamen dann routiniert und gestanzt, wie es sich für gut beratene Politiker gehört. Die Frage selbst aber hat nichts von ihrer Brisanz verloren: Wie sehr lässt sich die Supermacht noch einbinden? Nach dem 11. September ging es da nicht mehr um Kleingedrucktes in Verträgen, es ging um Krieg oder Frieden und um Zehntausende von Menschenleben.

»Hören Sie, ich glaube an Bündnisse«, sagte mir Bush im Mai 2002. »Ich weiß, dass Amerika den Krieg gegen den Terror nicht allein gewinnen kann. Ich freue mich darauf, diesen Punkt mit dem deutschen Kanzler zu besprechen.« Tatsächlich war da der Zug längst abgefahren – in Richtung Krieg. Tags darauf brach der Präsident nach Berlin und Moskau auf. Auf dieser Reise sollte das tief greifende Zerwürfnis zwischen ihm und Gerhard Schröder seinen Anfang nehmen, zunächst noch unerkannt.

Außenminister Colin Powell wurde in dieser Phase zum Bewahrer der internationalen Traditionen der US-Außenpolitik und zum Hoffnungsträger der Verbündeten. Er hatte schon als NATO-Offizier, unter anderem in Deutschland, den Wert internationaler Allianzen schätzen gelernt, vor allem aber als Generalstabschef des ersten Golfkriegs. Damals kämpften Soldaten aus achtundzwanzig Nationen an der Seite der USA, andere beteiligten sich mit gewaltigen Zahlungen.

Außenminister James Baker reiste von Hauptstadt zu Hauptstadt und offerierte den Deal aus amerikanischer Sicht: Das Völkerrecht werde von Saddam Hussein mit Füßen getreten, die Stabilität des Nahen Ostens und die Ölversorgung aller Industrienationen seien hochgradig gefährdet. Es müsse gehandelt werden. Die USA würden die Hauptlast der Kämpfe und damit die Verluste an Menschenleben übernehmen, aber wenigstens das Geld müsse von den Partnern kommen. Die Welt akzeptierte die Rechnung.

Von den Gesamtkosten des Krieges, rund einundsechzig Milliarden Dollar, trugen die USA am Ende nur noch 7,3 Milliarden, Deutschland immerhin 6,6 Milliarden. Da diese Zahlen von US-Buchhaltern ermittelt wurden, kann man davon ausgehen, dass eine ehrliche Bilanz für Washington noch günstiger aussieht.

Der wichtigste Nutzen der Golfkriegsallianz war nicht in Geld auszudrücken: Obwohl überall in Europa und Japan Hunderttausende unter dem Banner »Kein Blut für Öl« gegen den Krieg demonstrierten, hatte die Position der USA in der Welt und in den Weltorganisationen keinen Schaden genommen. Amerika konnte kommenden Konflikten mit ungeschmälertem Kredit entgegensehen.

Colin Powell hatte also gute Argumente, als er am 5. August 2002 in den privaten Präsidententrakt des Weißen Hauses ging – nach gut anderthalb Jahren sein erstes ausgedehntes Treffen mit Bush, bei dem Rumsfeld und Cheney nicht dazwischenfunken konnten. Condoleezza Rice war dabei wie immer, aber sie würde nicht stören, im Gegenteil: Sie hatte das private Treffen möglich gemacht.[32] Allen Beteiligten war klar: Das war für Powell die letzte Gelegenheit, der traditionellen US-Außenpolitik eine Chance zu verschaffen und den Konflikt so weit wie möglich in Übereinstimmung mit den Organisationen zu lösen, die einmal von amerikanischen Regierungen ins Leben gerufen worden waren. Der Rahmen stimmte: Abendessen im privaten Esszimmer, danach ein Gespräch im zweiten, persönlichen Büro des Präsidenten, kein Protokoll. Powell konnte offen sprechen. »Man kann natürlich behaupten, dass wir das auch alleine könnten, aber es stimmt nicht«, erklärte Powell. Er fühlte sich auf sicherem Boden, er wusste, worüber er sprach, und es war für ihn ein leidenschaftliches Anliegen. Was militärisch schief gehen konnte, sollte heute nicht das Thema sein. Es war die Stärke seines Arguments, dass er nicht schwarz malen musste – Bush hasste das –, sondern vom besten Fall ausging:

»Sie werden dann stolzer Herr über fünfundzwanzig Millionen Iraker sein. Ihnen, dem Präsidenten der USA, wird alles im Irak gehören, die Hoffnungen, die Erwartungen, die Probleme der Menschen. Dieser Krieg wird Ihre erste Amtszeit beherrschen! Wollen Sie auf einer solchen Basis zur Wiederwahl antreten?« Und dann präsentierte der erfahrene Soldat und Diplomat eine Liste offener Grundfragen und ungelöster Probleme, die bisher nie zur Sprache gekommen waren, da sich die Konferenzen des Sicherheitskabinetts fast von Anfang an um die militärischen Details gedreht hatten: »Wollen wir diesen Krieg überhaupt, warum, wie lange, wofür?«

Bush setzte Powells Argumenten nicht viel entgegen. »Was kann ich noch tun, was sollte ich noch tun?«, fragte er schließlich. Powell schlug als Lösung den Weg über die Vereinten Nationen vor. Er glaubte, dass es möglich sein würde, die meisten Staaten an Bord zu bringen, aber er wollte dem Präsidenten nichts vormachen. »Wenn Sie das Problem erst einmal vor die Vereinten Nationen bringen, dann müssen Sie damit rechnen, dass die in der Lage sind, es zu lösen. In dem Fall gibt es keinen Krieg. Das bedeutet einen Ausgang, der vielleicht nicht so klar ist, wie wenn wir selbst reingehen und den Kerl beseitigen. Wir hätten internationalen Schutz, aber es könnte sein, dass wir nicht unser Wunschergebnis bekommen.«

Der Präsident dankte nach zwei Stunden Beratung – so lange hatte Powell ihn noch nie für sich gehabt. Am nächsten Morgen rief Condoleezza Rice ihn an. »Das war großartig«, sagte sie. »Das sollten wir öfter machen.«

Der Präsident schien den Umweg über die Vereinten Nationen nicht mehr auszuschließen, aber er traf keine Entscheidung. Air Force One trug ihn tags darauf für einen Monat in die Ferien nach Texas.

Von da an lief die amerikanische Politik auf zwei Schienen, aber nicht parallel.

Colin Powell bereitete eine UN-Strategie vor.

General Franks gab seinen Offizieren den Befehl, die Pläne noch einmal zu überarbeiten. Für einen noch schnelleren Krieg.

Vizepräsident Cheney setzte alles daran, die UN-Option zu hintertreiben, weil er fürchtete, dass der Sicherheitsrat den Krieg, den Cheney für notwendig hielt, verhindern würde, ohne die Gefahr zu beseitigen, die Saddam Hussein für die Welt und vor allem für die Vereinigten Staaten nach seiner Überzeugung darstellte. Aber diese Runde hatte der Vizepräsident gegen Powell verloren. Dabei war es nicht Powell, der den Ausschlag gab. Es war Tony Blair. Der Präsident war beeindruckt von dem Mut, mit dem der englische Premierminister zu ihm stand, obwohl der Widerstand im eigenen Land für ihn bedrohlich wurde. »Er setzt alles aufs Spiel, und er braucht Hilfe«, sagte Bush einmal. Der Mann aus Texas konnte einen Freund in der Not nicht allein lassen. Als Blair erklärte, dass er eine UN-Resolution brauche, um die Debatte zu Hause zu überleben, sprachen alle Instinkte in Bush dafür, dem treuen Verbündeten diesen Wunsch zu erfüllen. Der Besuch von Blair in Camp David lieferte nicht nur die Bilder von einer beginnenden Allianz, die Bush brauchte. Er brachte auch die Entscheidung, dass die Weltmacht öffentlich nach Partnern suchen und sich um eine völkerrechtliche Legitimation bemühen würde. Ein Datum war schnell gefunden: Der amerikanische Präsident würde am 12. September 2002 vor der Vollversammlung der Vereinten Nationen reden, wenn die Emotionen des Jahrestags der Anschläge noch nachwirken würden.

Der Plan konnte dem Vizepräsidenten nicht gefallen, die Nöte des englischen Premiers hatten mit seinen Sorgen nichts zu tun.

Während Bushs Urlaub in Crawford/Texas platzierte Dick Cheney deshalb eine diplomatische Mine auf dem Weg nach New York: Am Kriegskabinett und an Powell vorbei holte er sich vom Präsidenten persönlich die Erlaubnis, am 26. August vor der patriotischen Kulisse des Jahrestreffens des amerikanischen Kriegsveteranenverbands eine Rede zum Thema Irak zu halten – gut zwei Wochen vor dem historischen Auftritt des Präsidenten in New York. Eine Konstellation wider jedes Protokoll.

Es spricht Bände über den Kollaps der Kontrollsysteme, dass niemand Cheneys Rede gegenlas und mit der Regierungsposition abglich. Es wäre manchem auch widersinnig vorgekommen: Cheney *war* die Regierung.

»Machen Sie mir keinen Ärger«, hatte Bush noch gesagt. Aber Cheney wollte Ärger. Für ihn war es höchste Zeit, Powell und einer immer größeren Zahl von Gleichgesinnten entgegenzutreten: James Baker und Brent Scowcroft, die beiden weisen

Außenpolitiker in der Regierung von Bush sen., und sogar Henry Kissinger, Altmeister kaltblütiger Realpolitik, warnten öffentlich vor einer Konfrontationspolitik. Sie nannten keine Namen, aber ganz Washington wusste, dass Cheney gemeint war. Doch der sah keinen Grund zur Kursänderung, im Gegenteil: Er trumpfte auf. Vor einem Saal voller jubelnder Veteranen bezog der Vizepräsident Stellung, bevor der Präsident es konnte.

Die Vereinten Nationen seien kein Forum, dem man die Sicherheit der USA anvertrauen könne, erklärte Cheney. Neue Waffeninspektoren würden nur zu neuen Täuschungsmanövern einladen. Saddam spiele auf Zeit, und der Weg über New York werde ihm Zeit schenken. Cheney ging weit über gesicherte Erkenntnisse hinaus und verkündete als Tatsache, was bislang nur einige vermuteten:

»Es gibt keinen Zweifel, dass Saddam Hussein jetzt Massenvernichtungswaffen zur Verfügung hat, und es gibt keinen Zweifel, dass er sie ansammelt, um sie gegen uns und unsere Freunde einzusetzen. Die Risiken des Nichtstuns sind viel größer als die Risiken des Handelns. Eine Rückkehr der Waffeninspektoren würde uns keinerlei Sicherheit geben. Im Gegenteil, es würde uns in dem Irrglauben wiegen, dass Saddam wieder ›zurück in seiner Kiste‹ sei.«

Diese Formulierung, die Powell gerne benutzte, war eine deutliche Spitze gegen den Außenminister.

Colin Powell gab, im Glauben an seine neue Übereinstimmung mit Bush, fast parallel der BBC ein Interview, in dem er das Gegenteil behauptete: »Der Präsident hat klar erklärt, dass die Inspektoren in den Irak zurückkehren sollen.«

Für uns Reporter war das eine Sensation. Ein öffentlicher Riss im festen Block der Bush-Mannschaft! Aus der Clinton-Zeit waren wir gewohnt, dass jeder Minister, jeder Staatssekretär, der sich zu Unrecht überstimmt fühlte, noch in der selben Nacht eine der großen Zeitungen anrief und den Streit zur Fortsetzung auf den Markt trug. Bush, der »Teambuilder«, hatte diesem Treiben für anderthalb Jahre ein Ende bereitet.

Aber der Streit, der nun entbrannte, war zu groß, zu wichtig und von beiden Seiten mit zu viel Leidenschaft geführt, um ihn auf Dauer unter der Decke zu halten. Beide Seiten zielten darauf, die Richtung der amerikanischen Politik auf Jahre hinaus zu bestimmen. Es ging um nicht weniger als um die Frage, ob die verletzten, aber nach wie vor beispiellos mächtigen Vereinigten Staaten sich weiter dem Völkerrecht beugen würden, sei es aus moralischer und historischer Verantwortung oder – der Argumentationslinie der Regierung näher – aus Gründen der Zweckmäßigkeit. Es gab und gibt mächtige Kräfte im konservativen Lager, die bei dieser Gelegenheit den »Debattierklub in New York« als überflüssiges Relikt des Kalten Krieges vorführen und auf eine rein humanitäre Funktion zurückstutzen wollen. Im Idealfall, so der Traum der Neo-Reaganianer, wie sich die Neo-Cons selbst lieber genannt wissen, sollte die Weltorganisation als willkommener Kollateralschaden des Irak-Kriegs auf der Strecke bleiben. Kofi Annans Leute sollten kommen, wenn die Folgen unvermeidlichen historischen Geschehens aufzuräumen wären. In die Entscheidungsfindung, in das tatsächliche Geschehen hätten sie nicht mehr einzugreifen.

In dieser Situation war Colin Powell – mit gelegentlicher Unterstützung von Condoleezza Rice – in der Regierungsspitze fast allein. Er brauchte jede diplomatische Hilfe von außen, die er bekommen konnte. Doch sie blieb aus.

Powell tat das Seine, obgleich es alles andere als einfach war. Der rechte Flügel der Partei forderte lauthals seinen Rücktritt, weil er sich öffentlich gegen den Vizepräsidenten stelle. Ausgerechnet ihm, dem loyalsten der Loyalen, wurde öffentlich Illoyalität vorgeworfen. Am Ende hatte er trotz allem erreicht, dass in der vierundzwanzigsten Überarbeitung der Rede des Präsidenten endlich ein wesentlicher Inhalt formuliert wurde: Bush würde eine Resolution des Weltsicherheitsrats gegen den Irak verlangen und damit – ganz im Sinne ihres vertraulichen Abendessens – das Schicksal seiner Politik zumindest vorläufig in die Hände der Vereinten Nationen legen. Blair hatte eine Menge damit zu tun, wie Bush später sagte, auch der australische Premier John Howard und Spaniens Ministerpräsident José Maria Aznar. In dieser Phase hörte Bush nur noch auf Freunde, die ihn nicht öffentlich im Stich gelassen hatten. Wer ernsthaft wollte, dass der Frieden eine letzte Chance bekam, musste an seiner Seite sein. Die Franzosen und die Deutschen waren es nicht mehr.

Powell folgte am 12. September der Rede seines Staatschefs im großen Rund des Plenarsaals, notierte mit feinem Stift die kleinen Änderungen im wohl vertrauten Text. Dann kam die Stelle, um die das Kriegskabinett seit Wochen gerungen hatte – nur: Sie kam nicht. Powell blieb fast das Herz stehen. Ein Fehler musste passiert sein, der Computer des Teleprompters war nicht auf den neuesten Stand gebracht worden – honi soit qui mal y pense. Der Präsident hatte die vorletzte Fassung vor Augen, der entscheidende Satz stand da nicht.

Hätte man in Deutschland damals von der Panne erfahren, vielleicht hätten einige ihr Urteil ein wenig revidiert, die den Mann aus Texas für eine Marionette seiner Berater hielten. Bush bemerkte den Fehler und fügte fast unauffällig an passender Stelle in freier Formulierung ein: »Wir werden mit dem Sicherheitsrat an den nötigen Resolutionen arbeiten.« Keine Reaktion – der Saal blieb totenstill.

Dabei hing an dieser Aussage die Zukunft der Vereinten Nationen, die Vermeidung eines blutigen Konflikts und die Stellung der Vereinigten Staaten in der Weltgemeinschaft – hehre Hoffnungen, während in den Hauptquartieren der US-Streitkräfte der Schlachtplan für die Operation »Iraqi Freedom« endgültig wurde.

Es folgten acht Wochen intensivster Diplomatie. An ihrem Ende stand – einstimmig – die Resolution 1441, die dem Irak eine letzte Chance gab, sein Waffenprogramm offen zu legen und die Anlagen zu zerstören. Sonst – so die Formulierung, um die heftig gerungen worden war – drohten »ernste Konsequenzen«. Einstimmigkeit war nur möglich, weil darunter alle alles und jeder etwas anderes verstehen konnte. Es sollte bis zum Krieg der letzte diplomatische Erfolg von Colin Powell bleiben.

Von diesem Tag an geriet der Soldat und Außenminister in die Zange zwischen den Kräften in Washington, die Krieg wollten, weil sie ihn für notwendig hielten, und den so genannten Verbündeten, die ihn im Stich ließen, auch weil demonstrative Distanz zu Washington in ihrem innenpolitischen Interesse lag. Powell verlor den Boden unter den Füßen. Seit dem Ende des Zweiten Weltkriegs konnte Amerikas Außenpolitik darauf bauen, dass es im Interesse jeder Partei in jedem verbündeten Land war, ein Minimum an gutem Einvernehmen mit Washington zu haben.

Das hatte sich gründlich geändert. Nach Bushs Amtsantritt fanden in Südkorea, in Pakistan, in Deutschland und schließlich – unter dem Schock des Terrors vom 11. März 2003 – in Spanien Wahlen statt, in denen das Verhältnis zu den USA ein entscheidendes Thema war. In allen Fällen siegten Parteien, die Washington auf Distanz hielten. Die treuesten Verbündeten – Tony Blair in London, Silvio Berlusconi in Rom – konnten sich nur halten, weil ihnen keine Wahlen drohten. Die Bevölkerung ihrer Länder war eindeutig gegen den Kurs ihrer Regierungen.

Zwischen der Bundesrepublik und der Schutzmacht USA hatte es immer wieder Phasen der Entfremdung gegeben – Helmut Schmidt hatte Probleme sowohl mit Jimmy Carter als auch mit Ronald Reagan –, aber dass ein deutscher Bundeskanzler zehn Jahre nach der Wiedervereinigung, die es ohne das persönliche Verhältnis zwischen Bush sen. und Helmut Kohl so wohl nicht gegeben hätte, den US-Präsidenten auf einem Marktplatz als Abenteurer bezeichnen und dafür jubelnde Zustimmung ernten würde, wäre vor Bush jr. undenkbar gewesen.

Das Wort »Antiamerikanismus« wurde leider auf beiden Seiten des Atlantik schon verschlissen, als es nur um Differenzen im Ton oder in überschaubaren Sachfragen ging. Wenn man unter dem Begriff eine Stimmung versteht, die eine Haltung oder eine Politik schon deshalb ablehnt, weil sie aus den USA kommt, dann war George W. Bush der Erste, der Antiamerikanismus tatsächlich in allen Schichten und Richtungen der deutschen Gesellschaft provozierte.

Eine Zeit der Sprachlosigkeit begann. Deutsche Diplomaten sagten mir damals, dass es sich doch gar nicht lohne, den amerikanischen Wünschen zu entsprechen. Die Entscheidung für den Krieg – das höre man aus allen Reden heraus – sei doch längst gefallen, und es könne nicht im Interesse Deutschlands liegen, den USA jetzt ein Feigenblatt zu verschaffen.

Umgekehrt – und das lag mir damals buchstäblich näher – hatten die Amerikaner es aufgegeben, um die Deutschen zu werben, da der Kanzler doch mehrfach erklärt habe, dass er einen Waffeneinsatz gegen den Irak auch dann ablehnen würde, wenn der Sicherheitsrat ihn beschließen sollte.

Da gab es nichts mehr zu besprechen.

Wenigstens Colin Powell und der deutsche Außenminister Joschka Fischer hielten ihre Kommunikationswege weiterhin offen. Es ließen sich immer noch diplomatische Formeln finden, die den offensichtlichen Konflikt übertünchten. Der Tiefpunkt auch ihrer Beziehung kam – so wurde mir das in Washington erzählt –, als Fischer in einem Telefongespräch mit Powell die Waffen streckte und sinngemäß sagte: »Wenn Sie mehr Unterstützung von uns wollen, dann muss Ihr Präsident mit Jacques Chirac sprechen.« Deutsche Außenpolitik »made in Paris«! Für Washington eine grauenhafte Vorstellung.

Die deutsche Haltung mochte man noch akzeptieren. Gerhard Schröder kämpfte damals um sein politisches Überleben, und dass Wahlkampf ein schmutziges Geschäft ist, wusste die Bush-Mannschaft nur zu gut. In der Hitze des Gefechts wird da manches gesagt, was so nicht gemeint ist. Dass Russlands Präsident Putin auf dem Weg in eine neue Allianz noch nicht so weit war, Washington für einen Krieg »plein pouvoir« zu geben, passte ebenfalls in vertraute Muster. Paris war schlimmer. Von dort kam ein Gegenmodell zu Washingtons Weltsicht.

»Die hören einfach nicht auf, sich gegen uns zu stellen. Das geht schon über zweihundert Jahre so, sie haben uns nie verziehen, dass unsere Unabhängigkeitserklärung dreizehn Jahre vor ihrer Revolution kam!«, sagte mir ein Mann aus Donald Rumsfelds Stab, nur halb im Scherz.

Frankreichs Präsident Chirac und sein Außenminister Dominique de Villepin beschränkten sich nicht auf die Ablehnung der amerikanischen Haltung. De Villepin reiste nach Afrika und bedrängte ehemalige Kolonien, eine zweite Resolution im Weltsicherheitsrat abzulehnen. Von Bestechung und Erpressung war die Rede. Auf solche »strong arm tactics« hatten die USA – jedenfalls im Westen – bisher ein Monopol genossen, davon wollten sie sich nicht gern trennen.

Washington verstand sehr gut, dass es hier nicht nur um den aktuellen Konflikt ging, denn man sah es dort ja ähnlich. Frankreich wurde im Irak-Konflikt aus ganz grundsätzlichen Erwägungen zum Verräter, weil es Amerikas Vorherrschaft als Bedrohung verstand. Das Stichwort von der »Gefahr einer unipolaren Welt«, erstmals von Russland und China ins Gespräch gebracht, wurde nun über Frankreich Teil europäischer Außenpolitik. Daran trug George W. Bush ganz erheblich Schuld, weil er mit seinem unsensiblen außenpolitischen Stil die Gefahr einer rücksichtslosen Hypermacht erst richtig ins Weltbewusstsein gerückt hatte.

Doch das sollte nach dem 11. September für billig und gerecht Denkende nach Washingtoner Auffassung keine Rolle mehr spielen. Die Gefahren waren, so sah man es dort, einfach zu groß.

Washington wurde längst von ganz anderen, tieferen und, wie man dort meinte, edleren Motiven getrieben. Selbsterhaltung und Selbstverteidigung waren natürlich die wichtigsten, aber es ging um mehr. Der Terror habe gezeigt, dass das alte Denken in Machtzentren und Balancepolitik überholt sei. Man könne nicht mehr für oder gegen Terror sein, für oder gegen AIDS-Bekämpfung, für oder gegen freie Wirtschaft, für oder gegen Demokratie, für oder gegen Menschenrechte, Religionsfreiheit und Gleichstellung der Geschlechter. Wer da, wie in der alten Weltordnung, Fronten aufbaue und Achsen schmiede, stelle sich gegen die gemeinsamen Werte und gegen eine bessere Welt, aber auch gegen diejenigen, die in Washington versuchten, der Vernunft die Stange zu halten – allen voran Powell.

Immer wieder habe ich diese Argumente damals gehört. Offiziell, in Hintergrundgesprächen und als Grundton, der sich durch alle Debatten zog.

Wären Deutschland, Frankreich, Russland damals dabei geblieben, hätten sie weiter versucht, »robuste« Inspektionen durchzusetzen, hätten sie keine Möglichkeit ausgeschlossen und sich so entschlossen an Bushs Seite gestellt wie Blair, hätten sie immer wieder den Hebel der Solidarität angesetzt – vielleicht hätten sie den Zug in Richtung Krieg noch einmal aus den Gleisen stemmen können.

Die, die den Zug am Laufen hielten, hatten genau davor Angst. Auch sie glaubten, zwingende und lautere Motive zu haben.

Die Gefahr, vor der sie Amerika und die Welt bewahren wollten, schien real. Amerikanische Spezialeinheiten hatten in al-Qaida-Häusern in Afghanistan Skizzen gefunden für die Konstruktion und den Einsatz von Atom- und biologischen Waffen – grobe Zeichnungen, die noch keine unmittelbare Bedrohung darstellten. Aber die Terroristen dachten in diese Richtung, und der 11. September 2001 hatte gezeigt, dass nichts unmöglich war. Was kann eine Organisation, die mit Teppichmessern das World Trade Center zum Einsturz bringt, erst mit solchen Waffen bewirken?

Man musste nicht die Träume der NeoCons von der Erneuerung des Nahen Ostens mitträumen – schon wer nur die Gefahr sah, musste Lösungen verlangen, die an die Wurzel des Problems gingen. Radikale Lösungen. Denn eines war klar: Neue Inspektionen erfüllten die Forderung nicht. Warum sollten sie mehr bringen als die alten Katz-und-Maus-Spiele?

Am 13. Januar 2003 bestellte der Präsident seinen Außenminister zu sich, wies ihm den Stuhl am Kamin des Oval Office zu,
der sonst für hochrangige Staatsgäste reserviert ist, und infor-
mierte ihn endlich über die Entscheidung, die Cheney, Rumsfeld
und sogar Prinz Bandar, der saudische Botschafter, schon kann-
ten. Er habe den Krieg beschlossen und wolle wissen, ob Powell
dazu stehe. Für den Soldaten Powell gab es nur eine Antwort.
Es war ein kurzes Gespräch – zwölf Minuten sagen die peinlich
genauen Aufzeichnungen des Weißen Hauses.

Man konnte den Mann, der das Weiße Haus damals durch
den unauffälligen Seitenausgang verließ, als einen »Walking
Dead« sehen, einen Untoten, der sein Ende noch nicht einsehen
wollte. Man kann ihn aber auch als die letzte Hoffnung verstehen, ohne den eine friedliche Lösung chancenlos wäre, ohne den
auch die UNO scheitern würde, auf die sich am Ende des Kalten Krieges so viele Hoffnungen richteten.

Die Zange begann sich um den Außenminister zu schließen,
jetzt gab es einen Beschluss des Präsidenten. Doch Powell gab
immer noch nicht auf. Bush hatte ihm nicht verboten, seine diplomatischen Bemühungen fortzusetzen. Wenn es ihm gelingen
würde, Saddam Hussein ohne Einschränkung zur Erfüllung der
UN-Resolutionen zu bewegen, dann könnte es keinen Krieg geben. Von nun an bewegte sich Amerikas Chefdiplomat auf gefährlichem Terrain am Rande der Befehlsverweigerung, aber er
konnte nicht anders. Er war der Einzige im Führungsteam des
Präsidenten, der wirklich wusste, was Krieg bedeutet. Er durfte
nichts unversucht lassen. Es war der Sieg der Hoffnung über die
Loyalität.

Es gab nur noch eine Chance: Der Sicherheitsrat durfte keinen
Zweifel an seiner Entschlossenheit lassen, notfalls einen Angriff
auf den Irak zu erlauben. Nur so konnte Saddam Hussein zur
Kapitulation ohne Krieg gezwungen werden. Es wurde Powells
Strategie, die erforderlichen neun von sechzehn Stimmen zu-
sammenzuzwingen und dann die Gegner Russland und Frank-

1 Auf den Trümmern von Ground Zero. Drei Tage nach den Anschlägen findet der Präsident die Haltung, die Amerika von ihm erwartet – und die Welt Schlimmes befürchten lässt: »Die werden von uns hören!«

2 Befehlskette: Über Verteidigungsminister Donald Rumsfeld finden die Pläne von Neokonservativen wie Paul Wolfowitz das Ohr des Präsidenten.

3 Camp David am 15.11.2001: Der Afghanistan-Krieg wird beschlossen. Paul Wolfowitz (hinten) will sofort gegen Saddam Hussein zu Felde ziehen. Diesmal wird er überstimmt. Seine Stunde kommt später.

4 Ein Kriegsherr unter Kriegern: Der Präsident, dem ein Einsatz in Vietnam erspart geblieben war, posiert für martialische Bilder.

5 »Mission erfüllt« – der vorschnelle Jubel wird George W. Bush im Wahlkampf einholen, aber er bleibt ohne Folgen.

6 Kommandoposten einer Hightech-Armee. Der Stab von General David Petraeus (vorne links, mit Gast Bruce Willis) in Mosul, Nordirak.

7 Natalia Cieslik spricht im Juni 2004 mit einem Schiiten in der Altstadt von Bagdad. Nach dem Sturz Saddam Husseins hofft er nun auf eine moderne Kanalisation – für die unterdrückte Mehrheit früher undenkbar.

8 Vor Selbstmordattentätern gibt
es keinen Schutz.

9 Trotz der harten Hand: Den Besatzern
entgleitet die Kontrolle.

10 Öleinnahmen sollten Besatzung und Wiederaufbau finanzieren,
aber Quellen und Pipelines sind für Aufständische ein zu leichtes Ziel.

11 Tod den Besatzern! Ein junger Iraker streckt jubelnd seine
Trophäen empor. Die NeoCons hatten Sympathie erwartet.

12 GIs bemühen sich um eine Balance zwischen Gefechtsbereitschaft
und der Werbung um »Herzen und Verstand«. Meist ohne Chance.

13 Ruhig bleiben! Angela Andersen in Kandahar. Afghanistans Männer zeigen gegenüber der blonden Europäerin weder Scheu noch Feindseligkeit.

14 Padcha Khan, Herr des Bergstamms der Zhadran, führt uns seine Truppen vor. Der finstere Kriegsfürst ist einer der lokalen Machthaber, die Präsident Karzai das Leben schwer machen.

15 Die Straße nach Khost führt durch »no go area«, unsicheres Gebiet. Mohammed Schah versichert Hamid Kohistani und mir, dass die Reise gefahrlos sei, solange er dabei sei.

16 Empfang beim Bürgermeister von Khost. Wir merken schnell, dass wir nicht als Journalisten gesehen werden, sondern als Botschafter eines Landes, von dem sie Hilfe erwarten.

17 Kamila (links) ist eine von nur zwölf Lehrerinnen für über tausend junge Mädchen an der Schule in Khost. Sie trotzen jeden Tag massiven Drohungen der Fundamentalisten, um zu lehren und zu lernen.

18 Die Schule von Logar. Die Kinder wurden im Exil in Pakistan geboren. Nun sind ihre Familien zurückgekehrt in das Wüstental ihres Stammes. Ein Ergebnis der »Pax Americana«.

19 »Vizekönig von
Afghanistan«: US-Botschafter
Zalmay Khalilzad.

20 Präsident Karzai (Mitte, neben Khalilzad) muss sich auf Schutz
durch Söldner der US-Firma Blackwater verlassen. Das schadet seinem
Ruf.

21 Die Ausbildung der »combat leaders« in der neuen afghanischen Armee war oberflächlich, aber es fehlt ihnen nicht an Begeisterung.

22 »Wir brauchen keinen gesetzlichen Schutz für die Rechte der Frauen. Wenn sie Probleme haben, kommen sie zu mir«, sagt Ismail Khan, damals noch der Herrscher von Herat.

23 Vierzehn Millionen Minen verseuchen den Boden Afghanistans. »In zehn Jahren haben wir sie beseitigt, *inshallah*«, glaubt der Chef des Räumkommandos – eine Hoffnung gegen jede Statistik.

24 In der Provinz Kunduz. Der Mohn ist reif für die Ernte. Die Bauern verdienen Almosen, verglichen mit den Heroinprofiten der Warlords.

25 George W. Bush spielt geschickt auf der Klaviatur religiöser Gesten, mobilisiert christliche Konservative, ohne die Mehrheit zu verschrecken.

26 Der Effekt, den zweihunderttausend Männer und Frauen an der Front auf die Psyche der Nation haben, war von vielen falsch eingeschätzt worden.

27 George W. Bush präsentierte sich der erschrockenen Nation als entschlossener Feldherr. Der Irak-Krieg hat ihm genützt – trotz allem.

28 Charmantes Gesicht einer stahlharten Politik: Die damalige Sicherheitsberaterin Condoleezza Rice im Interview.

29 Beratungspause auf der Ranch in Texas. Wichtige Entscheidungen fallen in engem Kreis. Nach der Wahl 2004 verschob Bush nur die Posten – die entscheidenden Köpfe blieben.

30 Nach fünfzehn Jahren ein letzter »Dreh« in Washington. Wir warten auf den Sonnenaufgang an meinem Lieblingsplatz, den Stufen des Lincoln-Memorials.

reich vor die Frage zu stellen, ob sie wirklich gegen Amerikas Mehrheit ein Veto einlegen wollten. In der ganzen Zeit gab Powell seinen Mitarbeitern, die die Entscheidung des Präsidenten nur ahnen konnten, ein Gefühl von Dringlichkeit, aber auch von Chance. »Dein Optimismus multipliziert die Kraft deiner Truppen« ist eine seiner berühmten Lebensregeln. Keinem, jedenfalls keinem, der redet, hat Powell je anvertraut, warum alles so schnell gehen musste. Das Fenster für die Diplomatie würde sich spätestens Anfang März schließen, sagte er immer wieder. Warum? Die drohende Sommerhitze in den Wüsten des Irak war für Powell kein Argument. Er wisse, dass die US Army bei jedem Wetter kämpfen könne, sagte er, lieferte seinen Mitarbeitern aber auch keine andere Erklärung. Es spürte wahrscheinlich, dass er versuchte, einen Zug zu stoppen, der jeden Tag schneller wurde. Die Franzosen gaben ihm zusätzlichen Schwung.

Gegen den Rat des Kriegskabinetts gab Powell am 20. Januar 2003 dem Drängen von Dominique de Villepin nach und nahm persönlich an einer Sitzung des Weltsicherheitsrats teil. Es wurde ein vergleichsweise ereignisloses Treffen, doch auf der anschließenden Pressekonferenz explodierte der Franzose: »Nichts, gar nichts kann einen Krieg rechtfertigen.« Es war ein vorweggenommenes Veto, und Powell hatte sich dafür auf die Bühne holen lassen – am Festtag für Martin Luther King. Er hatte eine Rede vor den Spitzen der amerikanischen Bürgerrechtsbewegung abgesagt, nur damit der Franzose ihn öffentlich vorführen konnte! Die Mitarbeiter des Außenministers hatten ihren Chef noch nie so wütend erlebt.

Ganz anders die Kriegsfraktion in Washington. Sie hatte an diesem Tag gleich dreifachen Grund zu feiern: Der Sicherheitsrat war aus dem Spiel, die UNO war für Krisen dieser Art bedeutungslos geworden, die Franzosen konnten dafür verantwortlich gemacht werden, und der Krieg für einen demokratischen Nahen Osten konnte beginnen. Ein Sieg der neokonservativen Ideen auf der ganzen Linie.

Im Außenministerium glaubte niemand daran, dass ein Krieg im Irak die Region befrieden würde. »Hier hält keiner was von Dominospielen«, sagte mir jemand aus Powells Stab. Aber der Außenminister blieb nach außen der treue Diener seines Präsidenten. Der Vorschlag der Deutschen und der Franzosen in allerletzter Minute, »robuste« Inspektionen unter Waffenschutz durchzusetzen, kam zu spät und wurde nicht mehr ernst genommen. Deutschland hatte ein ähnliches Vorhaben zuvor ausdrücklich abgelehnt, weil es die Kriegsgefahr steigere. Nun hatte sich die Kriegsfraktion in Washington durchgesetzt und war durch solche Angebote nicht mehr zu stoppen.

Nicht einmal Saddam Hussein konnte die Entwicklung da noch aufhalten. Als er dem Druck des Inspekteurs Hans Blix endlich nachgab und den Stolz seiner strategischen Rüstung vernichten ließ – die illegal modifizierten Al-Sahmoud-Raketen –, war es zu spät. Vergeblich richtete Hans Blix einen letzten Appell an den Sicherheitsrat, Saddams Einlenken ernst zu nehmen: »Wir knicken da keine Streichhölzer, das sind potente strategische Waffen, und wir vernichten sie.« Es half nichts mehr.

Powell tat seinem Präsidenten einen letzten diplomatischen Dienst in dieser Sache: Er verhinderte, dass Frankreich, Russland und China eine ausdrückliche Resolution gegen die Kriegspläne einbrachten. Es wäre unendlich peinlich geworden: Die USA hätten sich am Ende mit ihrem Veto gegen die Mehrheit des Sicherheitsrats stellen müssen. Diese Blamage konnte der Außenminister gerade noch verhindern, dann verließ er das Schlachtfeld geschlagen, zornig und enttäuscht. Für ihn hatten ausgerechnet diejenigen eine friedliche Lösung verhindert, die am lautesten nach ihr gerufen hatten – die Franzosen, die Deutschen, die Russen. Die Weltorganisation war entscheidend geschwächt. Was blieb denn noch, wenn die UNO als impotenter Debattierklub vorgeführt war? Freie Bahn für die Stärke und die Durchsetzungskraft der USA!

Es kam noch dicker. Am 11. Februar 2003 verweigerten Deutschland, Frankreich und Belgien die Zustimmung zu einer NATO-Garantie für die Türkei. Sie wurde in diplomatischere Formulierungen gepackt, aber im Grunde war die Argumentation: Wenn die Türkei den USA hilft, ohne völkerrechtliche Grundlage den Irak anzugreifen, dann kann Gegenwehr des Angegriffenen nicht den Verteidigungsfall im Sinne des NATO-Vertrags auslösen. Das Veto war allerdings eher symbolisch. Niemand, nicht einmal die türkische Regierung, zweifelte daran, dass die NATO-Partner im Ernstfall zu ihren Verpflichtungen stehen würden. In Europa regte sich kaum jemand darüber auf – schließlich war die Verweigerung eine logische Konsequenz der deutschen und französischen Haltung der letzten Monate.

In den USA löste diese Entscheidung – und zwar nicht nur bei der Regierung – mehr Empörung aus als der Widerstand der Europäer im Sicherheitsrat, der auch in Teilen der amerikanischen Bevölkerung Zustimmung bekommen hatte. Ein harsches »Nein« auf ein amerikanisches Anliegen in einem Bündnis, das sich fünfzig Jahre lang auf den Schutz der GIs hatte verlassen können, wurde als Unverschämtheit empfunden. Es war mit Händen zu greifen, wie sich die Stimmung gegen Europa wandte. Bisher hatte sich alles auf abstrakter politischer Ebene abgespielt. Die Haarspaltereien in den Resolutionen des Sicherheitsrats regten in Amerika niemanden auf. Aber Undankbarkeit der Schützlinge, das empörte alle – auch Menschen, die eigentlich gegen Bush und »seinen« Krieg waren.

Zum ersten Mal wurde in den USA ernsthaft erörtert, ob die NATO überhaupt noch eine Existenzberechtigung habe. Colin Powell formulierte schon einen Nachruf: »Die Allianz löst sich auf, weil sie nicht bereit ist, zu ihrer Verantwortung zu stehen.« Senator Joe Biden, einer der verlässlichsten Freunde, die Europa im amerikanischen Kongress hat, machte seinem Ärger ungehemmt Luft: »Ich bin schockiert und empört über das Verhalten von Deutschland, Frankreich und Belgien. Ich könnte jetzt leicht emotional werden, aber ich möchte mich nicht auf das

Niveau begeben, auf dem manche der Amerikahasser in Europa seit einiger Zeit argumentieren.«

Aber es gab auch einige nachdenkliche Stimmen: »Kaltschnäuzige Taktik rächt sich. Aufbau einer Koalition gegen den Irak wird von zwei Jahren rücksichtsloser US-Politik behindert«, titelte die *Washington Post* – doch das erreichte kaum noch jemanden im Land. Es war eine Menge Porzellan zerschlagen worden. Nur noch eine Niederlage oder ein endloser, blutiger Krieg würden die internationale Gemeinschaft wieder ins Spiel bringen können, aber das konnte sich niemand ernsthaft wünschen. Für eine Kehrtwende war es endgültig zu spät.

Am 17. März rief der Sprecher des Weißen Hauses die Chefredakteure der großen Fernsehgesellschaften an und bat um Sendezeit für eine Ansprache des Präsidenten. Jeder wusste, was das bedeutete. Am Abend gab George W. Bush dem Diktator von Bagdad achtundvierzig Stunden, das Land zu verlassen. So sprach das Imperium. In der Nacht zum 20. März fielen die ersten Bomben. Stunden später überschritten reguläre Truppen die Grenze. Dies sollte ein schneller, entschlossener, kurzer Krieg werden. Keine Kopie des Afghanistan-Feldzugs, natürlich nicht; und doch waren vor allem die Zivilisten im Pentagon ermutigt von den Erfahrungen am Hindukusch.

Was die Weltmacht treibt

Wir sind gute Menschen, die Gutes tun!
Major Rick Moon, US Army, Kabul

Amerika am Hindukusch

Kabul im Juni 2004: Die Stadt explodiert. Kein Sprengstoff, Menschen. Afghanistans Hauptstadt ist erster Anlaufpunkt für Millionen von Heimkehrern – die meist armen aus den Lagern in Pakistan und im Iran und die meist verhältnismäßig wohlhabenden aus den USA, Großbritannien, Deutschland und dem Rest der Welt.

Als die Truppen der Nordallianz im Frühjahr 2002 gegen alle Versprechungen und gegen den Willen der Amerikaner in Kabul einrückten, beherrschten Fußgänger, Radfahrer und Eselskarren die Straßen. Inzwischen, kaum zwei Jahre später, gibt es eine Rushhour, und wir stecken mittendrin. Es war eine der ersten Heldentaten der Übergangsregierung, Führerscheine und eine Art TÜV einzuführen, aber darum schert sich kaum jemand. Die Busse und Lastwagen, die uns den Weg versperren – erstaunlich viele mit alten Werbeaufschriften aus Deutschland –, würden schon an der oberflächlichsten technischen Prüfung scheitern, und statt einer Straßenverkehrsordnung gelten die Gesetze des Dschungels. Zahir, unser furchtloser Fahrer, nutzt jede Lücke im Verkehr, stößt über die Gegenspur vor und erreicht doch kaum mehr als Schritttempo in dem Chaos aus Lastwagen, Taxis, Rikschas, Tiergespannen und gepanzerten Fahrzeugen. Dazwischen eine beeindruckende Zahl teurer, nagelneuer Toyota Land Cruiser mit armdicken Antennen und den Emblemen von UN-Organisationen auf dem blendend weißen Lack. Man kann das als Zeichen eines dynamischen Aufschwungs sehen. Die Welt ist nach Kabul gekommen, um das Land ins 21. Jahrhundert zu holen. Die Frage ist, ob Afghanistan das will.

Am großen Kreisverkehr biegt Zahir in eine kaum befahrene, von Betonblöcken flankierte Straße ab. Den afghanischen Soldaten, die sich auf wackligen Campingstühlen sonnen, winkt er lässig zu. Sie interessieren sich nicht für uns. Trotzdem sind wir jetzt in einer Hochsicherheitszone, und ich erlebe Zahir zum ersten Mal nervös. Wir müssen zu den Amerikanern in Camp Kabul, so nennen sie das ehemalige Luxusviertel, das sie mit hohen Mauern und Stacheldraht umgeben und zur Festung ausgebaut haben. Zahir hält an der mit riesigen Sandsäcken bewehrten Einfahrt nur für ein paar Sekunden an, um uns aussteigen zu lassen. Er wird woanders parken. Wenn wir ihn brauchen, sollen wir ihn auf dem Handy anrufen, hier ist es ihm zu gefährlich.

Wir müssen zwei Kontrollen passieren. An der ersten geht es noch militärisch streng und korrekt zu. Die Soldaten tragen Uniformhelme, kugelsichere Westen und automatische Waffen. An der eigentlichen Sperre beginnt dann eine Zone seltsamer Lässigkeit. Immer noch ist jeder bewaffnet, aber der aparte weibliche Feldwebel, der uns abholt, trägt Freizeitlook: schwarze Jeans, ein enges schwarzes T-Shirt, offenes Haar. Sie ist ziemlich klein, der Kolben des M-16-Gewehrs schwebt in Nackenhöhe, beim Gehen schlägt ihr trotzdem die Mündung des Laufs in die Fersen. »Trust me, we may need it«, sagt sie ungnädig, und ich versuche, meinen unprofessionell amüsierten Blick abzulegen. Wir sind schließlich im Kriegsgebiet. Die lässige Kleiderordnung ist auch die Ausnahme: Es ist Freitag, und der Kommandant von Camp Kabul hat die amerikanische Bürositte des »Casual Friday« in die Hauptstadt gebracht – er hat sonst nicht viele Möglichkeiten, seinen Leuten etwas Gutes zu tun. Gespür für die Empfindungen der Afghanen, denen der Freitag heilig ist, verrät die großzügige Geste allerdings nicht.

Wenn Mauern und Stacheldraht erst einmal überwunden sind, macht das Camp nicht den Eindruck eines Militärlagers. Das umfriedete Stadtviertel war einmal eine der bevorzugten Wohnlagen von Kabul. Die Häuser sind geräumig und inzwischen mit Klimaanlagen ausgestattet. In den Gärten blühen liebevoll gepflegte, prächtige Rosenbüsche. Ein Soldat pflückt vollreife Maulbeeren in eine große Schüssel. Wären die Waffen nicht, es wäre ein friedliches Bild. Es schlagen halt ab und zu Granaten ein. Daher die Schutzwesten.

Dabei wollen die US-Truppen im Land als Partner und nicht als Besatzer auftreten. Die komfortablen Häuser wurden nicht einfach konfisziert, sie wurden für phantastische Beträge gemietet. Das Geld geht zwangsläufig an die alte, oft korrupte Oberschicht, auch das ein Beispiel für das in Amerika oft zitierte »law of unintended consequences«, das Naturgesetz über die bösen Folgen guter Absichten. Das Auftauchen der zahlungskräftigen Truppen und Hilfsorganisationen hat die Immobilienpreise in Kabul explodieren lassen und drückt normale Afghanen erbarmungslos aus dem Markt. Davon haben sie hier drin keine Ahnung, mehr als ein Achselzucken haben sie für das Problem auch nicht übrig – das ist eben der Preis des Fortschritts.

Wir haben mit den Offizieren einiges zu besprechen: Wünsche nach Mitflügen in abgelegene Außenposten, ein Interview mit einem der verantwortlichen Generäle, Bedarf an einem ehrlichen Bild der militärischen Lage. Das meiste wird versprochen, alles sorgfältig notiert. Damit verschwinden unsere Wünsche zunächst einmal in den Mühlen der Militärbürokratie, die wir auf Schauplätzen rund um die Welt immer wieder als hoffnungslos unprofessionell und ineffektiv erlebt haben. Solche Unternehmungen gehen meist erst einmal schief. Nicht aus böser Absicht, sondern wegen schlichter Unfähigkeit des Apparats. Immer wieder fragen wir uns, wie diese Armee Kriege gewinnen will, aber hier haben wir es ja auch nicht mit kämpfenden Einheiten zu tun. Wir stellen uns darauf ein, noch oft nachhaken zu müssen.

Bis Zahir uns wieder abholt, bleibt Zeit für ein Gespräch über das Soldatenleben im fernen Land. Es stellt sich heraus, dass die meisten, die hier im Hauptquartier Dienst tun, das befestigte Areal praktisch nie verlassen. Die Zahl von zwanzigtausend Soldaten, ohnehin völlig unzureichend, um ein Land von der Größe Frankreichs unter Kontrolle zu bekommen, ist auch noch übertrieben. Weniger als die Hälfte gehört zur kämpfenden Truppe. Diejenigen, die in Camp Kabul sitzen, wurden für den Krieg gegen den Terror ans andere Ende der Welt abkommandiert und sehen dann nicht mehr als das Innere ihrer befestigten Anlage – für ein ganzes Jahr. Den meisten ist es recht so.

»Da draußen sind dreckige, gemeine Kerle, die mich umbringen wollen«, knurrt eine Soldatin und schnallt sich ihre IBA, ihre »Individual Body Armor«, für eine kurze Dienstfahrt durchs Feindesland zur amerikanischen Botschaft um. Zu Hause versucht ihr Präsident, wenigstens Afghanistan als Erfolg zu verkaufen: »Wir siegen – die Freiheit ist dort auf dem Vormarsch«, verkündet er. Aber dafür müssen andere Einheiten sorgen.

Team Bravo

Die Sonne geht auf über staubtrockener Landschaft. Jürgen Rapp und Lars Schwetje, unser Kamerateam, sind mit einer Einheit der 101. Airborne Division unterwegs in Zabul, tief im Herzen Afghanistans. Eine unruhige Provinz. Wir haben es erreicht, dass die Amerikaner dem deutschen Fernsehen Einblick in ihre Operationen geben – eingebettet in eine der Einheiten, die auf der Suche sind nach Resten von al-Qaida und den Taliban. Der Anführer der Truppe hat die Kolonne aus Humvees und gepanzerten Bradley-Transportern anhalten und die Männer absitzen lassen. Da unten liegt das nächste Dorf auf ihrer

Liste. Er will auf die Helikopter warten, man weiß nie, was einem bevorsteht.

Da kommen sie. Auf der gegenüberliegenden Seite des Tales donnern die riesigen Chinooks im Tiefflug über die Hügel und schwenken hinunter, auf die kleine Siedlung zu. Offiziell heißt diese Operation nicht »Shock and Awe«, trotzdem sind Schrecken und Ehrfurcht das Ziel dieses Manövers. Die Weltmacht kommt wie eine Naturkatastrophe über die Hütten. Die Rotorblätter wirbeln Sand zu riesigen Wolken auf, die jedem dort unten den Atem und die Sicht rauben sollen, vor allem jede Lust auf Kampf und Widerstand.

Die Männer auf dem Hügel schauen der Routine ohne große Spannung zu, dann setzt sich der Konvoi wieder in Bewegung. Minuten später stößt die Kompanie mit schussbereiten Maschinenpistolen in die Straßen des Dorfes vor. Zur Vorsicht richten sie die Waffen auf alles, was sich bewegt, auch auf Kinder, aber es fällt kein Schuss. Die Einwohner schauen wie benommen aus ihren Häusern. Sie reagieren erstaunlich gleichmütig, als wäre das alles nichts Besonderes. Ein Hirte treibt seine Ziegenherde zwischen den geparkten Fahrzeugen hindurch und hebt kaum den Blick.

Die Menschen ertragen den Überfall mit gelassener Routine. Der Kontrast zwischen den friedfertigen Dorfbewohnern und den hochgerüsteten, kampfbereiten Soldaten wirkt bizarr, aber die martialische Taktik hat ihre Gründe. Bei solchen Einsätzen sind amerikanische Truppen immer wieder in Hinterhalte geraten. Aus jedem Fenster, aus jedem Stall können Schüsse kommen. Wer sich in Lebensgefahr glaubt, neigt nicht zu kultureller Sensibilität. Die Soldaten stoßen Türen auf und spähen über jede Mauer. Die private Sphäre der Frauen bekommt nicht den Respekt, den die afghanische Sitte fordert. Aber es gibt keine Alternative. Offiziere, die dem friedlichen Bild trauen und ihre Soldaten damit in eine Falle führen, riskieren das Kriegsgericht. Washington fürchtet die schlechte Publicity, die Verluste mit sich bringen, und hat rücksichtslose Vorsicht befohlen. Natürlich provozieren die Soldaten damit Ressentiments, aber Vertrauensbildung, die zweite, entscheidende Phase der Operation, wird erst beginnen, wenn die Lage gesichert ist – koste es, was es wolle. Damit hat der Terror der Taliban schon einen Erfolg erzielt, bevor Amerika auch nur eine Chance bekommt, sein freundlicheres Gesicht zu zeigen.

Die Truppe hat Soldaten der neuen Afghanischen Nationalarmee dabei. Sie trauen ihnen noch nicht zu zu kämpfen, aber hier sind sie nützlich, um die Dorfbewohner zu beruhigen. »Natürlich schüchtern wir die Leute ein, das wollen wir auch«, erklärt einer der GIs. »Wenn wir was übertreiben, dann lieber die Sicherheit als das Risiko. Wir suchen Terroristen, Waffen und Sprengstoff. Wer so was nicht im Haus hat, braucht nichts zu fürchten.«

Mit vorgehaltener Waffe werden die Männer des Dorfes in einen schnell errichteten Stacheldrahtverhau getrieben. Unter ihnen sind Jungen, die nicht älter sein können als zwölf oder dreizehn Jahre. Mit trüben, ausdruckslosen Augen hocken sie auf dem Boden und warten darauf, dass sie zum Verhör geführt werden. Keiner wirkt wie ein potenzieller Überzeugungstäter. Heute kommt hier niemand zu Schaden, und doch liegt über der Szene eine tiefe Traurigkeit, die sich mit dem Optimismus der Offiziere nicht verträgt. »Wir haben hier jetzt eine mächtige Präsenz«, verkündet Hauptmann Reilly. »Es geht um Afghanistan. Wir sorgen dafür, dass das eine Nation wird, ein anerkanntes Land mit sicheren Grenzen. Wir nehmen sie mit in die Zukunft.« Dabei strahlt der Captain so zuversichtlich, dass es schwer fällt, ihm zu widersprechen. John Reilly ist einer von denen, die es ernst meinen. Er hat vor seinem Einsatz acht Monate lang die Sprache des Landes gelernt – genug, um sich ohne Dolmetscher verständigen zu können. Er weiß, wie al-Qaida und Taliban sich die Unterstützung besorgen, ohne die sie in ihren Verstecken nicht überleben könnten: Was über Sympathien oder Bestechung nicht zu holen ist, wird erpresst.

Wenn die US-Truppen über alle Berge sind, droht kooperationswilligen Dörfern der Terror der Gotteskrieger. »Das sind sehr arme Menschen hier, mit ein bisschen Geld lassen sie sich kaufen, und das weiß auch al-Qaida«, erklärt uns Reilly. »Wenn das nicht reicht, gebrauchen die Terroristen Gewalt. Aber allmählich verstehen die Menschen hier, dass wir es ernst meinen und dass wir uns durchsetzen können.« Die Männer, denen übersetzt wird, was Reilly uns sagt, nicken eifrig und schauen dann wieder zu Boden. Undurchsichtige Mienen. Afghanistan musste sich immer wieder mit den durchziehenden Großmächten und lokalen Fürsten arrangieren. Auf Fehlentscheidungen stand in der Geschichte dieses Landes oft die Todesstrafe für ganze Dörfer und Clans. So leicht und so schnell wird die Weltmacht, die nach dem Befreiungskrieg gegen die Russen schnell das Weite suchte, ihr Vertrauen nicht zurückgewinnen.

Immer wieder greift ein Mann in die Verhöre ein, der eindeutig nicht zum Rest der Truppe gehört und eine besondere Rolle spielt. Auf seiner Uniform steht kein Name, er hat keine Rangabzeichen. Ein US-Soldat dürfte keinen Vollbart tragen wie er. Der Mann will Kevin genannt werden. Er ist kein Soldat, er ist Agent des FBI, Spezialist für Terrororganisationen und Verhöre in solcher Umgebung. Er wirkt ruhig, korrekt und zurückhaltend, aber er weiß, was er will – wahrscheinlich der beeindruckendste Mann, den wir unter den Amerikanern in Afghanistan treffen. Kevin ermittelt am Hindukusch, weil sein Präsident noch ein großspuriges Versprechen aus den ersten Tagen nach dem 11. September einzulösen hat: Kevin soll helfen, Osama Bin Laden zu finden, tot oder lebendig. Seine Mission ist für das politische Schicksal des George W. Bush wichtiger als die Demokratisierung Afghanistans. Er ist heute nicht weitergekommen. »Wenn OBL Unterstützung bekommt von den Bauern hier, wenn die bereit sind, ihn zu verstecken, und uns nicht helfen, dann kann er noch lang durchhalten. Er ist inzwischen auch schlauer geworden. Er benutzt schon lange keine moderne Elektronik mehr, die wir abhören und orten können. Ich tippe drauf, dass er in einem dieser Dörfer steckt. Und die Leute hier schützen ihn.«

Kevin ist kein Heißsporn, er hat die Geduld des erfolgreichen Jägers. Das ist schon seine dritte Mission in Afghanistan. Er wird wiederkommen, bis er oder einer seiner Kameraden Erfolg hat.

»Ich verstehe was von Verhören. Ich spüre, wie die Fäden laufen in so einer Gemeinschaft. Ich weiß, wer lügt und wen man intensiver befragen muss. Gestern waren wir in einem Dorf, da wusste ich gleich, dass al-Qaida dort noch aktiv ist. Wir haben auch sehr schnell die Beweise dafür gefunden: Unter einem Teppich war eine Falltür. Die führte zu einem Waffenversteck mit Sprengstoff und Dokumenten. Das wird jetzt ausgewertet. So sammeln wir immer mehr Material, immer mehr Spuren. Wir ziehen Verbindungen zu Erkenntnissen in den USA und in Europa, und ich bin sicher: Wir haben damit auch schon Terroranschläge verhindert.«

Zu Hause in den USA behauptet der Präsident, al-Qaida sei entscheidend geschwächt. Der Polizeiagent an der Front sieht das anders: »Bin Laden ist heute noch genauso gefährlich wie am 10. September 2001. Für die ganze Welt. Er ist der Generaldirektor einer Organisation, die Terror produziert. Wir haben einige ihrer Führer unschädlich gemacht, aber da sind immer noch genug, die junge, verzweifelte Menschen beeinflussen können. Die haben nichts anderes, was sie aus ihrem Leben machen können. Da liegen für mich die wahren Ursachen des Terrors: in der Armut, in mangelnder Bildung, bei den korrupten Regimes. Wenn junge Leute keine Chance sehen, ihr Leben zu verbessern, dann greifen sie zu verzweifelten Methoden und folgen Leuten wie Bin Laden.«

Das sind Erkenntnisse aus langer, gefährlicher Polizeiarbeit in dieser Region, aber solche Einsichten sind in Washington jetzt nicht gefragt. Kevin hat seinen Job zu erledigen. Möglichst noch vor den Wahlen in Amerika. Inzwischen wissen wir: Er hat es nicht zum Termin geschafft. Kevin akzeptiert keinen Zeitdruck. Ihm geht es um mehr als um die Verbrecherjagd. »Das ist nicht unser Land«, sagt er und zeigt auf die Berge im Hintergrund.

»Das gehört den Afghanen, aber hier ist in den letzten dreißig Jahren alles zerstört worden, hier herrscht die totale Anarchie. Die brauchen jetzt einen starken Mann, der einen Weg in die Zukunft zeigt, der mal einen Anfang macht. Die Afghanen werden nie eine Demokratie haben, wie du und ich das verstehen, das darf man ihnen nicht aufzwingen. Ich kenne die Leute inzwischen. Das ist ein gutes Land mit guten Menschen. Die wollen keine Taliban und keine Terroristen an der Macht. Sie wollen selbst bestimmen über ihre Zukunft, und ich hoffe, dass wir so lang am Ball bleiben, bis das möglich ist.«

Ein denkwürdiges Gespräch. Kevins Mission ist ausschließlich die Jagd auf Osama Bin Laden, aber er macht sich Sorgen um die Zukunft der Menschen, denen er dabei begegnet. Jeder Afghane, der mit ihm zusammenarbeitet, setzt sich und möglicherweise sein ganzes Dorf größter Gefahr aus. »Wir hören Berichte, Geschichten, dass die Taliban ins Dorf kommen und die Leute zwingen, ihnen Essen zu geben und was sie sonst noch brauchen. Dann brennen sie die Schulen nieder, wenn dort Mädchen unterrichtet werden. Wir müssen dagegenhalten. Wir bringen medizinische Versorgung, wir helfen der Polizei im Dorf, wir erkundigen uns, was sie an technischer Unterstützung brauchen, und helfen, wo wir können. Wir wollen klar machen, dass wir die Guten sind.« Es ist schwierige Überzeugungsarbeit. Solange Osama Bin Laden nicht gefasst ist, wird Washington durchhalten, aber Afghanistan braucht eine Perspektive, die nicht von der Jagd auf einen einzelnen Mann abhängt.

»Wie lang soll das dauern?« – »Ich bin kein Hellseher, aber das ist was für Leute mit langem Atem. Fünf Jahre mindestens«, antwortet er und wirft seinen Rucksack und die M-16 über die Schulter. Er hört die Hubschrauber, die jetzt über die Bergkämme schwenken, um ihn und einige Männer der Special Forces abzuholen. Sie werden im nächsten Dorf gebraucht. Terroristenjagd im Galopp. Wir haben wenigstens einen getroffen, der es ernst meint mit den Afghanen. Ausgerechnet einen Polizisten.

Unser Team springt auf die Humvees auf, mit denen es zu Lande weitergeht. Die Geschwindigkeit durch wegloses Gelände ist mörderisch. Die Fahrer gehen davon aus, dass schnelle Ziele für Heckenschützen schwerer zu treffen sind als langsame, und drücken aufs Gas. Jede Bodenerhebung schlägt erbarmungslos durchs Chassis bis in den Nacken.

Wenn es eine Pause gibt, wird der Rastplatz wie für ein Gefecht gesichert. Mörser zielen in alle Richtungen, die Waffe ist stets am Mann. Die US-Truppen sind hier auch zwei Jahre nach dem Sieg über die Taliban in Feindesland. Unser Team hat Glück. Während der vier Tage in der Provinz Zabul werden sie nicht angegriffen. Anderen ergeht es schlechter.

Auf dem Heimflug mit der Bundesluftwaffe treffen wir auf der Zwischenstation in Termez/Usbekistan den Kollegen Franz-Josef Hutsch, einen ehemaligen Bundeswehroffizier, der sich auf die Berichterstattung aus Krisengebieten spezialisiert hat. Er ist einer der Besten. Auch Hutsch war mit einer Kompanie der US Special Forces in Zabul unterwegs. Sie hatten den Auftrag, ein langes Tal in den Bergen zu sichern und »Reste von Taliban und al-Qaida auszuräuchern«. Es wurde ein mörderischer Einsatz. Zwei Wochen lang wurden sie täglich mehrfach aus den Bergen beschossen. Im Tal waren sie den Angriffen fast schutzlos ausgesetzt und konnten nicht viel mehr tun, als Luftunterstützung anzufordern. Bis die Black-Hawk-Helikopter kamen und die Berghänge mit massiver Feuerkraft zur Hölle machten, waren die Guerillakämpfer dort oben längst in den endlosen Höhlensystemen verschwunden, die für die US-Truppen unerreichbar blieben. Der verantwortliche Offizier gab jeden Tag eine Zahl für »getötete Terroristen« in die Kommandozentrale durch. Sie addierten sich am Ende auf zwanzig. Diese Zahl wurde an die Nachrichtenagenturen weitergegeben und erschien rund um die Welt unter »Vermischtes«. Ein Rückfall in die »body counts« des Vietnamkriegs. Hutsch sagt, er habe nicht einen einzigen Toten der Gegenseite gesehen. Die US-Zahlen waren wilde Schätzungen, die eigenen Verluste aber grausame, unbestreitbare Realität: Von knapp über hundert Mann starben acht, elf wurden verletzt, viele von ihnen lebensgefährlich. Und als sie geschlagen nach Camp Kandahar zurückkehrten, ließen sie das Tal so gefährlich zurück, wie es vor ihrem Einsatz, vor dem Tod der Kameraden gewesen war.

»Wir nehmen zu Verlusten während einzelner Operationen grundsätzlich nie Stellung«, sagt mir ungerührt Brigadegeneral Charles Jacoby auf der Baghram Air Base bei Kabul, als ich ihn mit Hutschs Geschichte konfrontiere, »aber verglichen mit den Verlusten im Irak sind unsere hier sehr, sehr gering.« Wir sind in der Kommandozentrale der US-Streitkräfte in Afghanistan. Ein kleines, weitgehend funktionsloses Kontingent deutscher, polnischer und anderer alliierter Truppen gibt der Basis den internationalen Anstrich, den die politische Führung in Washington wünscht, aber es ist die Weltmacht, die hier am Hindukusch ihre Stärke demonstriert. Schwere Transport- und wendige Kampfhubschrauber, so weit das Auge reicht. A-130-»Warzenschwein«-Kampfflugzeuge kommen von ihren Missionen irgendwo im Süden zurück, andere werden mit Munition beladen. Schwere Bomber stehen in Reserve, in einer Reihe mit den riesigen Transportmaschinen, die immer noch mehr militärische Hardware bringen. Am Eingang der Basis waren wir an endlosen Schlangen schwerer Trucks mit Wasser, Lebensmitteln, Baumaterial und Waffen vorbeigefahren. Der Appetit des Molochs ist nicht zu stillen. Klimaanlagen und Elektronik verbrauchen Unmengen Strom. Das Brummen der gewaltigen Aggregate macht Interviews fast unmöglich. Unsere drahtlosen Mikrofone arbeiten nicht, weil der Äther überladen ist mit elektronischen Signalen.

Das Nervenzentrum des US-Einsatzes ist eine klimatisierte Zeltstadt hinter den Hangars. Ein Meer von Computerbildschirmen zeigt die Situation im ganzen Land »real time« – verbunden mit den Befehlszentralen in Washington, Tampa und Qatar am Persischen Golf. Hightech im Einsatz gegen Guerillakämpfer, die ihrerseits längst gelernt haben, mit moderner Tech-

nik umzugehen, wenn auch auf viel niedrigerem Niveau. Das
also ist die »leichte, bewegliche Streitmacht«, die Donald Rumsfeld für das Militär der Zukunft hält. Afghanistan ist ihr erster Krieg unter den asymmetrischen Gefechtsbedingungen des
21. Jahrhunderts. Er ist noch lange nicht entschieden.

Eine Reise nach Khost

Vier Stunden südlich von Kabul, am Stadtausgang von Gardez,
beginnt die »no go area«, das Gebiet, in dem die Schutztruppen
keinen Schutz mehr gewähren. Auf eigene Gefahr fahren wir
weiter, auf die über dreitausend Meter hohen Berge zu, die den
wilden Süden Afghanistans von der Hauptprovinz um Kabul
trennen. Drei in unserem Team haben Afghanistanerfahrung:
Jürgen Rapp und Lars Schwetje, unser Kamerateam, waren
schon oft im Land, auch Uli Gack, Reporter des »heute-journal«, hat schon einige kurze Einsätze am Hindukusch hinter
sich. Aber für Angela Andersen, die für die ZDF-Dokumenta-
tion »Allianz am Hindukusch« wieder meine Partnerin ist, und
für mich ist dieses Land eine aufregende Reise ins Unbekannte.
Wir vertrauen dem Rat von Gewährsleuten und Mohammed
Schah, einem alten Mudschahed, der uns mit zwei Mann Secu-
rity in seine Heimatprovinz eskortiert. Ansonsten verlassen wir
uns auf unser Glück. Wir sind schon kurz nach fünf Uhr morgens gestartet, um kein Risiko einzugehen. Nach Einbruch der
Dunkelheit werden die Straßen lebensgefährlich, und niemand
kann garantieren, dass zwölf Stunden für die kaum vierhundert
Kilometer lange Strecke reichen werden. Die Straße hatte früher
offenbar eine brauchbare Asphaltdecke, aber jetzt machen Gra-
nattrichter und »klassische« Schlaglöcher, von überladenen LKW
immer tiefer ausgehöhlt, eine der Hauptverkehrsadern des Landes zur Holperpiste.

Rote und weiße Fähnchen flankieren die Straße – jedes steht
für eine der geschätzt vierzehn Millionen Minen, die ganz Afghanistan zur Todeszone machen. Die wenigen Bauernhäuser

links und rechts sind nur noch zerschossene Trümmer. Kinder treiben ein paar Ziegen durch die sandige Ebene, gehen achtlos an handgemalten Schildern vorbei: »Vorsicht, ungeklärtes Minenfeld.« *Inshallah*, so Gott will, werden sie mit den Tieren den Flecken staubiges Grün auf der anderen Seite des Tales erreichen. Ich muss mich lange an dieses trostlose Bild gewöhnen, bevor ich auch Zeichen für Hoffnung erkennen kann: ein Bauer, der an einem Tümpel Lehmziegel formt, eine halb wieder aufgemauerte Stallwand. Das habe es lange nicht gegeben, sagt Mohammed Schah, Aufbau habe sich hier nie gelohnt. Die Straße von Kabul über Gardez weiter nach Süden hat enorme strategische Bedeutung und war immer umkämpft. Neu hergerichtete Häuser und Ställe wurden von den nächsten durchziehenden Warlords sofort wieder zerschossen oder von Panzern überrollt. Es ist eines der wenigen sichtbaren Ergebnisse der Pax Americana, dass manche hier draußen dem Frieden wenigstens so weit trauen, dass sie zurückkehren und zaghaft ein wenig Neuanfang wagen. Die Regierung in Kabul schätzt die Zahl der Rückkehrer aus den Flüchtlingslagern in Pakistan und im Irak auf drei Millionen – das mag übertrieben sein, weil niemand Zahlen zuverlässig sammelt, aber Heimkehrer treffen wir überall.

Bis zum Horizont reicht die Reihe zerschossener Masten beiderseits der Piste. Sie ragen wie mahnende Kreuze in den Himmel des muslimischen Landes, die Querstangen ohne Funktion, weil Kupferdiebe die Kabel schon vor Jahren heruntergeholt und nach Pakistan verkauft haben. Hamid Kohistani, ein kluger junger Kinderarzt, ortskundiger Berater des ZDF-Büros, liest meine Gedanken. »Das war einmal ein Land mit Telefon und Strom«, sagt er. »Damals war ich noch ein Kind, aber ich weiß, dass es das gab.« Die so genannte Staatengemeinschaft, die mit dem letzten Krieg am Hindukusch erneut die Verantwortung für dieses Land und seine Menschen übernahm, muss Zivilisation nicht nach Afghanistan bringen, sie muss ihr erlauben zurückzukehren.

161

Ein Wachhäuschen, Erdwälle, Stacheldraht versperren plötzlich die Straße. Unser unerschütterlicher Zahir biegt im rechten Winkel ab und steuert den Geländewagen routiniert durch den Straßengraben. Nun geht es querfeldein. Ich habe gerade noch sehen können, dass über dem Hindernis amerikanische Fahnen wehten. »Dort hinten ist das Hauptquartier des US-Wiederaufbauteams«, knurrt Zahir. »Die lassen niemanden näher ran, aus Angst vor Bombenanschlägen. Denen ist egal, wie wir weiterfahren, aber in ein paar Meilen können wir wieder hoch auf die Straße.« – »Müssen die sich denn vor der afghanischen Bevölkerung fürchten?«, frage ich. »Taliban«, sagt Zahir nur und hüllt sich in Schweigen, weil die Piste seine ganze Aufmerksamkeit erfordert. Nur wer in den ausgefahrenen Spuren bleibt, ist vor Minen einigermaßen sicher. Wir haben noch viele Stunden vor uns.

Unser Ziel ist die Provinzhauptstadt Khost, kaum mehr als vierzig Kilometer von der pakistanischen Grenze entfernt. Es war die erste Stadt, die die Gotteskrieger den russischen Besatzern abtrotzten; hier hatten nach dem blutigen Bürgerkrieg, der dem Sieg über die Russen folgte, die Taliban eine Hochburg. Präsident Clinton ließ dort ein Ausbildungslager der al-Qaida bombardieren, als die Welt zum ersten Mal den Namen Osama Bin Laden zur Kenntnis nahm – 1998, nach den Bombenanschlägen auf die amerikanischen Botschaften in Kenia und Tansania.

»Wenn ihr unbedingt wollt, könnt ihr nach Khost«, hatten unsere afghanischen Gewährsleute gesagt. »Es ist zurzeit einigermaßen ruhig, aber ihr braucht Schutz. Wir schicken euch jemanden.« Ohne Eskorte ist die Reise in den Süden, ins pakistanische Grenzgebiet, nicht zu empfehlen. Die Lageberichte der Militärs und der Hilfsorganisationen werden jeden Tag länger, sprechen von Überfällen, Minenexplosionen, Raketenbeschuss. Taliban, al-Qaida und ein undurchschaubares Bündnis krimineller Kriegsfürsten setzen alles daran, das Land unregierbar zu machen. Tote Ausländer, egal, woher sie kommen und was sie im Lande wollen, passen ihnen bestens ins Konzept.

Deshalb bekamen wir den Schutz von Mohammed Schah.

»Seid abends im Hotel, man wird euch holen«, lautete die Weisung. Wir erwarteten einen der landesüblichen Pick-up-Trucks mit einer Wagenladung finsterer Gestalten, die lässig ihre Kalaschnikows auf den Knien balancieren. Stattdessen trat ein einzelner Mann durch das Hoftor. Ganz in Weiß, in traditioneller afghanischer Kleidung, würdevoll im Auftreten, hoch gewachsen und hager, ein Raubvogelgesicht.

Der Dolmetscher, der ihn begleitet, stellt ihn vor: Mohammed Schah. Nur ein Name. Keine Funktion, kein Titel, keine Begleitung. Das soll unser Schutz sein? Als wir ihm von unseren Kalaschnikow-Erwartungen berichten, lächelt er nur. »Morgen werden noch zwei Männer bei mir sein. Aber wir brauchen sie nicht. Bei mir seid ihr sicher«, übersetzt der Dolmetscher die ruhigen, gesetzten Worte. Von dem Mann geht etwas aus, das keine Zweifel erlaubt. Wir beschließen, ihm zu vertrauen.

Auf der langen Fahrt lerne ich unseren Führer ein wenig näher kennen. Seine Geschichte ist die eines typischen Mudschahed, eines Glaubenskriegers. Er ging, wie Tausende andere, vor einem Vierteljahrhundert in den Untergrund, als die »russischen Ungläubigen« sein Land besetzten. Damals hat der amerikanische Geheimdienst ihn und seine Mitkämpfer mit Waffen versorgt, aber davon spricht Mohammed Schah nur, wenn man ihn dazu drängt. In seiner Erinnerung haben die modernen Waffen, die Stinger-Raketen, die die russischen Hubschrauber vom Himmel holten, nicht die entscheidende Rolle gespielt. »Die Russen hatten gegen uns keine Chance. Das hatte nichts mit den Waffen zu tun. Wir wussten, wofür wir kämpften, sie hat man hierher geschickt, wo sie nur den Tod finden konnten. Sie wollten einfach wieder nach Hause. So kann man Afghanistans Krieger nicht besiegen. Wir wussten schon, wie wir mit ihnen umgehen hatten. Wir mochten sie nicht. Wenn wir Gefangene machten, haben wir schnell entschieden, wie viele wir uns leisten konnten. Den Rest haben wir erschossen. Es war nicht unsere Schuld. Sie sind hierher gekommen, wir haben sie nicht eingeladen. Sie sind keine Kämpfer wie wir.« Mohammed schaut eine Weile schweigend auf die Straße, bevor er weiterspricht.

»Wir kennen jeden Winkel des Landes, aber wir kennen keine Furcht. Uns reicht ein bisschen Wasser zum Überleben. Als wir die Russen von den Bergen über Khost verjagten, haben wir wochenlang nur Maulbeeren gegessen. Mehr brauchen wir nicht.«

Die Sätze kommen einzeln, ohne rechten Zusammenhang durch die Übersetzung bei mir an. Das ist also der Mann, dem wir uns anvertraut haben. Es ist schwer, seine Erzählung vom grausamen Befreiungskrieg mit der Sorgfalt zu vereinbaren, mit der er sich um unsere Sicherheit bemüht. Das ist kein Land, das sind keine Menschen, die sich einem Besucher wie uns nach wenigen Tagen erschließen. Dafür haben sie zu viel erlebt mit Fremden, von Fremden.

Erst die Machtkämpfe der Kriegsfürsten, denen Amerika das Land überlassen hatte, brachten die unglaubliche Verwüstung, die wir überall sehen.

In meiner Reisetasche, die zusammengedrückt zwischen den Alukisten mit unserer Filmausrüstung steht, steckt eine schonungslose Analyse der amerikanischen Politik gegenüber dem Islamismus. Verfasst hat sie ein für uns damals noch namenloser CIA-Mann (im November 2004 hat er sich als Michael Scheuer zu erkennen gegeben), der von sich selbst sagt, dass er von der großen Welt wenig verstehe, von diesem Teil nach Jahrzehnten intensiver Beschäftigung aber sehr viel.[33] Er ist kein Agent wie aus James-Bond-Filmen oder aus der Vorstellungswelt von US-Verteidigungsminister Rumsfeld, keiner der Männer, die an den entlegensten Punkten des Erdballs mit modernster Technologie amerikanische Übermacht zum Einsatz bringen. »Anonymous« hat in der Zentrale in Langley/Virginia aus ungezählten Agentenberichten und gelehrten Abhandlungen sein festes Weltbild gefügt. Für ihn ist Osama Bin Laden eine äußerst

gefährliche, aber faszinierende historische Figur, der die neokonservativen Phantasten in Washington weder strategisch
noch taktisch gewachsen sind – ein einzelner Mann, der eine
Weltmacht herausfordert und nach der Einschätzung von Anonymous eine Chance hat zu gewinnen, zumindest aber unvor-
stellbaren Schaden anzurichten: »Dieser Krieg wird länger dauern, als unsere Kinder leben, und er wird wahrscheinlich zum
größten Teil auf amerikanischem Boden stattfinden.«[34]

Die Bitterkeit des Autors darüber, dass erst unentschlossene
und dann falsch entschlossene amerikanische Politik den Unter-
gang unserer Art der Zivilisation riskiert, spricht aus jeder Seite
dieses erschreckenden Buches. Für den Kampfesmut der Afghanen empfindet Anonymous fast ehrfürchtigen Respekt, für
ihren Charakter nur Verachtung. Der Westen ist für ihn in Afghanistan auf dem besten Weg in eine Katastrophe: »Die Afghanen, auf die es ankommt, sind muslimische, tribalistische
Fremdenhasser. In Afghanistan bedeutet längerer Kontakt mit
einer fremden Kultur nicht nur Verachtung – das gibt es anderswo –, in Afghanistan bedeutet er Krieg.«[35]

»Imperial Hubris« ist keine beruhigende Bettlektüre, schon
gar nicht für diese Reise. Ich schaue mir Mohammed Schahs
Profil genauer an. Abgenutzte, kitschige Begriffe von zerfurch-
ten, scharf geschnittenen Zügen kommen mir in den Sinn. Dieser Mann hat mehr erlebt und mehr auf dem Gewissen, als wir
es uns in unserer satten, friedlichen Welt vorstellen können, aber
es geht nichts Böses von ihm aus. Er beobachtet die Landschaft
konzentriert und ruhig. Alles an ihm scheint zu sagen: »Ich
kümmere mich um euch«, aber er spricht jetzt kein Wort mehr.
Am Ende bemerkt er meinen Blick, lächelt kurz und schaut dann
wieder nach vorn. Hamid ist ein großartiger Übersetzer, aber ich
würde jetzt viel dafür geben, selbst ein wenig Paschtu zu sprechen.

Am dreitausend Meter hohen Pass des Čita Kandau zeigt
Mohammed Schah auf einen verborgenen Höhleneingang.
»Von dort oben haben wir die Straße kontrolliert«, sagt er stolz.

»Niemand hat sich durch dieses Tal bewegt, ohne dass wir davon wussten.« Der Blick geht über schneebedeckte Gipfel in endlose, weglose Ferne. Wer hier auf Straßen angewiesen ist, hat keine Chance. Wer das Gelände kennt, kann sich verstecken, solange es ihm gefällt – und mit ein paar zehntausend Soldaten ist nicht einmal ein Bruchteil dieser Berge zu kontrollieren.

Als wir Khost erreichen, gerade noch vor Einbruch der gefährlichen Dunkelheit, wissen die Leute in der kleinen Stadt längst, dass nach langer Zeit wieder einmal Menschen aus dem Westen die Reise unternommen haben. Wir werden herzlich empfangen. Mohammed Schah hatte hinterlassen, dass er Deutsche bringen würde. Mit unserem Land verbinden Afghanen die Erinnerung an eine lange Freundschaft, an Entwicklungshilfe seit Kaisers Zeiten. Es ist für uns eine ungewohnte Erfahrung, so außerordentlich willkommen zu sein. Die Erinnerung an das finstere Urteil des namenlosen CIA-Autors verfliegt sofort – vielleicht zu schnell.

Ein Mann mit kurz geschorenem Bart und einem breiten Lachen, das nicht zu seiner alten Kampfuniform passen will, erklärt immer wieder aufgeregt, wie wichtig es sei, dass wir den Bürgermeister von Khost treffen, bevor wir irgendetwas anderes unternehmen. Aber wir fühlen uns zu verschwitzt und dreckig, um heute Abend noch einem Würdenträger unter die Augen zu treten. Wir verstehen, dass das Protokoll eingehalten werden muss – schließlich sind wir hier zu Gast –, aber wir wollen nichts von dem durchgeplanten Drehtag verlieren, der uns bevorsteht. Mohammed Schah verfolgt unseren Wortwechsel mit gespanntem Interesse. Ihm liegt ganz offensichtlich daran, dass dieses Treffen stattfindet. Wir wollen und dürfen ihn nicht enttäuschen. Schließlich vereinbaren wir einen Termin mit dem Bürgermeister um halb sieben am nächsten Morgen.

Die herzlichen Einladungen von allen Seiten, die Nacht doch

in ihren Häusern zu verbringen, müssen wir ausschlagen. Wir können das Team nicht so auseinander reißen und entscheiden uns für eines der beiden »ersten Häuser« am Platz – das »Dubai«. Der Name des Golfstaats steht in Afghanistan für Luxus, so wie in Deutschland einmal »Monte Carlo« oder »Beau Rivage«. Ohrenbetäubender Lärm vom Dach kündet vom Komfort eines Stromgenerators. In jedem der mit Pritschen zugestellten Räume liefert ein Loch in der Decke Duschwasser, eine Öffnung im Boden stellt die Verbindung zur örtlichen Kanalisation her. Das Personal ist von größter Herzlichkeit, im Speisesaal stehen dampfende Teekannen auf den Tischen, die bestellten Fleischspieße werden von der Konkurrenz gebracht, damit jeder an dem unerwarteten Geschäft teilhat.

Als wir am nächsten Morgen den Garten des Gemeindehauses betreten, erwartet uns nicht ein Rendezvous mit dem Bürgermeister, sondern eine Versammlung von Würdenträgern. Jeder, der in Khost etwas zu sagen hat, bekam einen der Gartenstühle in der großen Runde. Da ist Hafizullah mit seinem weißen Turban, der »Logistikdirektor« der Gemeinde, Saki Sarawar, der Ortsvorsteher mit seiner überdimensionierten Hornbrille, die Direktoren der Schulen ... So geht es weiter bei der langen Vorstellung.

Saki Sarawar hat ein Papier vorbereitet, aus dem er vorzulesen beginnt. Es ist eine Liste der Sorgen von Khost. Es fehlt an allem, an Wasser, an Elektrizität, an medizinischer Versorgung, vor allem an Geld. Von den Hilfsorganisationen, von den Vereinten Nationen lasse sich hier niemand blicken. Sie haben nur gehört, dass Millionen in den Norden gingen, bei ihnen im Süden, hier im Grenzgebiet zu Pakistan, komme nichts an.

Langsam verstehe ich, dass wir nicht als Reporter gesehen werden, sondern als Abgesandte eines Landes, das es immer gut gemeint hat mit den Menschen in Afghanistan. Im Rahmen eines deutschen Hilfsprojekts wurden vor fünfzig Jahren die Berge über Khost aufgeforstet und die Abwasserkanäle gebaut, die sie jetzt mit Mühe offen halten. Sie wollen wissen, warum sich diesmal niemand für sie interessiert.

Ich versuche, das amerikanische Argument an den Mann zu bringen, weil mich die Reaktion interessiert: »Wir haben in Washington und in Kabul mit wichtigen Leuten gesprochen. Sie sagen uns, dass sie Ihnen einen Deal anbieten: Sicherheit gegen Hilfe. Das heißt, Sie müssen helfen, al-Qaida und Taliban-kämpfer aus den Bergen zu vertreiben, dann kommen auch UN und Hilfsorganisationen hierher. Das klingt doch nicht unvernünftig!« Die kampferprobten Männer in der Runde akzeptieren das Argument nicht. »Es ist sicher hier«, sagen sie. »Und die Amerikaner haben ein großes Truppenlager ganz in der Nähe. Sie können selber für Ruhe sorgen.«

Am Abend werden wir noch sehen, wie wenig das stimmt.

Es ist ein eigenartiges Gefühl, im Mittelpunkt dieser Runde zu sitzen. Die Männer schauen uns mit ernsten Gesichtern an, als hätten wir es in der Hand, ihre Probleme zu lösen. Irgendetwas muss ich jetzt sagen. Noch mehr als bei jeder Moderation kommt es darauf an, den richtigen Ton zu finden.

»Lange Zeit ist niemand aus unserem Land hier gewesen«, fange ich an. »Es war zu lange. Nun sind wir gekommen, um den Menschen in Deutschland zu zeigen, wie die Situation hier im Süden und in Ihrer Stadt ist. Wir wollen zuhören, wir wollen sehen und filmen, und wir wollen zu Hause davon berichten. Ich wünschte, ich könnte Ihnen mehr versprechen, aber das wäre nicht die Wahrheit. Ich verspreche Ihnen nur, dass wir das, wofür wir gekommen sind, ernst und sorgfältig tun werden. Mohammed Schah hat uns dabei schon sehr geholfen, und er wird weiter bei uns sein. Aber nun müssen wir an die Arbeit gehen.«

Hamid übersetzt und nickt mir zu. Es waren wohl die richtigen Worte, oder er konnte sie wenigstens in der Übersetzung passend machen.

Die Würdenträger des Dorfes machen es sich zu einfach, wenn sie dem Westen nun alle Verantwortung zuschieben. Das Angebot der Amerikaner ist nicht unvernünftig und entspricht den Traditionen beider Seiten. Seit jeher werden Allianzen in Afghanistan auf dem Amboss der eigenen Interessen geschmiedet, und die simple Struktur – Hilfe gegen Sicherheit – entspricht amerikanischen Vorstellungen von einem »fair deal«, aber Khost wagt es wohl nicht, sich die islamistischen Kämpfer in den Bergen endgültig zu Feinden zu machen. Wer weiß denn schon, wer am Ende die Oberhand gewinnen wird? Die Amerikaner sind schon einmal sang- und klanglos hier abgezogen.

So versuchen die Menschen in Khost, die Balance zu halten, und unterstützen keine der beiden Seiten hundertprozentig. Mit solchen Verbündeten können die paar amerikanischen Verbände, die sich in der Weite der afghanischen Berglandschaft verlieren, Taliban und al-Qaida nicht besiegen. Hightech und Luftwaffe sind hier kein Ersatz für »boots on the ground«, wie die Soldaten sagen.

Wir folgen Mohammed Schah in die Berge über Khost. Die Schotterpiste führt an Camp Salerno vorbei, der befestigten Stellung der 101. Airborne Division. »Es ist besser, wenn du denen sagst, was wir vorhaben«, rät der alte Mudschahed. »Die sehen alles, was sich bewegt, und wenn sie nicht wissen, wer wir sind, schießen sie, bevor sie fragen. Es wäre nicht das erste Mal.« Ich habe den Namen und die Satellitentelefonnummer des zuständigen Offiziers dabei, aber keine Lust, mich jetzt auf lange Diskussionen einzulassen. Es ist auch nicht nötig. Dem jungen Sergeant aus Kentucky hinter dem Stacheldrahtverhau sind unsere Pläne gleichgültig. »Move on, no problem.«

Was denkt sich Mohammed dabei, dass GIs jetzt den Zugang zu Bergen kontrollieren, die er den Russen abgerungen hat? Er zuckt auf meine Fragen nur die Achseln. Das waren andere Zeiten.

Durch das Fernglas erkennen wir auf der Höhe ein Grabmal, geschmückt mit den grünen Fahnen der Gotteskrieger. Dorthin führt uns Mohammed Schah. Die dankbaren Bürger von Khost haben den Helden des Befreiungskampfes eine Gedenkstätte gebaut. Neben dem Felsengrab steht ein offenes Steinhaus, mit Fahnen dekoriert, eingerichtet mit einem einfachen Tisch und Teppichen, in der Ecke eine Feuerstelle mit Kochgeschirr – kein totes Denkmal, sondern eine Pilgerstätte, in der man bleiben kann, um über vergangene Kämpfe nachzudenken oder neue zu planen. Der Blick reicht weit hinüber bis nach Pakistan. Von dort kamen auf Eselspfaden die Waffen aus Amerika, die den Kampf möglich machten. Mohammed Schah gesteht das zu, aber Dankbarkeit empfindet er nicht. »Es waren nicht die Dollars, die den Sieg gebracht haben, das war unser eigenes Blut. An diesem Berg starben an einem einzigen Tag hundertsiebzig von meinen Leuten, aber wir haben nie aufgegeben, weil wir wussten, dass es so Allahs Wille ist.« Als Mohammed Schah mit seinen Kriegern endlich die Anhöhe beherrschte, konnten sich die Russen nicht mehr in Khost halten. Der alte Mudschahed ist überzeugt, dass dieser Tag der Anfang vom Ende der sowjetischen Herrschaft über sein Land war – und damit der Anfang vom Ende der Sowjetunion.

Nun sind andere Soldaten ins Land gekommen. Werden sie mehr Erfolg haben? Die Amerikaner erklären, sie bemühten sich, jeden Vergleich mit den russischen Besatzern unmöglich zu machen. Sie wollen als Befreier und Verbündete gesehen werden. Es gelingt nicht ganz. »Die denken, sie seien die Herren der Welt«, sagt Mohammed Schah böse. »Wenn sie es ernst meinen, dann gut. Aber sie sollen vorsichtig sein mit uns und sich zurückhalten. Wenn ein afghanischer Vater von seinem Sohn etwas verlangt, was nicht Recht ist, dann erhebt der Sohn die Waffe auch gegen den eigenen Vater und tötet ihn.«

Dann mag erst mal niemand weiterreden. Wir sitzen einfach schweigend da, lassen kleine Kieselsteine durch die Finger rieseln und schauen auf die endlose Kette der Berge. Über unseren Köpfen rascheln die Gebetsfahnen der Heldengräber im leichten Wind. Mohammeds letzter Satz geht mir nicht mehr aus dem Kopf.

Abends, beim Tee, berichten wir ihm von unseren nächsten Plänen. Wir wollen ein Stück weiter nach Westen, Padcha Khan kennen lernen, den Kriegsherrn der Region. Unser Beschützer hört mit versteinertem Gesicht zu. »Da kann ich nichts für euch tun«, sagt er. »Der Mann ist unberechenbar. Aber wenn ihr unbedingt wollt, müsst ihr eben gehen. Ich kann euch nicht halten.«

Afghanistan ist ein gefährliches Land. Wir haben eine Übereinkunft im Team: Wir werden nirgendwohin gehen, wenn auch nur einer von uns meint, dass es zu riskant sei. Heute Abend erhebt niemand Einspruch. Padcha Khan, der Provinzfürst, der auch Präsident Karzai die Stirn bietet, der hinter den Kulissen hier mehr Macht hat als die Zentralregierung, ist ein zu interessanter Mann, um Nein zu sagen. Er hat uns ausrichten lassen, dass er bereit sei, uns zu empfangen. »Wie ihr wollt«, beendet Mohammed Schah die Beratung. »Wenn es Allah gefällt, werdet ihr gesund zu mir zurückkehren.«

Am nächsten Morgen wird seine hagere Gestalt im Rückspiegel schnell kleiner. Er hat nicht mehr viel gesagt, aber selbst aus dieser Entfernung sieht man ihm die Sorge um uns an.

Vor uns liegt eine lange Fahrt über – für afghanische Verhältnisse – erstaunlich gute Straßen. Schnell geht es trotzdem nicht. Phantastisch überladene Trucks aus Pakistan keuchen im ersten Gang den steilen Pass hinauf. Die Strecke ist eine Haupteinfallstraße für den Import aus dem Nachbarland – den legalen und den weniger legalen. Kurz vor der Abzweigung nach Gardez würden wir über einer Kontrollstelle einen Militärstützpunkt sehen, hatte man uns gesagt. Von dort würden wir abgeholt und zu Padcha Khan geführt.

Als wir die Anhöhe zu dem halb verfallenen Betongebäude emporlaufen, merken wir sofort, dass hier mehr auf uns wartet als ein Kontaktmann. Vierzig, fünfzig uniformierte Männer stehen stramm und versuchen mit Kalaschnikows und großem Ernst, wie eine professionelle Leibgarde auszusehen. Auf dem Hügel über der Hütte sind Granatwerfer aufgestellt. Den Aufgang zum Gebäude flankiert ein russischer Panzer mit zwei Soldaten im Turm, die so finster dreinschauen, dass wir erst auf den zweiten Blick merken: Das Kriegsgerät hat keine Ketten mehr.

Wir werden in das Innere des Baus gewunken. Als sich unsere Augen an das Dunkel gewöhnt haben, erkennen wir einen beleibten Mann mit mächtigem Schnurrbart und riesigem Turban, der sich in der Ecke des Raumes auf die Kissen fläzt.

»*Salam alaikum*, willkommen«, grunzt Padcha Khan und zeigt mit großer Geste auf die Kissen. »Was wollt ihr wissen?«

Die Sprache kommt sehr schnell auf Politik. »Der Westen hat uns hier im Süden vergessen«, klagt der Khan. »Und ihr Deutschen auch. Zeigt mir irgendwas hier, was Amerika oder ihr Europäer Gutes getan habt. Wir haben für euch die Russen geschlagen. Die Berliner Mauer ist nach unserem Sieg gefallen. Und nun kommt nichts von euch!« Dabei hat der Khan wenig Grund zu klagen. Er selbst hat die Wirren nach dem Sieg über die Russen gut überstanden, nicht einmal die Amerikaner haben seiner Machtstellung in der Region auf Dauer etwas anhaben können. Als er über die Stränge schlug und sein eigenes Reich aufbauen wollte, steckten ihn die Besatzer für ein paar Monate ins Gefängnis und nahmen ihm den Gouverneursposten weg. Seine Rolle im Stamm der Zhadran, der diese Gegend beherrscht, konnten sie ihm aber nicht nehmen, und die zählt hier sehr viel mehr als die Titel aus Kabul. Hier ist Padcha Khan Zhadran der unbestrittene Führer. Was das Bergvolk von den Schmugglern im Grenzgebiet als Schutzgeld kassiert, wandert in seine Kasse. Von dort verteilt er die Wohltaten, wie er es für richtig hält.

Die Amerikaner, die mit ihren paar Soldaten Afghanistan nie werden beherrschen können, haben mit den Kriegsfürsten ihren Frieden gemacht. Die für die Verhältnisse des Landes grotesk hohe Belohnung von fünfzig Millionen Dollar für die Ergreifung von Osama Bin Laden und Mullah Omar richtet sich an Männer wie Padcha Khan, die unternehmerisch denken. »Bin Laden ist hier nicht«, knurrt der Khan. »Sonst hätten wir ihn längst.«

Ihm liegt daran, dass das deutsche Fernsehen seine Machtfülle sieht. Würdevoll schreitet er für uns die Front seiner Soldaten ab.

Die Aufstellung würde einen deutschen Feldwebel wenig beeindrucken – bis auf vier Mann, die etwas abseits stehen und tadellose Haltung zeigen. »Das haben wir im Trainingscamp gelernt, bei der ANA. Disziplin, Ordnung, alle Regeln«, erklärt einer, den die Nähe des mächtigen Khans nicht ganz mundtot macht. In den Lagern bei Kabul sorgen britische Unteroffiziere der US-Koalition für die Ausbildung der Afghanischen Nationalarmee ANA. Eines Tages soll sie Hamid Karzai auch in den entlegenen Regionen den Respekt verschaffen, der einem Präsidenten gebührt. Dass die Rekruten sich gleich wieder bei ihrem Warlord einreihen, ist eigentlich nicht Sinn der Übung, aber die alten Bande der Clans sind stärker als die Anziehungskraft des neuen Regimes. Außerdem zahlt Padcha Khan höheren Sold – den Gegenwert von fünfzig statt fünfundvierzig Dollar monatlich –, und die Arbeit ist leichter.

Dann hält der Khan für uns Hof. Er hat offene Lastwagen in die Bergdörfer geschickt, um die Stammesältesten zu holen. Nun sitzen sie in einer großen Runde vor dem hässlichen Betongebäude und warten darauf, dass ihr Führer zu ihnen spricht. Beeindruckende Gesichter – zerfurcht wie die Landschaft Afghanistans – erzählen von einer stolzen, leidensvollen Geschichte, vom Krieg, der seit einer Generation nicht enden will, der eineinhalb Millionen Menschenleben gekostet hat und dessen sie müde geworden sind. Sie haben jetzt andere Sorgen. Ein Dach muss neu gedeckt, irgendein Zwist mit einer Schadenersatzzahlung beigelegt werden. Der Khan entscheidet, welche Sorge eine Soforthilfe aus seiner Kriegskasse wert ist. Gelegentlich bekommt er unerwartete Hilfe bei der Imagepflege. Einer der Männer erzählt uns, dass eine amerikanische Patrouille neulich einen fabrikneuen Traktor vorbeigebracht habe. Der Khan hat ihn einem der Dörfer weitergeschenkt – das nun ihm dankbar ist und nicht dem amerikanischen Steuerzahler.

Zum festlichen Mittagessen schaufeln wir mit den Händen

aus großen Töpfen fetten Hammel und Rosinenreis. Die Tischsitten sind gewöhnungsbedürftig, aber es schmeckt großartig. Angela packt die Ungeduld. Sie will die diplomatisch-vorsichtigen Antworten nicht mehr hören, mit denen der Khan meinen Fragen seit Stunden ausweicht und die seinem zur Schau getragenen Selbstbewusstsein so deutlich widersprechen. Sie zieht den Schleier noch einmal korrekt über das Haar, gibt Jürgen ein Zeichen und setzt sich in Interviewposition. »Erklären Sie mir, Padcha Khan, wer hier mächtiger ist. Sind Sie es, oder ist es Präsident Karzai?« Da geht ein Grinsen über das Gesicht des alten Machos, der einer afghanischen Frau niemals Rechenschaft geben würde. »Sie sehen es doch selbst, wer hier die Macht hat!«, sagt er stolz. »Zu meinem Stamm gehören achtzigtausend Menschen. Sie gehorchen jedem Wort von mir. Sechstausend Mann sind unter Waffen und folgen meinem Kommando. Karzai hat niemanden. Der muss sich von amerikanischen Leibwächtern beschützen lassen. So einer kann das Land nicht aufbauen!« Und die Amerikaner? »Was soll ich Ihnen darüber erzählen, ob die gut sind oder nicht? Sie haben uns im Dschihad geholfen. Sie sind wiedergekommen, um ein militärisches Ziel zu erreichen. Es wird sich später rausstellen, ob das gut war oder schlecht. Die Amerikaner sind laut und rechthaberisch. Das wissen die Deutschen genauso wie wir Afghanen. Sie haben versprochen, dass sie wieder gehen, sobald hier Frieden herrscht. Auf der Konferenz in Bonn. Ich war dabei. Ich hab's gehört. Sonst hätten wir ihren Plänen nicht zugestimmt. Bald wird sich rausstellen, ob sie ihr Versprechen halten oder nicht.«

Die Zahlen über seine militärische Stärke sind bestimmt übertrieben, aber es fällt uns schwer, dem Mann zu widersprechen. Der Präsident, den Padcha Khan als den »Bürgermeister von Kabul« verspottet, braucht noch viel Hilfe, bis sein Wort hier Geltung haben wird.

Als wir zurückfahren nach Khost, haben wir Zeit, über die Begegnung nachzudenken. Es ist leicht, den beleibten Räuberhauptmann als eine Operettenfigur zu belächeln und seine schlecht ausgebildete, ärmlich ausgerüstete Streitmacht zu unterschätzen. Diese Männer kennen die Berge des Südens wie ihre Westentasche. Sie sind eine tödliche Gefahr für jeden, der ihnen hier die Macht streitig machen will. Auch Amerika muss sich mit ihnen arrangieren.

Am Eingang des »Dubai Hotel« kommt uns Mohammed Schah entgegen. Die Nachricht, dass unsere staubigen Jeeps wieder auf der Landstraße gesehen wurden, hat ihn schon erreicht. »Es hat Allah also gefallen, dass ihr gesund zurückkehrt«, stellt er ruhig fest, als wäre das nicht weiter von Interesse. Aber als er die Umarmung löst, sehe ich, dass der stolze Mudschahed Tränen in den Augen hat. Für ihn war das ein schwieriger Tag. Er hatte die Verantwortung übernommen und konnte dann nichts mehr für uns tun. Wir selbst hatten bei dem Ausflug keine Angst, aber vielleicht waren wir auch nur ahnungslos. Schwer einzuschätzen, ob wir wirklich etwas riskiert haben, um Padcha Khan kennen zu lernen. Nun sind wir heil zurück und sicher: Es hat sich gelohnt. Doch Mohammed Schah ist nicht damit einverstanden, dass der bärbeißige Stammesführer Padcha Khan Zhadran unser Bild von seiner Provinz prägt. Er will uns mit einem Mann zusammenbringen, der eher für Afghanistans Zukunft steht.

Der Gouverneur

Die Sonne geht schon fast unter, als wir mit Mohammed Schah im Gouverneurspalast von Khost ankommen. Es ist kein besonders prächtiges Gebäude, und die Mauern zeigen noch die Narben der Kämpfe, aber es liegt in einem herrlichen, großen Garten voller Rosenbüsche. Mittelpunkt des Lebens ist offenbar der große, zeltartige Pavillon mit Teppichen, Kissen und Sofas in einer weiten Runde. Der Gouverneur verabschiedet gerade die Gäste seiner nachmittäglichen Audienz. Nur die Art, in der die würdigen Gestalten mit den gepflegten grauen Bärten einem kleinen, rundlichen, bartlosen Mann ihre Ehrerbietung erweisen, deutet darauf hin, wer der Hausherr ist. Der Gouverneur spreche gutes Englisch, hatte Mohammed Schah uns versprochen – endlich einmal ein Gesprächspartner, für den ich keinen Dolmetscher brauche.

Er gibt uns mit der Hand ein Zeichen: Einen Moment Geduld werden wir noch brauchen. Leibwächter eskortieren die Gäste zu dem schweren Eisentor, das den Garten abschließt. Sie bewegen sich dabei in der leisen, unaufgeregten Art, die professionelles Training verrät; ihre Waffen und Uniformen wirken neu und gepflegt. Sie schließen das Tor und kehren unter das große Zeltdach zurück. In diesem Moment hallt der Ruf des Muezzin über die Stadt: *Allah u-aqhbar,* Gott ist groß. Die bewaffneten Männer nehmen in einer Reihe Aufstellung, legen die Kalaschnikows quer vor ihre Füße und verneigen sich nach Südwesten. Als sie nun in perfekter Gleichzeitigkeit das Ritual der Verbeugungen und Kniefälle durchlaufen, ist nicht ganz klar, ob die Verehrung dem fernen Mekka oder der automatischen Waffe vor ihnen gilt. Nur der Gouverneur betet ohne Gewehr.

Dann begrüßt er uns tatsächlich in perfektem amerikanischem Englisch. »Das braucht Sie nicht zu wundern«, meint er lachend. »Ich habe in Amerika studiert, an einer grausig schlechten Universität in Washington, D.C., und dann ein kleines Geschäft aufgebaut. Das ging alles ganz gut, aber als die Russen in meiner Heimat einmarschierten, hat mich in Amerika nichts mehr gehalten.«

Der brave Familienvater Merajuddin Partan beschloss, Gotteskrieger zu werden, und kaufte ein Ticket nach Pakistan. Auf dem langen Flug nach Islamabad saß zufällig ein amerikanischer Offizier neben ihm, der bei der Ausbildung und Ausrüstung der afghanischen Freiheitskämpfer helfen sollte. »Machen Sie keinen Unsinn, kehren Sie um«, war sein Rat. »Das ist aussichtslos. Sie können die sowjetische Armee niemals besiegen. Wir können nicht mehr tun, als es den Russen so schwer wie möglich zu machen. Dafür sollten Sie Ihr Leben nicht riskieren.«

Doch Partan ließ sich nicht abschrecken. Er fand Anschluss an Freischärler, die über den Khyberpass nach Afghanistan zogen, und kämpfte in den Bergen, bis die Russen vertrieben waren – über zehn Jahre. Als die Mudschaheddin begannen, ihre Waffen gegeneinander zu richten, und im Bürgerkrieg Afghanistan zerstörten, ging er verzweifelt und enttäuscht zurück in die USA und verfolgte aus der Ferne, wie ein Mann, den er im Befreiungskrieg als mutigen und entschlossenen Verbündeten kennen gelernt hatte, für die Vereinigten Staaten zum Staatsfeind Nummer eins wurde: Osama Bin Laden, »der Araber«.

Partan hält den fanatischen Glaubenskrieger für ein Produkt der Verzweiflung, dessen Zeit eigentlich vorüber ist. »Wenn die Menschen hier erleben, dass es wieder aufwärts geht mit Afghanistan, dann wird al-Qaida keine Chance mehr haben.« Um dabei zu helfen, kam er zurück und gehört nun zu einer der beiden Säulen, auf die die Schutzmacht USA ihre Herrschaft stützt: die Exilanten. Sie haben – meist in Deutschland, in den USA oder in London – die Sprachen und Methoden des Westens gelernt und sind schon deshalb die bevorzugten Ansprechpartner der Besatzer. Sie haben meist keine eigene Macht im Land und sind auf die Waffen der USA angewiesen, was sie in den Augen der Afghanen unglaubwürdig macht.

Die andere Säule sind die Warlords, Kriegsfürsten, Männer des regulären oder hochgradig unregulären Militärs mit langer, oft schmutziger Geschichte, aber mit tiefen Wurzeln in ihren Clans und Ethnien. Aus Washingtoner Sicht ist allein entscheidend, dass sie gegen die Taliban gekämpft haben. Als die Supermacht es unternahm, das weite, im Grunde unregierbare Land mit minimalen Kräften einigermaßen unter Kontrolle zu bekommen, fragte niemand nach polizeilichen Führungszeugnissen. Gewissenlose Männer werden als Verbündete hofiert, Verbrecher, die vor Kriegsgerichten stünden, würden die USA die Werte achten, die sie auch in Afghanistan predigten. Tatsächlich praktiziert Amerika am Hindukusch notgedrungen zynische »Realpolitik« in Reinform. Nur deshalb ist im Norden der Tadschike Dostum an der Macht, der missliebige Untergebene auf Panzerketten fesseln und den Panzer dann losfahren ließ. Mohammed Daoud, Attah Mohammed, Mohammed Fahim und ihre alten Gegner und Verbündeten sind nach Überzeugung der meisten Fachleute tief verstrickt in den Milliarden bringenden Drogenhandel, aber sie dürfen sich als Verbündete der USA bezeichnen. Für Gouverneur Partan ist das der schlimmste Geburtsfehler des neuen Afghanistan.

»Als die Amerikaner die Taliban vertrieben, haben sie sich mit den falschen Leuten verbündet. Die berüchtigsten Kriminellen des Landes, Menschen, die großes Unglück gebracht haben, wurden auf die Afghanistankonferenz nach Bonn eingeladen und kamen als einflussreiche Machthaber zurück. Das hat die Leute erschreckt. Wie sollen sie so einer Regierung trauen? Deshalb geht es mit den Fortschritten sehr langsam. Und das ist gefährlich. Wenn es nicht bald besser wird, kommen die Taliban zurück, oder der Bürgerkrieg beginnt wieder.

Die Amerikaner sollten keine so große Angst vor den Dostums und Khans haben. Das sind Popanze. Die Afghanen würden jubeln, wenn sie endlich unschädlich gemacht würden. Die Verbrecher, die Hunderte von Menschen auf dem Gewissen und die Frauen vergewaltigt haben, werden doch niemals die Herzen der Menschen für sich gewinnen. Wir wissen schon, wie wir mit denen umgehen müssen, aber wir brauchen den Rückhalt der Amerikaner und der ISAF-Truppen. Die trauen sich aber nicht. Die sitzen zwischen allen Stühlen und wissen nicht, was sie tun sollen.« Die scharfen Worte kommen eigenartig sanft und bedächtig aus dem Mund des kleinen Gouverneurs. Wie kann er so reden, wenn in seiner Provinz ein Mann wie Padcha Khan laut prahlt, dass er die wahre Macht in Händen hält?

»Padcha Khan haben wir uns nicht ausgesucht, der war schon immer da. Er wurde benutzt. Jeder vernünftige Mensch in Khost weiß, dass seine Tage gezählt sind. Wenn er glaubt, dass er so stark ist, warum ist er dann nicht mehr der Gouverneur von Khost?« Und wer hat die wahre Macht in Afghanistan? Ist es

Präsident Karzai, ist es der US-Botschafter Zalmay Khalilzad, oder sind es die Warlords?

»Die Frage trifft das Grundproblem. Die Macht in Afghanistan gehört einer Koalition aus den unterschiedlichsten Leuten. Einige sind gut, und einige gehören zu den Kriegsverbrechern und Schurken. Die Guten haben noch keine eigene Armee, noch keine eigene Kraft, die müssen sich auf die Koalitionstruppen verlassen, und die entscheiden sich nicht richtig. Die Amerikaner reden von einem Kreuzzug für das Gute in der Welt. Wenn das so ist, dann rate ich ihnen dringend, sich auch für die guten Menschen zu entscheiden.« Dann schweigt der kleine Gouverneur. Es muss schwierig für ihn sein, die beiden Kulturen, zu denen er gehört, in Einklang zu bringen. Schließlich versucht er eine Erklärung: »Die Amerikaner haben ein psychologisches Problem. Sie meinen, sie tun doch so viel Gutes, und wundern sich, dass sie dafür angegriffen werden. Wenn ein guter Mensch einem Verdurstenden einen Kuchen anbietet, dann muss er sich nicht wundern, wenn der böse wird. Da hilft es nichts, beleidigt zu sagen: ›Ich bin doch so gut.‹ Man muss den Menschen das geben, was sie brauchen. Für uns ist das erst mal Befreiung von diesen Verbrechern. Wenn das nicht gelingt, wird es nichts werden mit dem amerikanischen Traum vom Sieg des Guten. Einer der großen Philosophen von Pakistan hat einmal gesagt: Asien ist ein Körper aus Lehm, und die afghanische Nation ist sein Herz. Wenn das Herz leidet, ist der ganze Körper in Gefahr.«

Ich muss an die lange Reihe der labilen Staaten denken, die nördlich des Hindukusch an Afghanistan grenzen: Turkmenistan, Usbekistan, Kasachstan, dahinter Kirgisistan. In den ehemaligen Sowjetrepubliken herrscht nirgendwo eine demokratisch legitimierte Regierung, überall operieren islamistisch-fundamentalistische Guerillabewegungen, die umso mehr Zulauf gewinnen, je rücksichtsloser das Vorgehen von Polizei und Militär wird. In einer der explosivsten, ärmsten, aber rohstoffreichsten Regionen der Erde braut sich der nächste Konflikt zusammen.[36]

»Afghanistan ist entscheidend. Afghanistan ist das Tor zu

Zentralasien, zu den Reichtümern der Region. Hier gibt es für westliche Firmen eine Menge zu holen«, wirbt der Gouverneur. »Wir haben alle Interesse daran, dass die Menschen hier dem Westen trauen, dafür muss echte Demokratie entstehen. Das ist das eine. Die Sicherheitsinteressen sind das andere. Der Iran hat Angst, weil die Mullahs genau wissen, weshalb die Amerikaner hier sind. China hat Angst. Vor den Amerikanern und vor Indien, das zu einem wirtschaftlichen Giganten heranwächst, mit all den Problemen, die das bedeutet.

Wir Afghanen stehen dazwischen, wie immer. Wir sind seit über tausend Jahren ein Spielball für die Mächtigen, für die Briten, die Russen, alle. Sie halten uns für eine Pufferzone, aber wir haben es satt, die Pufferzone zu sein. Jetzt sind die Amerikaner gekommen und behaupten, sie wollten helfen. Sie sind aber nicht hier, weil sie ein goldenes Herz haben, sondern wegen der Taliban und wegen des 11. September. Sie lieben uns nicht, sie wollen ihre Stiefel hier fest aufsetzen, weil sie uns im neuen Machtspiel brauchen. Das kann für uns alle eine Chance sein. Wir müssen jetzt global denken, nicht als Afghanen, nicht als Europäer, nicht als Amerikaner. Dann können wir zusammen eine Zukunft aufbauen. Aber es kann nicht damit anfangen, dass die Amerikaner diese Verbrecher unterstützen. So können sie nicht gewinnen.«

Es ist dunkel geworden, während der afghanische Freiheitskämpfer und Gouverneur mit der amerikanischen Ausbildung seine Sicht der Welt erklärt. In einer Ecke des Gartens springt der mächtige, nagelneue Generator an – eine kleine Aufmerksamkeit der amerikanischen Steuerzahler als weiterer Beitrag für den Krieg gegen den Terror. Schrillbunte Girlanden beginnen, flackernd Licht zu spenden.

»Wissen Sie, was mein Traum ist für diese Gegend?«, fragt Partan, während er uns zu unseren Geländewagen begleitet. »Ich möchte mit Disney reden, dass die hier einen ihrer Parks aufmachen, mit Karussells und Geisterbahnen und allem, was dazugehört. Waren Sie schon mal in Disney World? So ähnlich soll es aussehen. Dann werden alle kommen und endlich mal wieder Spaß haben. Das wird helfen, und Disney kann eine Menge Geld verdienen, sie müssen nur erst mal investieren.« Ich weiß nicht, ob ich laut lachen oder nur fassungslos staunen soll über dieses Märchen aus der tausendundzweiten Nacht. Die Sicherheitslage bedrohlich, das Land von Minen verseucht, die Straßen in einem katastrophalen Zustand, die Menschen bettelarm – und der Gouverneur, der gerade eine Vision vom modernen Afghanistan entwickelt hat, wie sie die besten neokonservativen Schreiber in Washington nicht schöner formulieren könnten, träumt von einer Rettung durch Mickymaus.

Am Abend endet dann auch noch die Illusion von einem Khost, das so sicher ist, dass deutsche Unternehmen und Entwicklungshelfer ruhig kommen können. Wir kauern wieder bei Tee, Fleischspießen und Fladenbrot im Speisesaal des »Dubai«, als Hamid, unser Dolmetscher, ein paar Bemerkungen aufschnappt. »Wir sollten mal aufs Dach gehen«, schlägt er vor.

Von dort sehen wir roten Feuerschein in der Richtung, wo das Camp der Amerikaner liegt. Normalerweise würden wir jetzt die Kamera schnappen und so schnell wie möglich zum Ort des Geschehens fahren. Hier wäre das Selbstmord. Die Amerikaner werden auf jedes herankommende Fahrzeug schießen, ohne lange Fragen zu stellen. So starren wir hilflos in Richtung des Feuers. Ein paar junge Männer aus Khost, die mit Mohammed Schah und uns aufs Dach gekommen sind, unterhalten sich ohne jede Aufregung. Das gebe es oft, sagen sie uns. Ein paar Raketeneinschläge in die Stellungen der Amerikaner, meist sei das aber am Flughafen. »Die Sicherheitslage ist gut in Khost«, behauptet Mohammed Schah trotzig. »Nein, das ist sie nicht«, widersprechen ihm die Jungs. Dicht über uns, unsichtbar am dunklen Himmel, donnern jetzt Hubschrauber in Richtung der Berge, in die der alte Mudschahed uns geführt hatte. Wir sollten lieber runtergehen, meinen die Erfahrenen. »Die sehen uns auf ihren Nachtsichtgeräten, und wenn sie wütend sind, schießen sie auf alles.« Die fliegenden Panzer der Amerikaner haben keine Chance, die Angreifer zu erwischen, meint Mohammed Schah, der die Taktik der Mudschaheddin nicht vergessen hat. »Die Raketen werden in der Nacht vorher aufgebaut und bekommen Zeitzünder. Vierundzwanzig Stunden später starten sie, bis dahin sind die Kämpfer längst über alle Berge. Die Amerikaner finden nie mehr als ein paar leere Geschosshülsen.«

Für mich als Reporter ist es ärgerlich, so nah am Geschehen und doch ahnungslos zu sein. Per Satellitentelefon erreiche ich das Lagezentrum der Amerikaner bei Kabul. Die diensthabende Majorin ist eine Bekannte, aber die Auskunft ist trotzdem knapp: »No comment. Wir sagen grundsätzlich nichts über laufende Operationen.«[37]

Aus den Bergen kommt ein ferner Donner, möglicherweise die Geschütze der Hubschrauber. Mohammed Schah versucht immer noch, Khost gut aussehen zu lassen. »Solche kleinen Angriffe gibt es in allen Ländern der Welt von Zeit zu Zeit«, erklärt er den Jungen. Ich glaube nicht, dass er sie belügen will. Er kann sich ein Land im Frieden einfach nicht vorstellen, es gehört nicht zu seiner Lebenserfahrung.

Der oberste Warlord

Wer in Kabul ins Diplomatenviertel fährt, kann kaum Zweifel haben, dass Amerika sich auf eine lange Zeit in Afghanistan einrichtet. Die US-Botschaft ist die größte Baustelle der Hauptstadt – und die, auf der es am schnellsten vorangeht. Mit atemberaubender Geschwindigkeit wird auf dem festungsartig gesicherten Gelände eine riesige neue Burg hochgezogen. Geld spielt keine Rolle. Wem es in Washington zurzeit gelingt, ein Bauprojekt als Teil des Kampfes gegen den Terror zu verkaufen, hat ausgesorgt. Dann werden Beton und Maschinen notfalls eingeflogen, wenn der Landweg zu langwierig erscheint.

Ich kann die Ungeduld verstehen, als ich nach gründlichen Kontrollen den Botschafter in seinem Quartier aufsuche. Die Residenz von Zalmay Khalilzad besteht aus zwei aneinander gerückten Baucontainern am Rand der Baustelle. Hamid, der alte Hausmeister, der US-Botschaftern schon in Zeiten vor der kommunistischen Herrschaft gedient hatte, hat sich tapfer bemüht, mit ein paar Kolonialmöbeln aus den Requisiten des US State Department ein wenig imperialen Glanz in die Blechkisten zu bringen. Es ist ihm nicht so recht gelungen.

Der Hausherr scheint sich daran nicht zu stören. Er kommt mir in aufgeräumter Stimmung entgegen. In den Kreisen Washingtoner Diplomaten genießt er keinen guten Ruf: »Das ist keiner von uns, das ist ein Aktivist«, hatte man mir mit auf den Weg gegeben. Da schwingt Eifersucht mit. Khalilzad ist bestens verwoben im Netzwerk der NeoCons im Pentagon und im Weißen Haus. Sie haben ihm einen doppelten Titel verschafft. Er ist Botschafter und persönlicher Repräsentant des amerikanischen Präsidenten in Afghanistan – das sichert ihm an allen Kontrollmechanismen des Außenministeriums vorbei einen direkten Draht zum eigentlichen Zentrum der Macht. Afghanische Würdenträger wissen solche Details zu schätzen, und das wiederum weiß Khalilzad.

Er stammt aus dem Norden – aus Mazar i Sharif –, gehört aber zu dem südlichen Stamm der Paschtunen. Er hat vor dem amerikanischen Exil lang genug in seiner Heimat gelebt, um die wichtigsten Sprachen zu beherrschen und afghanische Verhandlungstaktiken zu durchschauen.

Afghanistan ist seine lebenslängliche Leidenschaft, aber seine Interessen gehen darüber hinaus. Als Cheney, Rumsfeld, Wolfowitz und andere schon 1996 einen Krieg gegen den Irak forderten, weil damit die Demokratisierung und Befriedung des Nahen Ostens beginnen würde, war Khalilzad einer der Autoren.

Nun betreut er das Kapitel, das in den Strategiepapieren der NeoCons immer fehlte: den mühsamen Wiederaufbau eines der Länder, deren Regime sie beseitigen wollten.

Wer sich einen neokonservativen Ideologen als finsteren Machiavellisten vorstellt, wird von Khalilzad überrascht. Der

Mann ist charmant und gewinnend, ein glänzender Verkäufer seiner Überzeugungen. Es fällt ihm leicht, Amerika seinen voreiligen Rückzug aus Afghanistan nach 1990 vorzuwerfen, schließlich blieben damals auch einige seiner eigenen Träume auf der Strecke, aber er gibt der Anklage eine neokonservative Deutung: »Wir haben damals nicht vorhergesehen, wie erfolgreich wir sein würden. Als wir anfingen, den Mudschaheddin zu helfen, wollten wir so viele sowjetische Kräfte wie möglich hier binden. Einen Sieg hielten wir für unmöglich. Wir nahmen an, dass sich die Sowjetarmee am Ende durchsetzen würde. Schließlich hatten sie eine gemeinsame Grenze mit Afghanistan und keine Probleme mit Nachschub. Wir haben die Sowjets über- und die Afghanen unterschätzt und deshalb nie darüber nachgedacht, was aus Afghanistan nach der sowjetischen Besatzung werden sollte. Am 11. September haben wir für diesen Fehler einen sehr hohen Preis bezahlt. Die Terroristen hatten das Land zu ihrem Spielplatz gemacht. Das dürfen wir nie wieder zulassen.«

Zalmay Khalilzad weiß am besten, dass der Westen in Afghanistan auch handfeste wirtschaftliche Interessen hat. Anfang der neunziger Jahre hofierte er höchstpersönlich im Auftrag des kalifornischen Ölkonzerns Unocal dieselben Taliban, die er später verteufelte. Er wollte ihre Zustimmung zu einer Ölpipeline vom Kaspischen zum Arabischen Meer – ein Deal, der ihn zu einem reichen Mann gemacht hätte. Doch Madeleine Albright – mit entscheidender Rückendeckung von Hillary Clinton – beendete damals den Schmusekurs mit den Mullahs in Kabul und Kandahar wegen ihres »abscheulichen Verhaltens« gegenüber den Frauen Afghanistans.

Nun ist Khalilzad zurück in Afghanistan, dem Namen nach als Botschafter, de facto als Direktor eines Multimilliarden-Dollar-Hilfsprogramms und damit praktisch Vizekönig von Afghanistan. Geschäftsinteressen sind ihm jetzt zu kleinlich. Er denkt in größeren Dimensionen: »Die größten Gefahren für die USA und den Frieden in der Welt kommen heute aus dem islamischen Bogen von Afghanistan bis Marokko. Wenn wir je wieder sicher sein wollen, müssen wir diese ganze Region umgestalten. Das wird lange dauern, es ist ein Riesengebiet. Aber wenn es darauf ankommt, kann Amerika durchhalten. Wir haben es bewiesen. Das ist eine Aufgabe, die so groß ist wie der Kalte Krieg. Da standen wir der Sowjetunion gegenüber. Aber diese Aufgabe ist anders, obwohl sie einen ähnlich langen Atem verlangt. Wir müssen die ganze Region stabilisieren. Das geht nur durch Reformen. Wir haben diese Herausforderung nicht gesucht, sie hat sich uns gestellt, und wir müssen damit fertig werden.«

Man kann kaum bestreiten, dass Khalilzad wohl der richtige Mann für diese Aufgabe ist, wenn man sie tatsächlich so akzeptieren will. Er hat im Umgang mit unseren afghanischen Mitarbeitern dieselbe freundlich bestimmte Art, die er auch gegenüber Hamid Karzai an den Tag legt, dabei ist der doch eigentlich der Präsident Afghanistans. Khalilzad findet sich zurecht im Geflecht aus Clans und Stämmen und den vielen widerstreitenden Interessen und Loyalitäten. An Selbstbewusstsein fehlt es ihm nicht.

»Ich kenne das Wesen der Afghanen. Hier geht vieles durch Gespräche, durch Ratsversammlungen. Man muss sie und ihre Sorgen ernst nehmen. Damit erreicht man viel mehr, als wenn man dauernd den großen Knüppel schwingt. Aber es gibt natürlich welche, die verstehen nichts anderes. Für die reicht aber meistens, was sie von unserer Macht im Krieg gegen die Taliban gesehen haben. Ich habe kaum mal Gelegenheit, den Knüppel rauszuholen.«

Der Letzte, von dem wir so große Töne gehört hatten, war der Kriegsfürst Padcha Khan. Khalilzad kennt ihn, natürlich. »Schauen Sie sich doch an, was mit dem passiert ist. Der war mal Gouverneur von drei Provinzen, dann nur noch von einer, und als er immer noch nicht spurte, kam er halt für eine Weile hinter Gitter. Als Karzai ihn dann nach Kabul holte, benahm er sich schon wieder recht ordentlich.«

Was folgte, war ein typisch afghanisches Geschäft: Padcha Khan musste auf seine Regierungsämter verzichten, dafür wurde sein ältester Sohn Bürgermeister einer der größeren Städte in der Provinz.

»Wir beobachten ihn jetzt. Und er bekommt dasselbe Angebot wie alle anderen Führer in diesem Land. Wir sagen ihnen, dass eine neue Zeit angebrochen ist für Afghanistan. Entweder sie werden ein Teil davon, oder sie müssen auf ihre Macht verzichten. Die verstehen inzwischen, wie ernst wir es meinen. Entweder sie passen sich an, oder sie werden an den Rand gedrückt.«

Der Mann, dessen Macht noch vor wenigen Monaten allenfalls bis in sein eigenes Vorzimmer im State Department oder in einer Beratungsfirma reichte, genießt ganz offensichtlich seine Stellung in der Hackordnung des Landes. Unter allen Warlords Afghanistans ist der zurückgekehrte Exilant mit den verbindlichen Manieren der mächtigste geworden.

Nun drängen Termine. Der Botschafter ist mit seinem Stammesbruder Hamid Karzai im Präsidentenpalast verabredet – beide sind Paschtunen. Sie kennen sich seit zwanzig Jahren. Da kreuzten sich ihre Wege im Exil in den USA. Nun treffen sie sich ständig, manchmal mehrere Male am Tag. Kabul ist voller Geschichten darüber, dass der Botschafter der wahre Herrscher Afghanistans sei. Karzai könne nichts entscheiden ohne Khalilzads Rückendeckung. Es heißt, der Präsident habe versucht, Ismail Khan, den eigensinnigen und herrschsüchtigen Gouverneur von Herat, in die schwierige Provinz Kandahar abzuschieben, um ihn von seiner Basis zu trennen. Damit hätte der Paschtune den Tadschiken von Herat gezeigt, wer das Sagen hat. Khalilzad flog nach Herat, um zu »vermitteln«. Als er zurückkam, nahm der Präsident die Entscheidung kleinlaut zurück. Am Ende war nicht Karzais Stellung gestärkt, sondern die von Khalilzad. Aber darauf möchte er heute nicht angesprochen werden. »Das war eine Entscheidung, die die Afghanen selber treffen mussten«, sagt er auf dem Weg zu seinem gepanzerten

Geländewagen. Im Hof der Botschaft wurde ein großer Konvoi zusammengestellt, um die gefährliche Fahrt zum Präsidentenpalast zu eskortieren. Grimmige, schwer bewaffnete Männer, ehemalige Soldaten der US Special Forces, die von der US-Söldnerfirma Blackwater abgeworben wurden, sorgen für den Personenschutz von Karzai und Khalilzad. Ganz Afghanistan spottet darüber, dass der Präsident auf fremde Soldaten angewiesen ist, wenn er seinem Volk gegenübertritt, aber die Schutzmacht wagt es nicht, bei der Sicherheit Zugeständnisse an die Stimmung im Land zu machen. Karzai und Khalilzad gehören zu den gefährdetsten Männern der Welt. Ein erfolgreicher Anschlag auf einen von ihnen – oder gar auf beide – wäre ein großer, folgenreicher Triumph für die andere Seite. In der Geschichte Afghanistans ist noch kein Herrscher anders als durch Gewalt an die Macht gekommen. Königsmord ist der endgültige Ausweis der Macht. Die sensiblen Nadeln der politischen Kompasse im Land würden sich nach einer solchen Tat neu ausrichten – und sie würden nicht mehr nach Washington zeigen.

ANA – Armee der unsicheren Zukunft

»Ready – fire!!« Links und rechts von uns feuern Dutzende von Kalaschnikows auf Menschensilhouetten, die direkt vor ihnen an einer Felswand lehnen. Der Lärm ist im wahrsten Sinn des Wortes ohrenbetäubend, die Trommelfelle melden nur noch ein hochfrequentes Klirren. Staubfontänen zeigen an, wo die Kugeln einschlagen. »Stop fire!« Die Ausbilder gehen mit ihren Schützlingen die kurzen fünfundzwanzig Meter zu den Pappkameraden und studieren den Erfolg. Es sei schon viel besser geworden, finden sie.

Wir sind im Ausbildungslager der neu geschaffenen Afghanischen Nationalarmee ANA bei Kabul. Möglicherweise ist das hier das wichtigste Zukunftsprojekt der Amerikaner. Eines Tages, möglichst bald, sollen afghanische Soldaten die militärischen Aufgaben im Land übernehmen. Noch ist Afghanistan ein unregierbares Gebiet, weil niemand die Idee vom Gewaltmonopol des Staates akzeptiert. In Afghanistans Geschichte hat es nie eine Zentralregierung gegeben, die diesen Namen verdient. Hier hat derjenige Gewalt, der genügend Stammesloyalitäten auf sich vereinen kann oder das Geld hat, eine Privatarmee zu finanzieren. Sein Wahlsieg allein wird Präsident Karzai nichts helfen gegen die Warlords und die großen Drogendealer, die oft beides in einer Person sind.

Wären Demokratie und Rechtsstaatlichkeit am Hindukusch tatsächlich das Ziel der amerikanischen Intervention gewesen, hätten die Kriegsfürsten gleichzeitig mit den Taliban ausgeschaltet werden müssen. Doch das hätte ein massives Truppenaufgebot und einen langen Vielfrontenkrieg bedeutet, und dazu war Washington weder bereit noch in der Lage. Stattdessen handelte Bush nach der zynischen, am Hindukusch aber von alters her akzeptierten Regel, dass der Feind meines Feindes mein Freund sein muss, und verbündete sich mit den Führern der losen Nordallianz. Sie wurden die Infanterie des Kriegs gegen die Taliban, die die Schmutzarbeit am Boden erledigten, für die US-Truppen nach der modernen Kriegsdoktrin von Donald Rumsfeld zu schade waren. Der Preis war eine geteilte Macht in Kabul: Das Duo Karzai/Khalilzad hatte zunächst gar keine andere Wahl, als sich mit den Warlords zu arrangieren. Zu dem Zeitpunkt, an dem wir in dem Ausbildungslager drehten, hatte beispielsweise Karzais Verteidigungsminister »Feldmarschall« Mohammed Fahim in Kabul und Umgebung einige tausend Mann privat unter Waffen, die nur auf ihn hörten. So bekommen Kabinettssitzungen einen Reiz, der in Berlin und Washington fehlt.

Auch Karzai braucht auf Dauer eine Armee, die ihm folgt, sonst wird er in dieser Umgebung nicht ernst genommen. Bis dato übernehmen US Army und Air Force die Rolle, aber das kann nicht ewig so gehen. Die ANA soll sie ablösen.

Daher kommt es in der Wüste vor Kabul zu dem eigenartigen Bild, dass ausgerechnet amerikanische Trainer afghanische Rekruten im richtigen Gebrauch von Kalaschnikows unterweisen – die Waffe, mit der die meisten Afghanen aufgewachsen sind. »Das heißt noch lange nicht, dass sie damit umgehen können«, grinst Captain Sateren, der für den Schießplatz verantwortlich ist. »Was die gelernt haben ist ›spray and pray‹ – die halten die Knarre vage in Richtung Ziel, schließen die Augen, drücken ab und beten, dass eine der vielen Kugeln irgendwas trifft.« Das, zumindest, ist offenbar besser geworden. Die Rekruten haben den Unterschied zwischen Einzel- und Dauerfeuer gelernt und setzen ihre Munition jetzt offenen Auges ein. Die Probleme liegen anderswo: Die allermeisten kommen gleich nach der Grundausbildung wieder aus dem Tritt. Über achtzig Prozent werden »Deserteure«, obwohl sie das Wort nicht akzeptieren würden. Sobald sie auf Urlaub nach Hause zurückkehren, werden sie unerreichbar in einem Land ohne gesicherte Verkehrswege, ohne Verwaltung, ohne Kommunikation. Sie reihen sich wieder ein in das System aus Stammesbeziehungen und Familienloyalitäten, das ihr Leben seit Menschengedenken prägt. Nur schießen sie jetzt besser. Die Bilanz ist deprimierend: Ausgaben von fünfhundert Millionen Dollar sollen nicht mehr gebracht haben als eine halbwegs stabile Truppe von achttausend Mann.[38]

Auch die Bundeswehr beteiligt sich an dem teuren Projekt: Weiter hinten auf dem riesigen Gelände lernen dreihundert afghanische Rekruten von deutschen Panzersoldaten den Umgang mit schweren Waffen. Wir sind auf unserem Weg zum Schießplatz durch das Ersatzteillager gefahren – Hunderte von zerschossenen, ausgeweideten Kriegsgeräten. Daraus haben die Deutschen, vor allem Mechaniker der ehemaligen DDR-Volksarmee, in drei Monaten wieder neunundzwanzig brauchbare Panzer zusammengeschraubt.

Die rußspeienden T-62 waren neben Hubschraubern die schrecklichste Waffe der Sowjetarmee im Afghanistankrieg. Jetzt sollen sie Präsident Karzais Truppen eine Feuerkraft geben, der die Kriegsfürsten in den Provinzen nichts Gleichwertiges entgegenstellen können.

Der deutsche Oberstleutnant Rönnike, Chef des Ausbildungsprogramms, ist mit den Leistungen seiner Männer mehr als zufrieden: »Wir haben aus diesem über vierzig Jahre alten Schrott wieder Waffen gemacht, wir haben denen beigebracht, wie man damit kämpft, und das alles in ein paar Monaten. Wir brauchen uns vor niemandem zu verstecken.« Deutsche Wertarbeit am Hindukusch. Nur kann der Oberstleutnant nicht dafür garantieren, dass sie in die richtigen Hände kommt. Er hat von den erschreckenden Statistiken gehört und zuckt die Achseln. »*Inshallah* – wenn es so ist, dass die Männer die Truppe verlassen, sobald sie hier raus sind, dann kann ich da auch nichts machen. Wir versuchen unseren Beitrag zu leisten für die Ausbildung der neuen Armee, und das machen wir ganz gut. Für die Rahmenbedingungen, vor allem die politischen, können wir nichts.« So kann es geschehen, dass alle Einheiten »mission accomplished« melden und am Ende doch nichts gelingt.

Die Soldaten laden uns zum Mittagessen ein, und wir setzen uns zu ihnen in den Sand – eine Handvoll westlicher Zivilisten in einem Meer aus Hunderten afghanischer Uniformen. Es gibt Reis mit Huhn und Gemüse aus riesigen Töpfen, dazu Wasser, Saft und Obst. Ich habe schon sehr viel schlechter gegessen. Wegen der Verpflegung braucht hier niemand zu desertieren.

Die Gespräche laufen ein bisschen holprig, weil Hamid jeden Satz übersetzen muss. Und wir hören, was die Offiziere hören wollen: »Die USA sind gekommen, um Afghanistan wieder aufzubauen, wir sollen auf unseren eigenen Füßen stehen, und dafür brauchen wir eine einheitliche Armee. Deshalb sind wir hier.«

»Wir sind alle Brüder«, sagt Mohammad Dien, einer der Rekruten, mit großem Eifer. Hinter dem letzten Satz steckt das ehrgeizigste Ziel der neuen Armee. Im Vielvölkerstaat Afghanistan haben Soldaten immer nur ihren eigenen Stämmen gedient. Der Bürgerkrieg nach dem Sieg über die Russen war einer der grausamsten in Afghanistans Geschichte. Karzai soll eine Armee bekommen, in der diese Konflikte keine Rolle mehr spielen. Bis hinunter in die kleinsten Einheiten werden die Volkszugehörigkeiten gemischt, keine Kompanie soll sich aus ethnischen Gründen gegen eine andere stellen können. Auf dem Übungsplatz funktioniert das offenbar, aber wenn die Rekruten in ihre Stammesgebiete zurückkehren, wird das nicht mehr zählen. Niemand kann dafür garantieren, dass sie ihre Clans verlassen und sich hier einreihen werden, sobald der Präsident in Kabul im Konfliktfall die Reserve ruft.

Immerhin ist die Antwort auf die Frage, ob sie hier alles bekommen, was sie brauchen, und ob der Sold reicht, ein vielstimmiges, aber letztlich doch nicht ganz überzeugendes »Ja!«.

Unsere amerikanischen Gastgeber legen Wert darauf, dass wir die Abschlussfeier filmen, die heute ansteht. Schon den ganzen Morgen klingen die schrägen Töne eines afghanischen Marsches vom Exerzierplatz herüber. Dort feiern heute sechzig Rekruten ihre Beförderung zum »combat leader«, dem außerordentlichen Rang eines »Truppenführers im Gefecht«. Hinter dem eindrucksvollen Titel stehen ganze sechs Wochen Grundausbildung. Kein verantwortungsbewusster Offizier würde solchen Anfängern den Befehl über kämpfende Einheiten geben, aber die politische Führung in Washington verlangt Erfolgszahlen, und die sind nur in diesem Schnellverfahren zu erreichen.

Major Scott Tirocchi macht auf der Tribüne des Exerzierplatzes sonnige Miene zum fragwürdigen Spiel. Wenn er jetzt auf seine Schützlinge herunterschaut, könnte er tatsächlich glauben, eine schlagkräftige Truppe vor sich zu haben. Das Marschieren funktioniert exzellent, die Stechschritte knallen perfekt synchron auf den Asphalt, aber dahinter steckt noch lange keine Armee, der die Amerikaner demnächst die Verantwortung übergeben könnten. Trotzdem will der Ausbildungschef nichts von Problemen wissen. »Ein paar Kleinigkeiten noch, dann haben wir's. Wir sind Amerikaner, also Optimisten. Das waren wir immer schon, und das wollen wir bleiben«, verkündet er strahlend.

Trotzdem: Mir gehen die vier Soldaten nicht aus dem Kopf, die durch dieses Programm gegangen waren und dann zu Hause in Paktia für Padcha Khan Zhadran strammstanden. Hamid Karzai wird noch lange auf eine Armee warten müssen, die ihn von dem Ruf befreit, ein Werkzeug oder eine Puppe Washingtons zu sein.

Der Löwe von Herat

In der Wüste sechshundert Kilometer westlich von Kabul zum Beispiel, in der Hauptstadt der Provinz Herat, sei von Karzais Einfluss nichts zu spüren, hatte man mir gesagt. Der Herrscher dort, Gouverneur Ismail Khan, sei der Prototyp des Warlords, den Karzai zu fürchten habe. Ein ganz anderes Kaliber als der Räuberhauptmann Padcha Kahn. Ich müsse ihn kennen lernen, bevor ich die Lage in Afghanistan auch nur einigermaßen beurteilen könne.

Ich möchte mit meinem Team die weite und teure Reise nicht gerne antreten, ohne begründete Aussicht zu haben, dass ich den Khan auch tatsächlich treffe. Doch selbst über unsere besten Verbindungen gelingt es uns nicht, einen Termin zu bekommen. Der Khan lasse sich ungern festlegen, heißt es, aber wenn wir erst mal da wären, hätten wir gute Chance. So buchen wir mit einigen Beklemmungen einen der gefürchteten Inlandsflüge auf der staatlichen Linie Ariana. Da haben internationale Sicherheitsstandards endgültig keine Gültigkeit mehr. Die altersschwache Boeing 727, in die wir auf dem Flughafen Kabul schließlich einsteigen, ist offenbar in einem glücklicheren Land schon lange ausgemustert worden und wird jetzt hier so lange fliegen, bis entweder ein afghanisches Wirtschaftswunder einsetzt oder sie eines Tages einfach aufhört zu fliegen. Was eben zuerst kommt.

Der Blick aus dem Fenster lenkt von den nahe liegenden Befürchtungen ab. Wildes, wüstes, menschenleeres Bergland. Im Hintergrund die schneebedeckten Gipfel des Firoz Koh.

Der Landweg, den Karzais Truppen nehmen müssten, wenn sie in Herat eingesetzt werden sollen, ist doppelt so lang wie die Flugstrecke, führt über den Süden gut tausend Kilometer durch »no go area«. Eine zufällige Koalition aus Terrorbanden und natürlichen Hindernissen schützt so die Selbstständigkeit von Ismail Khan, dem »Löwen von Herat«.

Als wir in seiner Provinzhauptstadt landen, ist am Flughafen alles für einen prächtigen Empfang vorbereitet. Hamid informiert mich freudig erregt, dass Burhanuddin Rabbani mit uns an Bord sei, der Chef der Mudschaheddin-Partei Dschamiat-e Islami. Ismail Khan war ihr militärischer Führer im Krieg gegen die Russen, Rabbani der erste Staatspräsident des postkommunistischen Afghanistan. Es könne gar nicht anders sein, meint Hamid, Ismail Khan müsse einen so angesehenen Gast persönlich willkommen heißen. Wir werden den Khan also zumindest treffen.

Endlich dürfen auch wir aussteigen. Der »Emir der Kanzel und des Schlachtfelds« – einer der förmlichen Titel des Ismail Khan – hat längst begonnen, seinen Staatsakt zu zelebrieren. Der Gouverneur ist klein von Gestalt, aber die Demutsgesten der in langer Reihe aufmarschierten Würdenträger lassen keinen Zweifel daran, dass der ganz in Weiß gekleidete Mann mit dem bedächtigen Gehabe und dem gepflegten grauen Bart der Herr auf dem Platz ist. Es gelingt mir, das Team kurz vorzustellen. Ismail Khan ist nicht im Geringsten überrascht darüber, dass jemand von Deutschland bis nach Herat gekommen ist, um ihn kennen zu lernen. Sein Pressesekretär verspricht, am Nachmittag ein Interview möglich zu machen; dann rauscht die Kolonne schwarzer japanischer Geländewagen Richtung Stadt davon.

Dieser Ausflug ist die letzte Station unserer Afghanistanreise. Nirgendwo im Land haben wir eine Stadt gesehen, die sich mit Herat vergleichen ließe: Der Weg ins Zentrum ist eine Allee – schon das eine Erholung von der baumlosen Staubwüste Kabuls. Überall sehen wir rege Bautätigkeit, zum Teil mit überraschend moderner und phantasievoller Architektur. Die Müllhaufen, die anderswo das Aroma prägen, sind entsorgt. Wir blicken vom Berg hinunter auf die Stadt: Die Silhouette wird beherrscht von den fünf Minaretten, die seit den Glanzzeiten der Seidenstraße das Wahrzeichen von Herat sind. Die Hauptmoschee, ein großartiges Gebäude aus dem vierzehnten Jahrhundert, wird gerade aufwändig restauriert. Die Arbeit geht nicht wie sonst schleichend voran, sondern die Handwerker schuften, als stünden sie unter Termindruck.

Um die mittelalterliche Festungsanlage wird der Schutt weggeräumt. Die Arbeiter erklären uns, dass hier wieder ein Bazar entstehen soll, wie es früher einmal war. Überall bekommen wir dieselbe Antwort auf unsere Fragen: Ismail Khan habe das alles angeordnet, und er werde auch für die Bezahlung sorgen. Oft brauchen sie keine großen Worte zu machen. Ein Fingerzeig reicht aus – auf eines der überlebensgroßen Porträts des Ismail Khan, die überall hängen.

Ich kann nicht sagen, dass ich entsetzt gewesen wäre. Das Reich eines Warlords hatten wir uns anders vorgestellt. Zum ersten Mal haben wir den Eindruck, dass es wirklich vorwärts geht in Afghanistan. Der Enthusiasmus der Heratis ist mit Händen zu greifen.

Es dauert nicht lange, bis wir die Quelle entdecken, aus der der Reichtum von Herat sprudelt. An der nördlichen Einfallstraße liegt der Zollhof, über den der Handel mit dem Iran und mit Turkmenistan läuft. Die Regeln der alten Seidenstraße beginnen wieder zu greifen: Wer in gefährlichem Land die wenigen sicheren Verbindungen kontrolliert, braucht sich um Geld keine Sorgen zu machen. Die Schlange der wartenden LKW reicht bis zum Horizont, die Abfertigung geht nur langsam voran. In dem alten Verwaltungsgebäude werden die Bücher peinlich genau geführt. Die Buchhalter fürchten die gelegentlichen spontanen Besuche des Ismail Khan. Mit strengem Blick prüft er dann die

Liste der abgefertigten Trucks und sucht die Wagen, die ihm vorher an der Ausfahrt entgegengekommen sind. Wehe dem, der nicht die richtigen Antworten bereithält für den allmächtigen Gouverneur!

Der Zentralregierung gegenüber soll Ismail Khan weniger korrekt abrechnen. Kabul beschuldigt ihn, jährlich Hunderte von Millionen Dollar der Zolleinnahmen abzuzweigen – nicht in die eigene Tasche, sondern in den eigenmächtigen Wiederaufbau von Herat. Nur sieben Millionen kamen bei Karzai an. So war es schon immer in Afghanistan. Immerhin verfolgt Ismail Khan in seiner Provinz streng den Heroinanbau. Das bringt die Mullahs auf seine Seite, weil der Koran jede berauschende Substanz verbietet.

Auch sonst weiß der Khan seine wohlgefüllte Kasse gut zu nutzen. Er hat mir ausrichten lassen, ich solle ihn am Nachmittag bei seiner wöchentlichen Audienz besuchen, danach könnten wir reden. Als wir beim Regierungssitz ankommen, ist die riesige Audienzhalle schon bis auf den letzten Platz besetzt. Es herrscht respektvolle Stille, das Publikum verständigt sich mit Gesten und Flüstern. Wir werden nach vorne gewinkt, an die Seite des Herrschers. Uns soll nichts entgehen. Die Halle ist geteilt wie die katholischen Kirchen in meiner Kindheit in Süddeutschland: links die Frauen, rechts die Männer. Helfer fragen flüsternd nach dem Anliegen und verteilen dann das Recht, nach vorne zu treten. Immer abwechselnd werden ein Mann und eine Frau zum Khan eskortiert.

Gouverneur Ismail Khan lässt mich durch seinen Sekretär fragen, ob mir auffalle, dass in seinem Reich Gleichberechtigung herrsche. Erst als ich anerkennend nicke, wendet er sich wieder der Bittstellerin vor ihm zu. Die Frau ist so verzweifelt, dass sie ihre Sorgen kaum vortragen kann. Ihr Bruder hat ihren Mann ermordet. Nun ist sie mit ihren fünf Kindern allein, verstoßen von beiden Familien.

Nirgendwo sonst in Afghanistan gibt es so viele Selbstverstümmelungen und Selbstmorde von verzweifelten Frauen wie im Reich des Ismail Khan. Bürgerrechte für Frauen sind trotzdem unnötig, glaubt er. Das sollen die Familien regeln. Im Notfall könne sich ja jede Frau in einer öffentlichen Audienz an ihn wenden. »Gebt ihr einen Sack Reis«, schreibt er schließlich auf, »Öl und Bohnen.«

Ismail Khans Politik ist ein für Afghanistan typischer Kompromiss mit den strengen Vertretern des islamischen Fundamentalismus. Als er, der nach drei Jahren Einzelhaft in einem Talibangefängnis in den Iran entkommen war, als Gouverneur in seine Heimat zurückkehrte, hatten die Kaufleute und Handwerker der Stadt auf eine offene, moderne Regierung gehofft. Doch Ismail Khan durfte die konservativen Bauern der Region nicht enttäuschen. So fährt er einen Schlingerkurs: Auf der einen Seite baut er überall Schulen, die inzwischen von genauso vielen Jungen wie Mädchen besucht werden. Auf der anderen Seite müssen Frauen in der Öffentlichkeit die Burqua tragen, den Ganzkörperschleier, der nur in Höhe der Augen ein Sichtgitter hat. Hochzeiten dürfen nicht an öffentlichen Plätzen gefeiert werden, weil es dort zu unziemlichen Begegnungen gekommen sein soll – Blickkontakte, vielleicht ein Gespräch.

Wir hören von einer Fahrschule für Frauen, die ein Übermütiger eröffnete – sie war schon nach Stunden wieder geschlossen. Die angesehene Menschenrechtsorganisation Human Rights Watch beschreibt das Regime des Ismail Khan so: »Der Gouverneur hat in Herat praktisch einen eigenständigen Ministaat geschaffen. Herat ist wieder geworden wie zu Zeiten der Taliban: eine geschlossene Gesellschaft, die keine Kritik und keinen Widerspruch erlaubt. Es gibt keine unabhängige Presse, keine Versammlungsfreiheit und keinen Respekt vor dem Gesetz. Während des ganzen Jahres 2002 gab es politische Verfolgung. Auch Verdächtige in normalen Strafverfahren wurden ohne Rechtsbeistand tagelang in Haft gehalten, misshandelt und gefoltert, eingeschüchtert und beleidigt.«

Als mich der Gouverneur am Abend in seinem prächtigen Gästehaus auf dem Berg über der Stadt begrüßt, wird sehr schnell klar, mit wem sich Hamid Karzai wird anlegen müssen, wenn er die Kontrolle über den Westen seines Landes selbst ausüben will. Ismail Khan hat erst gegen die Russen und dann gegen die Taliban gekämpft – er war ein Volksheld in beiden Kriegen.

Sein Leben hat er für diese Macht eingesetzt, und er wird sie nicht freiwillig wieder hergeben.

Als das deutsche Kontingent der ISAF überlegte, in Herat ein Wiederaufbauteam einzurichten, genügte ein kurzes Interview des Gouverneurs mit dem ZDF-Korrespondenten Peter Kunz, um die Idee im Keim zu ersticken. Der Herrscher machte klar, dass die Fremden nicht willkommen sein würden. Nicht alles, was Ismail Khan treibt, verträgt das Licht der Sonne. Er hat in seinem Machtbereich freie Presse verhindert, kann Eindringlinge nicht brauchen. Die Helfer aus Deutschland gingen stattdessen nach Kunduz.

Wenige Wochen bevor ich nach Herat kam, war Ismail Khans ältester Sohn erschossen worden in einem Vorfall, der nie aufgeklärt worden ist. Die Gerüchte in der Stadt sagen, dass der Sohn keine ganz reine Weste gehabt haben kann und dass Karzais Zentralregierung an dem Fall nicht ganz unbeteiligt war. Ismail Khan biss die Zähne zusammen und hat seine Rache zumindest vertagt. Der »Löwe von Herat« weiß sich zu beherrschen, wenn die Zeit nicht günstig ist. Seine Augen können leuchten, aber auch eiskalt und berechnend wirken. Kein Mann, den man sich als Gegner wünscht.

»Ich habe hier immer für eine gute Verwaltung gesorgt«, sagt der Gouverneur. »Ich habe nie erlaubt, dass es widerstreitende Mächte gibt. Es gab immer nur eine Regierung, und alle gehorchen ihr. So kann der Handel blühen. Menschen kommen aus der ganzen Welt, um hier zu investieren. Es gibt keine Arbeitslosen in Herat. In meiner Regierungszeit wurden mehr als hundertfünfzig Unternehmen gegründet. Dafür sind mir die Menschen dankbar.«

Die Umgebung, die Ismail Khan sich geschaffen hat, spricht für den Erfolg. »Hamid Karzai hat gemeint, ich hätte ein schöneres Gästehaus als er«, schmunzelt der Gouverneur. »Aber das kann ich gar nicht glauben.«

Ich verzichte darauf, das heikle Thema der Zollabgaben nach Kabul anzuschneiden. Daran sind hier schon andere gescheitert. Mir wurde die Geschichte eines einheimischen BBC-Reporters erzählt, der wahrheitsgemäß berichtet habe, dass Hamid Karzai bei einem Besuch in Herat mehr bejubelt wurde als der Gouverneur. Der Reporter bekam Gelegenheit, einige Tage im Gefängnis über den Nachrichtenwert seiner Beobachtungen nachzudenken – eine Erfahrung, die ich mir ersparen möchte. Wir wechseln das Thema und sprechen über die Rolle der Amerikaner.

»Amerika hat den Fehler gemacht, Afghanistan aufzugeben. Sie haben erlaubt, dass Terroristen unser Land zu ihrer Basis machten. Dafür hat Amerika einen Preis bezahlt. Es waren diese Terroristen, die die Türme in New York einstürzen ließen. Da erst ist ihnen Afghanistan wieder eingefallen.« Der »Löwe von Herat« ist den Amerikanern nicht dankbar dafür, dass sie geholfen haben, die Taliban wieder in den Untergrund zu treiben. »Wir Afghanen haben die Welt vor zwei Feinden der Menschheit beschützt. Wir waren erst der Schild gegen den Kommunismus und dann gegen den Terrorismus. Niemand hat uns das gedankt. Ich habe in den Zeiten der Taliban gegen Terroristen gekämpft. Sechs Jahre lang. Ich war auch in ihrem Gefängnis. Mir braucht niemand etwas über diesen Konflikt zu erzählen.

Die Welt hat damals nur zugesehen und nichts getan. Wir brauchen keine Belehrungen von Amerika. Aber wenn die Amerikaner hier sind, um mit ihren Experten zu helfen, dann sind sie willkommen.

Wir hatten keine Zeit, unsere Wissenschaft und Technik zu entwickeln, wir haben für die Welt Kriege geführt. Krieg erlaubt keinen Fortschritt. Er zerstört alles und verhindert jeden Fortschritt. Amerika schuldet uns etwas«, fährt Ismail Khan fort.

»Aber was Demokratie ist, lernen wir nicht von Amerika. Das lehrt uns der Islam. Die wahre Demokratie. Danach müssen sich auch die Amerikaner richten, wenn sie bei uns zu Gast sind. Es wäre nicht zum Besten für unser Volk, wenn Amerika versuchen würde, uns sein System aufzuzwingen. Das sollten sie lieber sein lassen.«

Ismail Khan spricht diese Sätze ohne jeden Eifer, mit der ruhigen Gelassenheit eines orientalischen Herrschers, der sich seiner Sache ganz sicher ist. Aber er hat sich getäuscht: Unter allen Warlords Afghanistans wählte Hamid Karzai ausgerechnet den Herrscher von Herat aus, um vor der Präsidentenwahl ein Exempel zu statuieren, berichtet Ahmad Taheri vier Monate später aus Afghanistan[39]. Der Präsident aktivierte einen alten Widersacher des Tadschiken Ismail Khan, einen paschtunischen Heerführer namens Amanullah, der mit seinen Truppen bereitwillig Richtung Herat marschierte. Die unvorbereiteten Soldaten des Khan hatten keine Chance. Bald standen die Angreifer vierzehn Kilometer vor der Provinzhauptstadt. Da klingelte Amanullahs Satellitentelefon: US-Botschafter Zalmay Khalilzad forderte die sofortige Umkehr. »Als dann zwei B-52-Bomber über unsere Köpfe flogen, wussten wir, dass es die Amerikaner ernst meinen«, beklagte sich Amanullahs Bruder bei dem Kollegen der FAZ.

Hamid Karzai gab das Manöver den perfekten Grund, zehntausend Mann seiner neuen Nationalarmee nach Herat zu schicken, um »die Stadt vor Amanullah zu retten« und nebenbei Ismail Khan abzusetzen. Die anderen Warlords werden das mit Interesse verfolgt haben.

Unsere Begegnung mit Isamil Khan erinnerte mich an das erste Gespräch, das ich in meinem Journalistenleben in einer solchen Situation geführt habe. Es liegt erst vier Jahre zurück. Im Gefolge von Präsident Clinton war ich durch Indien und Pakistan gereist und am Ende in Islamabad geblieben. Ich wollte mir wenigstens das Grenzgebiet zum rätselhaften Reich der Taliban näher anschauen. Mit einem Taxi fuhr ich durch die Nacht nach Peschawar, ohne vorher um Erlaubnis zu fragen. Ich verließ mich darauf, dass mich mein White-House-Pass auch in diesem Polizeistaat vor Ärger bewahren würde. Befreundete Kollegen von CBS hatten mir eine Kontaktadresse in Peschawar genannt – Behroz Khan, den Korrespondenten der größten pakistanischen Zeitung.

Der Kollege nahm mich mit größter Herzlichkeit und Gastfreundschaft auf. Einen Tag lang streiften wir durch die Altstadt, durch die endlosen, trostlosen Lager der Flüchtlinge aus Afghanistan und über den Schmugglermarkt, auf dem ich die neuesten Computer aus japanischer Produktion fand, Modelle, die nicht einmal in Amerika zu bekommen waren.

Am Ende wollte mir mein neuer Freund eine der Religionsschulen zeigen, »die hier dauernd neue Taliban produzieren«, wie er sagte. Er führte mich in eine Madrassa, deren Imam er gut genug kannte, um einen Fremden mitzubringen.

In dem gepflegten Komplex, mitten in der Stadt, wurden zweihundert junge Männer aus den Lagern, zwischen fünfzehn und zwanzig Jahre alt, in der strengsten Auslegung des Koran unterrichtet. Wir legten die Schuhe ab und warteten auf einem Sofa in einem schmucklosen, weißen Raum auf den Lehrer. Auf dem Tisch lag das Mitteilungsblatt der Schule. Der Titel zeigte das Kollegium in einer Reihe mit dem Führer der tschetschenischen Rebellen, die Hände gemeinsam zu einer Siegergeste erhoben.

Der alte Imam war auf einer Hochzeit und unabkömmlich. Wir diskutierten mit seinem Sohn, der ohnehin die Geschicke der Schule bestimmte, ein freundlicher Mann mit gepflegtem schwarzem Bart, den Kopf bedeckt mit der traditionellen Häkelkappe, die er aus der Stirn schob, wenn er über eine Antwort länger nachdenken musste. Ich wollte erfahren, weshalb ihm und seinesgleichen Amerika so hassenswert erschien. Er sprach mit ruhiger Überzeugung davon, wie eifernde Christen und vor allem Juden die Politik der USA bestimmten. Ihr Ziel sei es, die

Muslime zu unterdrücken. Wie das denn sein könne, fragte ich. Gerade erst habe Amerika im Kosovo einen Krieg an der Seite der Muslime geführt. »Das passiert doch nur, wenn es Amerikas Interessen dient«, war die Antwort. »Das hat man in Afghanistan gesehen. Für uns kommt erst dann Hilfe, wenn die Muslime schon dezimiert sind.«

Wie intolerant Amerika sei, erkenne man schon daran, dass der blinde Scheich Rahman (nach Überzeugung der amerikanischen Gerichte der Mann hinter dem ersten Anschlag auf das World Trade Center im Jahr 1993) ins Gefängnis geworfen und die Lager Osama Bin Ladens in Afghanistan bombardiert worden seien – alles ohne Beweise. Das war schwer zu widerlegen, da von seiner Seite kein Beweis anerkannt wurde.

Was er seinen Studenten beibringe, wollte ich vom Imam wissen. Toleranz oder den Dschihad, den heiligen Krieg? Was war sein Ziel? Eine Welt, in der die Religionen so gut wie möglich nebeneinander lebten? Dann wäre Amerika auf dem richtigen Weg. Oder eine Gesellschaft, in der eine Religion, die »richtige«, sich gegen alle anderen durchsetzen müsse? Erst wich er der Frage aus. Mit Christen und Juden müsse es keine Probleme geben, denn der Koran sei nur die neueste Lektion Gottes für die Menschen, den beiden anderen monotheistischen Religionen aus dem Nahen Osten fehle bloß noch der letzte Schritt der Erkenntnis. Auf dieser Basis könne man sich verständigen.

Ich bestand darauf zu erfahren, ob ein islamischer Staat das Recht der anderen auf eine andere Religion anerkennen könne. »Auch Amerika hat doch Regeln«, sagte er. »Wer sie bricht, wird bestraft. Das sind von Menschen gemachte Regeln. Wie kann man da erlauben, dass die Regeln des Koran missachtet werden, die von Gott kommen? Das ist im Islam anders als in eurer Religion. Der Islam bestimmt nicht nur das spirituelle, sondern auch das weltliche Leben in jedem Detail. Man darf die weltliche Toleranz nicht von der religiösen trennen. Die eine wie die andere ist am Ende gegen Gottes Willen gerichtet.«

Ob er seine Studenten in den Dschihad schicke? »Ja«, sagt

er ohne Zögern, aber Dschihad habe viele Gesichter. Lehre und Leben als ein Vorbild für andere gehöre auch dazu. Und der Märtyrertod? »Nur Gott weiß, wem sich je so eine Herausforderung stellt«, lächelte er. Die Antwort kam routiniert und sicher. Dafür musste er nicht einmal seine Kappe aus der Stirn schieben.

Der alte Moscheediener brachte uns noch einmal drei kühle Flaschen. Die Gasbläschen schoben die Strohhalme nach oben, der weiß-braune Schaum perlte über das Pepsi-Cola-Zeichen. Meinem Gastgeber fiel die Ironie der Getränkewahl vielleicht nicht auf.

Es war ein nachdenkliches, wegen der Übersetzung fast schleppendes Gespräch. Die Atmosphäre vertrug sich so gar nicht mit dem Inhalt. Meine Vorstellungen von einer multikulturellen, toleranten, säkularen Gesellschaft prallten auf den unerschütterlichen Fundamentalismus meines Gegenübers, der Weltgeltung verlangt. Amerika musste für ihn mehr sein als wirtschaftliche und militärische Macht. »The American Way« zu leben, zu glauben, eine Gesellschaft zu organisieren ist die Gegenidee zum religiösen Eifer des Imam. Sie ist rund um den Globus präsent wie sein Islam. Beides sind Konzepte, die Weltgeltung beanspruchen. Da war sie schon greifbar, in diesem schmucklosen Raum, die Frontstellung des kommenden Kreuzzugs. »Dschihad gegen McWorld«, wie der amerikanische Philosoph Benjamin Barber die Frontstellung beschrieb.[40]

Solche Gedanken waren schon lange in Büchern zu lesen, aber das Gespräch hier, am Fuß des Khyberpasses, mit einem Mann, der Osama Bin Laden kannte und bewunderte, wurde mir unvergesslich. Und doch konnte ich nicht ahnen, wie nahe ich schon damals, im Frühjahr 2000, einer Geschichte gekommen war, die ab dem 11. September 2001 unsere Welt prägen sollte.

So schließt sich für mich in dem Interview mit Ismail Khan, dem Herrscher von Herat, ein mächtiger Kreis. In seiner Mitte stehen die Trümmer des World Trade Centers und ein amerikanischer Präsident mit einem Megafon.

Hoffnung für Afghanistan?

Es heißt Abschied nehmen von Afghanistan. Der Lademeister der alten Transall hat die Sicherheitshinweise hinter sich gebracht und stopft sich jetzt Stöpsel ins Ohr. Für uns gibt es keine, die Bundeswehr hat Nachschubprobleme. Gehörschutz ist auch nicht unsere größte Sorge. Wir sollen mit abrupten Flugbewegungen rechnen und nicht nervös werden, wenn es im Heck laut kracht und zischt, warnt der Offizier, das bedeute nur, dass das Raketenabwehrsystem feuere – es sei ein bisschen überempfindlich und reagiere gelegentlich bereits auf einen Sonnenstrahl.

Ich bin schon manches Mal in solchen Militärmaschinen gestartet, zuletzt, um in das Auge eines Hurrikans zu fliegen, aber ich konnte mich nie daran gewöhnen, in so einer fensterlosen Blechbüchse durchgeschaukelt zu werden. Wir sind schon ein paar Minuten in der Luft, da tauchen im winzigen Guckloch gegenüber bei einer plötzlichen Linkskurve für ein paar Sekunden die Tragflächenspitze und der Erdboden auf – beängstigend nah, wie kurz vor einem Aufprall. Müssten wir nicht längst viel höher sein? Nein! Die Luftwaffe startet in Kabul immer unter Gefechtsbedingungen, und das bedeutet heute, nahe am Boden zu bleiben. So rast das Flugzeug schneller durch das Schussfeld eventueller Heckenschützen. Nachrichtendienste haben ausgerechnet, dass in Afghanistan um die vierhundert Stinger-Raketen verschwunden sind, mit denen die Mudschaheddin russische Kampfhubschrauber vom Himmel holten. Irgendwann wird einer der Terroristen, die sonst den ISAF-Konvois auflauern, die Zeit reif finden für einen Anschlag auf eine dieser Transportmaschinen. Heute nicht.

Der Kapitän erlaubt mir, ins Cockpit zu kommen. Es ist ein strahlender Tag. Wir sind inzwischen gut vom Boden weg, aber die alte Maschine, die für Truppen- und Materialtransporte in Europa konzipiert worden war, gewinnt nur langsam und mühevoll die nötige Höhe. Vor uns steht in imposanter Schönheit die Bergkette des Hindukusch – des Hindutöters. In zeitgemäßer Übersetzung müsste man wohl sagen: »Berge, in denen Fremde sterben«, aber es ist nicht die Natur, die tötet, es sind die Menschen, ihre Kalaschnikows, ihre Bomber und Panzer. Tief unter uns, gesäumt von ungeräumten Minenfeldern, die Straße zum Salangpass, über die wir vor einiger Zeit Richtung Kunduz geschlichen sind.

Sechs Wochen lang waren wir im Land und doch längst nicht überall. Wir haben erst angefangen, Afghanistan kennen zu lernen und zu verstehen, aber ich habe von keinem anderen Fernsehteam gehört, das seit dem Krieg so lange und vor allem so weit durch Afghanistan gereist ist wie wir. Wir haben sehr viel mehr erlebt, gesehen und gehört als in einen Film oder zwischen zwei Buchdeckel passt. Wenn es überhaupt möglich ist, sich durch Reisen, durch Gespräche mit den mächtigen und den einfachen Menschen ein Urteil zu bilden, dann müssen wir jetzt so weit sein. Zu Hause werden sie ein Ergebnis verlangen: »Was wird denn nun aus Afghanistan?« Da unten stürmten immer zu viele Eindrücke auf uns ein, wir haben es nie geschafft, das Erlebte zu verarbeiten. Jetzt ist endlich Zeit zum Nachdenken. Es gibt dafür keinen besseren Platz als ein Cockpit über dem Hindukusch.

Die Stämme in den Tälern des Hindukusch da unten sind so endlos weit entfernt von den Denkfabriken und den Fluren der Macht in Washington. Hier wartet niemand auf Patentrezepte aus der Welthauptstadt. Wir haben ganz andere, sehr viel handfestere Probleme gesehen. Das Schlimmste ist, dass sich die Weltmacht für ihren sparsamen Krieg mit einigen der übelsten Charaktere aus Afghanistans Vergangenheit verbündet hat. Solange diese Leute Macht ausüben, wird hier niemand an einen wirklichen Neuanfang glauben.

Tarek Noor, ein beeindruckender junger Afghane aus einflussreicher Familie, aufgewachsen im Exil in Deutschland, der in sein Land zurückkam, um dort seine Wurzeln und seine Zukunft zu suchen, brachte es für mich mit Wut in der Stimme auf den Punkt: »Die Amerikaner haben diese Pitbulls hier installiert, als es gegen die Russen ging. Die müssen sie erst mal entsorgen, bevor sie uns erzählen dürfen, wie wir unser Land zu organisieren haben.«

Zalmay Khalilzad, der US-Botschafter, hält mit Versprechungen dagegen. Er will den Warlords eine zweite Chance geben, behauptet er, als läge ihm daran, sozusagen in bester (aber nicht immer befolgter) amerikanisch-christlicher Tradition neue Wege zur Gnade zu ebnen. Tatsächlich steht hinter der zweiten Chance für die Machtmenschen des Landes eine kalte Kosten-Nutzen-Rechnung. Amerika will am Hindukusch nicht die Kräfte binden, die notwendig wären, um klare Verhältnisse zu schaffen. Amerika braucht sie anderswo. So herrscht die Weltmacht in Afghanistan, wie die Machthaber dort seit tausend Jahren: mit einem Geflecht aus Allianzen. Das ist schon kompliziert genug, wenn man die Partner nicht nach ihrem Charakter auswählt.

Zalmay Khalilzad ist keine Lichtgestalt. Er hat sich durch geschicktes Manövrieren und durch seine alten Beziehungen mit der Washingtoner NeoCon-Riege in eine Position gebracht, von der aus seine ganz persönlichen alten Erdölinteressen zum Greifen nahe liegen. Zurzeit muss das ruhen, aber der Botschafter und Sonderbeauftragte des Präsidenten aus dem Ölstaat Texas wäre ein schlechter Geschäftsmann und ein untypischer Afghane, wenn sich daraus nicht auf Dauer noch etwas machen ließe. Das wird in Kabul niemanden überraschen, erst recht nicht entsetzen. So ist dort Politik schon immer gemacht worden. Khalilzad bewegt sich in dieser Welt mit entspannter Gelassenheit, und er ist, das war mein Eindruck, der Richtige, um für die USA in so einem Geflecht die Fäden zu ziehen. Ein befriedetes Afghanistan liegt auch in seinem persönlichen Interesse.

Der Vorwurf, dass Amerika die Mudschaheddin, Afghanistans Helden, ausnutzte und fallen ließ, als die Russen 1989 vertrieben waren, ist uns immer wieder und überall in Afghanistan begegnet, nirgends so deutlich und so aggressiv wie im Süden, im Stammland der Paschtunen.

Die Wüstenstraße, über die wir im Juni 2004 nach Kandahar kamen, führte durch endlose Flüchtlingslager. Mehr als zwölftausend Paschtunen sind von der Nordallianz, den Verbündeten der Amerikaner, aus dem Norden vertrieben worden. Im Sandmeer vor der alten Taliban-Hochburg sind sie gestrandet – ohne Hoffnung auf Rückkehr. In ihrer alten Heimat herrschen inzwischen unangefochten die turkmenischen, tadschikischen und usbekischen Kriegsherrn, die den Amerikanern die Bodentruppen gestellt hatten. Mit jedem Tag wird ihre Position fester. Heroinprofite finanzieren ihre Privatarmeen. Das wohlmeinende Demobilisierungsprogramm der Vereinten Nationen kommt dagegen nicht an. Überall sahen wir die nagelneuen Autos und scharf bewachten Büros der »Internationalen«, die den Afghanen ihre Waffen ausreden wollen, aber nirgendwo sahen wir Erfolg, außer ein paar Schrotthaufen mit ohnehin unbrauchbarem Tötungsgerät. In die wirklich kritischen Gebiete wagen sich die Entwaffner der UN gar nicht erst.

In Kandahar – der Stadt des Mullah Omar, in der auch Osama Bin Laden immer wieder Zuflucht fand – trug jeder zweite Mann seine Kalaschnikow über der Schulter. Die Bereitschaft, sie auch wieder einzusetzen, wächst; in den Flüchtlingslagern gärt Wut, auch auf die Amerikaner. Hier sind es aber, anders als im Irak, nicht in erster Linie religiöse Töne. Es ist der Zorn der Zukurzgekommenen. Die Paschtunen waren früher die Herren im Land. Sie ertragen es nicht, dass ihre Widersacher im Norden sich nun auf die Waffen der Amerikaner stützen dürfen.

Dazu kommt die ungerechte Verteilung der Hilfsgelder. In den Norden, das haben sie hier gehört und glauben es fest, werde so viel Geld gepumpt, dass die Gemeinden Mühe haben, die Hilfe zu verbrauchen. Hier unten kommt nichts an. Das Angebot der Amerikaner und ihrer Verbündeten – Hilfe gegen Sicherheit – mag vernünftig sein, hier wird es als Ungerechtigkeit empfunden.

Während es den Menschen am Lebensnotwendigen fehlt, wird in Kabul mit Finanzgarantien der US-Regierung ein Fünf-Sterne-Hotel der Luxuskette Hyatt gebaut. Es wird einmal die US-Botschaft auf der anderen Straßenseite überragen. Die Internetseite des Projekts weist es als Teil des »Krieges gegen den Terror« aus. Ein weiterer Mausklick führt zu Bildern von Marmor und Edelhölzern. Für so einen hehren Zweck wird an nichts gespart. Wellness gegen al-Qaida?

Davon durfte man in Kandahar gar nicht erzählen. Die Gesichter waren so schon wütend und hasserfüllt genug. Sie kamen immer näher, drängten sich um unsere Kamera. Die Welt sollte hören, was sie zu sagen hatten: »Die Amerikaner haben uns Paschtunen vergessen«, hörten wir immer wieder. »Sie helfen nur denen im Norden. Die haben jetzt die Macht. Die haben uns vertrieben. Wenn wir zurückgehen, werden sie uns umbringen. Amerika muss sie entwaffnen. Das können sie. Sie haben ja auch die Taliban beseitigt.«

In solchen Momenten betonten wir immer, dass wir Deutsche seien. Aber nicht einmal hier sind Lage und Stimmung eindeutig. Hamid übersetzte uns abends in der Unterkunft auch Töne, die eher wie Appelle als wie Hasstiraden klangen. »Wenigstens versucht hier niemand mehr, uns zu töten. Es gibt keine Grausamkeiten. Da, wo wir waren, haben wir viel Grausames erlebt.« – »Die Amerikaner haben uns Sicherheit gegeben. Vor ihren Helikoptern müssen wir keine Angst haben.« – »Sie müssen uns Geld geben, damit wir nach Hause zurückkönnen.«

In Deutschland ist viel vom »Pulverfass Afghanistan« die Rede, aber nur in Kandahar hatten wir das Gefühl, dass es jeden Moment gefährlich werden könnte. Hafiz, ein junger ANA-Rekrut aus Kandahar, den wir im Trainingslager bei Kabul kennen gelernt hatten, wagte es nicht, sich in seiner Heimatstadt in der neuen Uniform zu zeigen. Wir müssen ihn in Zivil filmen.

»Ich kann ja nicht jeden kennen«, sagte er. »Wer weiß schon, wer hier noch zu Taliban und al-Qaida gehört, und dann kann es gefährlich werden für mich.«

Niemand sagte es, aber die Drohung lag in der Luft: Manche, vor allem im Süden, im Grenzgebiet zu Pakistan, warten nur auf den Abzug der amerikanischen Truppen. Dann kann die Zeit für Vergeltung kommen, der neue Bürgerkrieg beginnen. Afghanistan würde zurückgleiten ins Chaos, wieder reif für al-Qaida und die Taliban.

Die Lage ist schon jetzt viel gefährlicher, als es sich Fernsehzuschauer und Zeitungsleser zu Hause und in Amerika vorstellen. Sie haben die Bilder gesehen von der Eröffnung der neuen Express-Straße von Kabul nach Kandahar im Dezember 2003, die die Reisezeit auf sechs Stunden halbieren sollte. Das Projekt war eine Demonstration. Die Amerikaner scheuten keine Kosten, ließen eine ganze Asphaltfabrik per Luftfracht importieren. Die Kosten waren astronomisch, aber die Weltmacht wollte zeigen, dass sie die Verhältnisse fast über Nacht verbessern konnte. Ein moderner Verkehrsweg sollte das Gebiet der Taliban durchschneiden.

Das Projekt wurde in Rekordzeit fertig, aber für uns war nicht daran zu denken, die teure Straße auch tatsächlich zu befahren. Anschläge sind fast tägliche Routine. Terroristen halten sogar Busse an und durchkämmen sie auf der Suche nach Ausländern. Wir mussten schließlich fliegen und machten uns große Sorgen um unsere afghanischen Fahrer, die die Ausrüstung per Jeep nach Kandahar brachten. Es ging alles gut. Diesmal.

Vor Terror ist man nirgendwo im Land sicher, auch die Afghanen selbst nicht. Es gab Bombenanschläge auf Schulen, Lehrerinnen wurden gejagt und misshandelt, in den Einkaufsstraßen von Kabul, durch die wir gebummelt waren, explodierten wenige Tage später Rohrbomben und Granaten. Die Attacken auf ISAF-Konvois, auf Straßenarbeiter aus China, auf Hilfsorganisationen wie Médecins sans Frontières zeigten Brutalität ebenso wie technische Raffinesse.

Es wäre leicht, aus diesen Elementen ein düsteres Bild zu zeich-
nen, die bedrohliche Stimmung von Kandahar zu verallgemei-
nern. Es würde in den Trend der Berichte passen, die unsere Zei-
tungsarchive zu Hause zum Stichwort »Lage Afghanistan«
ausspucken. Aber es würde nicht erklären, was wir eben auch
erlebt haben: In Dashtak, einem bettelarmen Dorf in der Wüste
südlich von Kabul, wurden wir von den Bewohnern herzlich
empfangen und bewirtet. Sosehr wir auch nachhakten, niemand ließ ein gutes Haar an den Taliban und den Leuten von
al-Qaida, den »Arabern«, die das heilige Gastrecht missbraucht
hatten. Einige der Bewohner von Dashtak waren unter den Taliban grundlos im Gefängnis gewesen. Sie redeten über die Fundamentalisten aus dem eigenen Volk mit einem Hass, den sie der
Besatzungsmacht offenbar nicht entgegenbringen.

Die Amerikaner haben bisher einen anderen Eindruck hinterlassen als die Heere, die seit Jahrhunderten durch das Tal gezogen waren. Gleich hinter dem Berg habe ein Ausbildungslager
der Taliban gelegen, berichteten uns die Dorfbewohner. Nach
dem 11. September wurde es bombardiert, aber mit größter
Präzision. Das war anders, als die Russen im Befreiungskrieg
Stellungen der Mudschaheddin in der Gegend angriffen; da
landeten viele Bomben in den Häusern, erzählten sie und führten uns gleich zu den Ruinen. Am Wegesrand spielten Kinder
zwischen alten Blindgängern. »Die Amerikaner haben hier niemandem ein Haar gekrümmt«, erklärte Lawar Khan, der wür-
dige Bürgermeister, ein hoch gewachsener Mann mit langem
grauem Bart. In seiner Stimme lag der Respekt eines Kriegers
für die Handwerkskunst der anderen Seite, aber die Zeit der
Kämpfe sollte auch für ihn vorbei sein. »Afghanistan ist müde
vom Krieg. Meine Söhne haben nie etwas anderes als den Krieg
gekannt. Fünfundzwanzig Jahre. Wir wollten so viel, aber was
hat es uns gebracht? Nur Elend und Tote.« Aus diesen Männern, so unser Eindruck, könnten Verbündete werden, wenn die
Bedingungen stimmen. Das Dorf braucht dringend einen Brun-
nen. Zalmay Khalilzad hätte sicher einen Deal zu bieten. Jahr-

hundertelang haben Afghanen Bündnisse für den nächsten Krieg geschlossen. Warum sollte es nicht einmal ein Bündnis für den Frieden geben?

Wer nur schwarzsieht, übersieht auch das boomende Kabul. Natürlich ist das eine künstliche Konjunktur, angetrieben von fragwürdig verwalteten Geldern, die der Wanderzirkus der Vereinten Nationen mit ihren mannigfaltigen Unterorganisationen in der Stadt verteilt. Natürlich verderben die Neuankömmlinge die Preise und machen das Leben in der Stadt schwerer. Aber es gibt auch Hunderte und Tausende von Exil-Afghanen, die jetzt mit Geld in ihre Heimat zurückkehren, Betriebe gründen, Hotels und Häuser bauen und Arbeitsplätze schaffen. Wir haben einige von ihnen getroffen und waren von ihrem Enthusiasmus schnell angesteckt. Sie könnten das Rückgrat einer neuen, aktiven afghanischen Mittelschicht werden, die ihr Geld nicht mehr mit Kriegsbeute und Drogen verdienen will. Das Zeug dazu hätten sie, den guten Willen auch.

Die Afghanische Nationalarmee behauptet, sie bekomme das Problem mit den Deserteuren allmählich in den Griff. Die Zeiten, in denen über neunzig Prozent der frisch ausgebildeten Rekruten gleich wieder bei den meistbietenden Warlords anheuerten, seien vorbei. Besserer Sold, besseres Essen, Uniformen, Gerät und Unterkünfte hätten Loyalität gekauft.

Nichts davon lässt sich überprüfen. Ich bin überzeugt, dass nicht einmal die amerikanischen Aufpasser verlässliche Zahlen haben. »Es ist wie vor über zweihundert Jahren mit unserer eigenen Miliz«, sagte mir ein US-Hauptmann, der, lässig an seinen Humvee gelehnt, das Treiben auf dem Übungsplatz bei Kabul beobachtete. »Die haben damals auch irgendwie gelernt, organisiert zu kämpfen. Wenn die Erntezeit kam, haben sie ihre Knarre eingepackt und sind nach Hause gelaufen, auf ihre Farmen. Als unser Befreiungskrieg losging, konnte George Washington nur hoffen, dass sie wiederkommen würden. Aber sie *sind* gekommen. Und wir haben die Engländer aus dem Land geworfen.

Wenn wir Glück haben, werden die da genauso handeln«, sagte er mit einem Kopfnicken auf die grünen Reihen, die in perfektem Stechschritt vorbeiparadierten. Ihr Bild spiegelte sich in seiner Sonnenbrille.

Der Test wird kommen, wenn der so sanft wirkende Präsident Hamid Karzai sie zum ersten Mal ruft und von ihnen verlangt, sich einem der mächtigen Warlords entgegenzustellen. Wie werden Soldaten handeln, deren Familie immer abhängig war von dem Mann, der nun der Gegner sein soll? Wird die Rechnung aufgehen? Werden sie in der neuen, multiethnischen Armee genügend Halt finden, um nicht wieder in den alten Trott zu verfallen?

Es ist unmöglich vorherzusagen, aber als wir später die buchstäblich frisch gebackenen »combat leaders« auf dem heißen Exerzierplatz in Kabul um uns versammelt hatten, überboten sie sich in patriotischen Bekenntnissen. Sie seien nicht wegen fünfzig Dollar im Monat hier, riefen sie durcheinander. Afghanistan brauche sie. Eine Armee, die funktioniert und Schluss macht mit den Bruderkämpfen. Die Mudschaheddin-Führer und Warlords hätten nur Unglück gebracht. Jetzt müsse eine neue Zeit beginnen.

Während Hamid versuchte nachzuhaken und ein paar Notizen zu machen, sah ich in ihre Mienen. Es waren junge, hoffnungsvolle Gesichter, leuchtend in der Begeisterung über die frische Beförderung. Es könnte klappen.

Bei den schwierigsten Problemen im Land weisen wenigstens die Absichtserklärungen in die richtige Richtung. Zalmay Khalilzad, mächtig, soweit in Afghanistan überhaupt jemand Macht haben kann, unternahm gar nicht erst den Versuch, das Versagen der Alliierten im Kampf gegen die Drogenbarone zu verharmlosen. »Wenn es damit so weitergeht wie bisher, wird alles zunichte gemacht, was wir auf anderen Gebieten erreichen«, hat er uns unverblümt gesagt. Das Problem sei erkannt und werde aggressiv angepackt – demnächst! Sie könnten nicht alles auf einmal tun. Zuerst müssten die Afghanische Nationalarmee aufgebaut und die Wahlen durchgezogen werden, dann werde man weitersehen.

»Das glaube ich Ihnen erst, wenn es passiert«, sagte ich, mehr als skeptisch. Er hatte nichts dagegen. »Sie werden es erleben.«

Werden die USA und ihre Alliierten durchhalten? Die mächtigen Widersacher des Fortschritts in Afghanistan zählen auf die Kurzlebigkeit amerikanischer Politik. Seit tausend Jahren sind hier Eroberer durchgezogen. Keiner ist geblieben. Die Ismail Khans, Attah Mohammeds und Padcha Khans denken in längeren Zeiträumen als amerikanische Präsidenten und Abgeordnete. Die, mit denen wir sprechen konnten, werden am Ende nicht entscheiden, aber ihre Erklärungen klangen ehrlich. Der amerikanische Botschafter und US-General Charles Jacobi führten beide die Erfahrungen nach dem Zweiten Weltkrieg an. Damals hatte auch niemand gefragt, wie lange die USA in Europa bleiben müssten, um die Konfrontation mit dem Kommunismus durchzustehen. Nicht nur die Politiker, auch die Völker haben sich seitdem an kleinere Probleme und kurzfristigere Lösungen gewöhnt. Die Herausforderung durch den fundamentalistischen, militanten Islam wird eine Rückbesinnung auf vergessene Tugenden wie Opferbereitschaft und Durchhaltevermögen verlangen.

Es wird auch noch lange dauern und viel persönliches Leid fordern, bis sich die Frauen Afghanistans wenigstens ein Stück weit aus Unmündigkeit, aus ihrer traurigen Rolle als Besitz der Männer werden befreien können. Aber wenigstens gibt es immer mehr Vorbilder, denen sie folgen können. Wenn eine Tochter es schafft, in die Schule zu dürfen, kann sie ihren Schwestern das Gelernte heimlich weitergeben: Schreiben, Lesen, Rechnen und vor allem das Gefühl, dass es auch für Frauen eine Welt gibt, die anders aussieht als das, was ihre Mütter erdulden mussten, und dass auch sie Wege dorthin finden können. Wir haben Anfänge davon gesehen – in einer Mädchenschule in Khost, die mutige Lehrerinnen und eine Handvoll alter Männer trotz aller Drohungen der Fundamentalisten wieder geöffnet haben.

Frieden und Demokratie werden nicht über Nacht nach Afghanistan kommen. Und selbst wenn sie einmal Fuß fassen könnten, wird das Ergebnis so sein, wie eine Condoleezza Rice es sich erträumt? Wir werden es nicht erleben, dass Afghanistan eine Demokratie in unserem Sinne wird. Stammesloyalitäten, alte Bündnisse und Abhängigkeiten werden Faktoren bleiben, die sich jeder demokratischen, zentralen Kontrolle entziehen. Die »checks and balances« des amerikanischen oder westlichen Systems taugen nichts in einer Stammesgesellschaft. Niemand, den wir hier trafen, will das ändern, aber wir haben überall auch einen Wunsch gespürt: Die Afghanen wollen ihr Schicksal in die eigenen Hände nehmen.

Noch sind die Amerikaner willkommen, wurde uns immer wieder versichert, und es scheint in vielen Regionen tatsächlich zu stimmen. Amerika darf nur den Zeitpunkt nicht verpassen, an dem seine Truppen von einer Kraft des Fortschritts zum verhassten Besatzer werden.

Als wir mit Mohammed Schah auf den Berg über Khost hinaufstiegen, auf dem er mir sagte, dass in Afghanistan der Sohn die Waffe gegen den Vater richtet, wenn der von ihm das Falsche verlangt, liefen drei Jungen aus dem Dorf mit uns. Sie fragten den alten Mudschahed über den Krieg gegen die Russen aus. Er wiederum wollte von ihnen wissen, was sie von der gegenwärtigen Lage hielten und von den amerikanischen Truppen im Tal. Sie gingen weit hinter uns während dieser Unterhaltung, und wir dachten alle nicht daran, dass unsere Funkmikrofone »mithörten«. Als wir später auf diesen Mitschnitt stießen, fand Hamid auch in den privaten Gesprächen kein böses Wort über die Amerikaner.

Das gibt mir Hoffnung, als ich aus dem Cockpit der alten Transall den Blick auf die Gipfel des Hindukusch vor uns genieße und versuche, eine Bilanz zu ziehen.

Es wird nicht einfach sein, und wenn klischeehaft von »Opfern« die Rede ist, die der Fortschritt nun mal fordert, dann geht es in

Afghanistan sehr schnell um Leben und Tod. Es gibt tausend wohlfeile Gründe, ein Scheitern dieses Unternehmens vorherzusagen. Vor allem in Deutschland ist Skepsis für Journalisten immer leichter zu verkaufen als Hoffnung, aber wir haben zwischen Jalalabad und Kunduz, zwischen Khost und Herat zu viele Afghanen getroffen, die auf die Zukunft setzen, die von Krieg und Gewalt einfach genug haben, im wahren Sinn des Wortes »ausgeblutet« sind und neue Hoffnung suchen. Die relative Pax Americana ist jedenfalls besser als der Bürgerkrieg, mit dem die Fraktionen der heiligen Krieger ihr Land ins Chaos stürzten. Der erzwungene Friede ist für viele auch besser als der grausame Fundamentalismus der Taliban, der für die kurzen Jahre ihrer Herrschaft eine Art Friedhofsruhe über das Land gebracht hatte. Freiheit und Gerechtigkeit werden am Ende auch hier erfolgreicher sein als die brutale Unterdrückung aller Andersdenkenden.

Mit seinem Kreuzzug am Hindukusch hat Amerika die Verantwortung dafür übernommen, dass es tatsächlich so weit kommt. Als Nächstes muss das Gerechtigkeitsversprechen eingelöst, müssen die »Pitbulls entsorgt« werden, wie Tarek Noor es forderte. Die Verbündeten, Europa, Deutschland sind mit in der Pflicht. Ein Ende dieses Prozesses ist noch lange nicht in Sicht. Wir haben auf unserer Reise nichts gesehen, was überleben würde, wenn sich die westliche Allianz voreilig zurückzöge, wenn die Schutzglocke der Pax Americana abgenommen würde. Die unfertige Nationalarmee, die technischen und erzieherischen Infrastrukturmaßnahmen, die Verfassung und die Präsidentschaft des Hamid Karzai würden sofort hinweggefegt.

Zwischen meinen Reisen und der Drucklegung dieses Buches hat sich einiges besser entwickelt, als wir erwarten konnten. Präsident Karzai wagte noch vor den Wahlen die direkte Konfrontation mit Ismail Khan, dem Kriegsherrn von Herat – und blieb Sieger. Schon vorher hatte er den mächtigsten Warlord im eigenen Kabinett, den ehemaligen Verteidigungsminister Mohammed

Fahim, verstoßen und ihn doch nicht wie geplant zu seinem Vizepräsidentschaftskandidaten gemacht. Er bekam nicht einmal einen Platz im neuen Kabinett. Dafür wurde Ismail Khan als Minister für Energie und Wasser dort eingebunden. Auch das hat Karzai, bisher jedenfalls, politisch wie physisch überlebt.

Am Ende war die Präsidentschaftswahl im Oktober 2004 ein für viele unerwarteter Erfolg. Trotz Pannen um verloren gegangene Urnen und abwaschbare Tinten – unabhängige Beobachter urteilten am Ende: Afghanistans erste landesweite, demokratische Wahl war korrekt und fair. Die Wahlbeteiligung lag bei fünfundsiebzig Prozent, davon waren einundvierzig Prozent Frauen. Hamid Karzai gewann schon im ersten Durchgang die absolute Mehrheit. Das demokratische Experiment, an das kaum noch jemand glauben wollte, wurde eine anscheinend ungetrübte Erfolgsgeschichte.

Tatsächlich stecken hinter den so stark beachteten Zahlen der Wahlstatistik aber auch die alten Konflikte, die Afghanistan schon einmal in den Abgrund gezogen haben. Auch das lässt sich mit Zahlen belegen, weil das unabhängige Washingtoner International Republican Institute in Afghanistan parallel zur Wahl eine Wähleranalyse durchgeführt hat.[41] Danach bestimmen Stammesloyalitäten das politische Leben Afghanistans immer noch mehr als persönliche Fähigkeiten und politische Programme. Sechsundachtzig Prozent der Paschtunen, der größten Bevölkerungsgruppe, die vor allem im Süden lebt, wählten ihren Stammesbruder Hamid Karzai. Im Norden hatte er sehr viel weniger Unterstützung: Die Tadschiken gaben ihm noch vierzig Prozent, die Usbeken nur sechzehn. Neunundfünfzig Prozent der Stimmen gingen dort an ihren gefürchteten Kriegsherrn Dostum. Karzai muss das als klare Warnung verstehen, dass ein Konfrontationskurs gefährlich werden kann. Gleichzeitig gibt ihm die Mehrheit der Afghanen genau dazu den Auftrag. Gefragt, worum sich die neue Regierung als Erstes kümmern müsse, nannte mehr als die Hälfte der Wähler die Entwaffnung der Warlords – so viele wie für alle anderen Probleme zusammengenommen, von Arbeitsplätzen über Wiederaufbau bis zum Kampf gegen al-Qaida.

»Zuckerbrot und Peitsche« würden den Ausweg aus diesem Dilemma bahnen, hat mir US-Botschafter Zalmay Khalilzad mit selbstbewusstem Lachen gesagt. Nur die Vereinigten Staaten können Karzai die nötigen militärischen Mittel zur Verfügung stellen, wenn er darangeht, den Kriegsherrn den Geldhahn zuzudrehen. Die Entscheidungsschlacht dieses Kreuzzugs wird auf den Mohnfeldern am Hindukusch stattfinden. Der Kampf gegen das Heroinkartell hat für die Zukunft Afghanistans größere Bedeutung als die Jagd auf Osama Bin Laden, auch wenn die Supermacht zunächst andere Prioritäten haben mag.

Khalilzad versprach die entscheidende Offensive gegen die Warlords für das Jahr 2005. Wenn er am Ende Wort hält – ob zu diesem Termin oder später –, könnte die amerikanische Intervention tatsächlich so etwas wie Frieden, Demokratie und Selbstbestimmung nach Afghanistan bringen – eine bitterböse Ironie angesichts der Tatsache, dass die Kriegstreiber in Washington Afghanistan ursprünglich »überspringen« und sich gleich auf die vermeintlich aussichtsreichste Mission konzentrieren wollten: den Marsch auf Bagdad.

Der Kriegszug in den Irak wurde aufgeschoben, aber am Ende folgte George W. Bush der Vision der NeoCons.

Es war eine Fata Morgana.

Im Morast des Zweistromlands

Colin Powell hatte Recht gehabt: Der tollkühne Plan für einen Feldzug ins Zweistromland war weder dem amerikanischen Volk noch der Welt als angemessene Antwort auf die Anschläge des 11. September zu verkaufen. Doch als die Taliban von der Macht in Afghanistan vertrieben und in Kabul eine Interimsregierung installiert war, sahen Bush und seine engsten Vertrauten die Zeit gekommen, um der islamistischen Herausforderung

Größeres entgegenzusetzen: die Vision eines durch Demokratie befriedeten Nahen Ostens. Die Phase amerikanischen »disengagements« im Heiligen Land, die Bush unmittelbar nach seinem Amtsantritt verkündet hatte, sollte jetzt vorbei sein. Der Präsident, der ohne außenpolitisches Konzept ins Amt gekommen war, sieht seither einen Weg vor sich: Er führt über ein demokratisches Bagdad zu einem befriedeten Jerusalem. Das ist mehr als ein politisches Ziel, es ist eine, *seine* historische Mission. Damit wurde aus dem Feldzug ein Kreuzzug.

Hätte der Präsident das Ziel seiner Politik so offen beschrieben, dann wäre Lance Corporal Carlos Perez nie nach Iskandaria im Irak gekommen.

Der Obergefreite im 1. Bataillon der Marines hat die Buchstaben FDNY in das Futter seines Helms gemalt. Am 11. September 2001 studierte er Strafrecht am Community College von Long Island, außerdem verdiente er sich ein bisschen Geld als freiwilliger Feuerwehrmann. Sein Kamerad Tom Hetzel kam bei den Anschlägen ums Leben. Als Carlos die kleine Tochter seines Freundes bei der Beisetzung weinen sah, schwor er ganz persönlich Rache. Er reihte sich in eine der langen Schlangen vor den Reservierungsbüros der US-Streitkräfte ein und verpflichtete sich bei den Ledernacken.

Jetzt kämpft er seit zwei Monaten im Irak und fragt sich, ob er nicht alles falsch gemacht habe. »Das ist doch ganz anders«, sagt er Steve Fainaru, dem Reporter der *Washington Post*[42]. »Angeblich sollen wir al-Qaida jagen. Die sollen für die Anschläge verantwortlich sein. Aber das hat doch nichts mit al-Qaida zu tun! Dieser Krieg hat angefangen, weil die in der Regierung uns alles Mögliche über irakische Atomwaffen erzählt haben.«

»Die haben sich vom eigentlichen Krieg gegen den Terror ablenken lassen«, fällt sein Kamerad ein. »Ich war einverstanden mit dem Angriff auf Afghanistan und mit der ganzen 9/11-Geschichte. Aber die haben die Hauptsache dort liegen lassen und uns hierher geschickt. Jetzt stecken wir fest und kommen diesem verdammten Bin Laden kein bisschen näher.«

Die Schwierigkeiten begannen schon am Ende der eigentlichen Invasion. Die amerikanischen Truppen hatten in atemberaubendem Tempo den größten Teil des Landes und die Hauptstadt Bagdad überrannt, aber nicht wirklich unter ihre Kontrolle gebracht. Die Demokratisierung des Irak würde warten müssen; zunächst einmal brauchte der Präsident in Washington mächtige Symbole. Ein Wahljahr stand bevor. Saddam Hussein, seine Söhne und einige der mächtigsten Schergen des alten Regimes waren verschwunden. Sie galt es zu jagen und dingfest zu machen. Die Suche konzentrierte sich auf den Norden, die alten Hochburgen um Tikrit und Mosul.

Das war auch das Ziel des ZDF-Teams um unsere erfahrene Krisenreporterin Natalia Cieslik. Sie hatte nicht nach Bagdad gehen und ausharren wollen, wo das Hotel Palestine zu einer Festung geworden war, die die Reporter praktisch nicht mehr verlassen konnten. Die Alternative war, als »embedded journalist« direkt bei amerikanischen Streitkräften den Krieg durch die Augen der Invasoren zu erleben oder sich von den Helfern des bizarren Informationsministers »Comical Ali« gängeln zu lassen – keine Berichterstattung, wie wir sie wollten. So entschlossen sich Natalia und ihr Team, von Teheran aus ihr Glück zu versuchen, während die Amerikaner von Süden Richtung Bagdad vorrückten.

Die Anreise führt in die iranischen Kurdengebiete ins Grenzgebirge zum Irak. Ab dem Flughafen von Urmia übernehmen Kurden die Führung bis an die Grenze. Es wird nicht viel geredet auf dieser Fahrt. Ab und zu halten die Begleiter an, um von öffentlichen Telefonen aus die Ankunft des deutschen Fernsehteams an der Grenze anzumelden. Nach ein paar Stunden Fahrt – zunächst auf Straßen, dann auf gewundenen Bergpässen – halten sie vor einem Häuschen und einem Tor aus Maschendraht, verriegelt mit einem Vorhängeschloss. Es ist die Grenze zum Nordirak, einer der vielen inoffiziellen Übergänge, die von schwarz uniformierten iranischen Revolutionswächtern bewacht werden. Selbst hier, in dieser verlassenen Gegend, an der

Außengrenze der islamischen Revolution, sind sie auf den neuen kleinen Grenzverkehr von Journalisten aus aller Welt eingestellt. Die Männer in Schwarz haben bereits ein Fax aus Teheran in Händen und überprüfen mit dem Habitus eines DDR-Grenzbeamten die Fremden, die in das Nachbarland wollen; zuerst die Personalien und dann penibel die Ausrüstung: Kamera, Computer, Schnittplatz, Satellitentelefone, Helme, Schutzwesten und Atropinspritzen für den Fall eines Gasangriffs – alles liegt ausgebreitet vor dem großen Tor. Einer beschwert sich über die Reporterin, die ihr Kopftuch seiner Meinung nach nicht anständig trägt. Dann öffnet sein Kollege das Vorhängeschloss und damit das Tor zum Irak.

Auf der anderen Seite wartet bereits Aram, der bestellte irakisch-kurdische Fahrer. Freundlich, aber bestimmt, befiehlt er der Reporterin, das Kopftuch jetzt abzunehmen. In Kurdistan, sagt er, werden die Frauen nicht gezwungen, ihr Haar zu bedecken. Gleich hinter der Grenze steigen Eselskarawanen die steilen Berge hinauf. Es sind Schmuggler, die streng verbotenen Alkohol in den Iran schleusen, in Sichtweite und nur wenige hundert Meter neben dem Checkpoint der Revolutionswächter. Die Tiere mühen sich unter der schweren Last. Auf dem Rückweg werden sie Computer und andere elektronische Geräte in den Nordirak bringen. Schmuggel ist eine der Haupteinnahmequellen; die kurdischen Blutsbande über die Grenzen hinweg sind stärker als die Gesetze der strenggläubigen Mullahs in Teheran.

Nirgendwo ist der Irak so schön wie hier. Dreitausend Meter hoch sind die Gipfel, die Saddams Reich vom Iran trennen. Die Täler sind grün, und ein bisschen erinnert die Fahrt an einen Ausflug in die Schweizer Alpen. Es ist April und noch kalt, aber der Frühling ist im Kommen. Der Schnee ist fast geschmolzen und stürzt in Wasserfällen von den Bergen. Und hier soll Krieg sein? Die Piste führt an Ruinen vorbei, Trümmer einer Schlacht zwischen Iran und Irak, die acht Jahre dauerte und zu einem blutigen Stellungskrieg ausartete. Überall Minenfelder, gekennzeichnet durch die vertrauten roten Dreiecke und Totenkopfzeichen.

Nach knapp vier Stunden Autofahrt durch Berglandschaft und Dörfer, in denen Ziegen und Hühner zwischen den Häusern leben, kommt das Team nach Arbil. Das einfache Leben auf dem Land weicht einer grauen Minimetropole mit Außenwerbung und Verkehrsampeln. Männer in weiten Hosen und Turbanen, an der Hüfte oft eine Pistole, reden in Mobiltelefone. In den Supermärkten gibt es Bier, in manchen Kinos werden Pornos gezeigt.

Im Büro der KDP (Demokratische Partei Kurdistans), die für diesen Teil des Nordirak zuständig ist, hat Maraan Michan die Betreuung der Journalisten aus aller Welt übernommen. Er ist ein »westlicher« Kurde, hat lange in Deutschland gelebt, trägt Anzug mit Krawatte und ist stolz auf seine Arbeit für die kurdische Partei. Die Welt soll sehen, wie sein Volk für die Befreiung seines Landes kämpft. Er lässt den typisch irakischen Tee servieren: schwarz und aus kleinen Gläsern, zu einem Drittel gefüllt mit Zucker. Für die Zähne ist es besser, den Tee nicht umzurühren. Maraan Michan ist zuversichtlich, dass Saddam bald nur noch ein dunkles Kapitel in den Geschichtsbüchern sein wird. »Bald sind wir ihn los«, lacht er. Dass ein paar hundert, vielleicht sogar ein paar tausend amerikanische Soldaten, Marines und Spezialeinheiten der US Army im Nordirak sind, ist bekannt. Zu sehen sind sie kaum. Maraan Michan will auch nicht darüber reden. Die Amerikaner sind hier Freunde, Befreier von Saddams Terrorherrschaft. Das muss reichen.

Das Team zieht in das Arbil Tower, ein zehnstöckiges Monstrum in der Innenstadt. Das Hotel gehört angeblich der KDP, der Manager ist ebenfalls Parteimitglied und Bruder eines hohen Tieres. Die organisierten Kurden haben den Nordirak gut unter Kontrolle. Sie schicken Übersetzer, die sich um einen Job im Team bewerben, junge Männer, die nicht nur dolmetschen, sondern der Partei auch rückmelden sollen, was die deutschen Journalisten so treiben. Das Team versucht, so gut es geht, unabhängige Helfer zu finden.

Irgendwann in den siebziger Jahren war das Arbil Tower bestimmt einmal chic. Heute ist der Charme der orange-grünen Dekoration verblichen. Abends beim Dinner flitzt manchmal eine Ratte aus der Küche quer durch den Speisesaal auf die Terrasse. Der Restaurantmanager schaut dann schuldbewusst, lächelt unter seinem enormen Schnauzbart und verspricht, etwas dagegen zu unternehmen. Besonders eilig muss er es dabei nicht haben. Die Stadt ist ausgebucht, und das Arbil Tower im Vergleich sogar gehobener Standard. Gleich über dem Hotelrestaurant, im vierten Stock, hat sich der amerikanische Nachrichtensender FOX News einquartiert und alle Außenwände der Etage mit Hunderten von Sandsäcken gesichert. Abends, bei Hummus und Huhn, fragen sich die Gäste im Restaurant, ob die Decke das wohl aushält oder ob sie eines Tages samt Ratte unter dem Sand einer amerikanischen Fernsehstation begraben werden.

Die amerikanischen Kollegen von FOX haben das Hotel unter ihre Kontrolle gebracht. Ihr Korrespondent Geraldo Rivera redet viel und laut. Er gehört zu den Reportern, die zu Hause so berühmt sind, dass sie glauben, man kenne sie auf der ganzen Welt. Amerika kennt ihn tatsächlich: als einen der dröhnendsten Befürworter des Krieges. Mit Journalismus hat das nicht mehr viel zu tun. Trotzdem hat Geraldo in diesem Krieg nicht viel Glück gehabt. Er war mit den US-Truppen »embedded«, wurde aber gleich in den ersten Tagen von den Soldaten nach Hause geschickt. Journalisten, die mit der Armee unterwegs sind, dürfen in ihren Berichten keine Auskunft über Ort und Art der Operation machen. Geraldo glaubte wohl, dass das für einen wie ihn nicht gilt, und malte vor Livekameras seine Position und eine bevorstehende Aktion mit dem Zeigefinger in den Wüstensand. Die US Army hatte kein Erbarmen. Superstar oder nicht, Geraldo musste zurück nach Kuwait. Jetzt berichtet er, stets in wüstentaugliches Khaki gekleidet, aus dem frühlingshaft grünen Nordirak. Der Einmarsch in Bagdad fand ohne ihn statt. Obwohl in Arbil kein Schuss fällt, hat FOX ganze Horden schwer bewaffneter kurdischer Kämpfer als Bodyguards engagiert – eigentlich ein Tabu unter Journalisten, die genau wie Helfer bei ihrer Arbeit auf Waffen verzichten. FOX hat auch Straßensperren vor der Zufahrt zum Arbil Tower errichten lassen, und jeder neue Gast muss das Gepäck durchsuchen lassen, auf Wunsch von FOX. Auch das ZDF.

Was müssen Iraker empfinden, wenn amerikanische Journalisten sich von bewaffneten Kurden begleiten lassen? Vor allem in den Gebieten südlich von Arbil, wo Saddam, der Todfeind der Kurden, bis vor kurzem noch das Sagen hatte?

Und wie eng und zuverlässig ist überhaupt die Allianz zwischen Kurden und Amerikanern? Die Gassen des Waffenbazars am Stadtrand von Arbil sollen ein gutes Stimmungsbarometer sein. Auf einem staubigen Platz neben der Straße steht Hütte neben Hütte. Es sind Verkaufsstände mit allem, was der internationale Kleinwaffenmarkt hergibt. Hier handeln die Peschmerga, die kurdischen Kämpfer, mit ihrem Kriegsgerät. Es gibt keine Frauen, außer der Reporterin. Dies ist die Welt der kurdischen Männer. Jeder von ihnen ist bewaffnet und auf der Suche nach neuem und besserem Gerät. Frische Ware ist eingetroffen, so viel, dass die Preise unter Druck geraten. Das Team schaut sich um und wird seinerseits begutachtet. Ausländer kommen sonst nicht hierher. In einem Verschlag gibt es Tee für die Marktleute. Tee ist so etwas wie ein sozialer Katalysator. Irgendwie geht alles einfacher bei einem Glas voll zuckersüßem braunem Wasser. Reden, verhandeln, streiten.

»Vieles hat sich seit dem Krieg geändert«, erzählt Abdul Qadir Mustafa, »alles ist billiger geworden.« Die kurdischen Kämpfer haben den Amerikanern ihre Loyalität versprochen und gehalten. Sie haben bereits Kirkuk eingenommen und sind mit ihnen auf dem Weg nach Mosul. Die neuen Waffen in den reich bestückten Verkaufsständen gehörten Saddam. Seine Soldaten haben sie weggeworfen, als sie davonliefen und ganze Arsenale unbewacht zurückließen. Jetzt sind sie die Kriegsbeute der kurdischen Peschmerga.

Abdul erzählt mit Genugtuung vom Siegeszug seiner Landsleute gegen Saddam. Er trägt dunkelgrünes Tuch, Pluderhosen und einen Turban. Stolz berichtet er, dass er mit dreißig Jahren bereits zwei Ehefrauen habe und acht Kinder, so gut gehe sein Geschäft. Aber als Waffenhändler macht ihm das auch Sorgen. Die Flut an neuer Ware hat die Preise in den Keller gedrückt. »So eine Kalaschnikow kostete früher sechshundert Dollar, jetzt nur noch hundertfünfzig.« Er zeigt mit einem Schraubenzieher auf eine von mehreren AK 47, die vor seiner Hütte hängen wie geräucherte Würste beim Fleischer. »Chinesische Kalaschnikows kosten jetzt sogar nur noch zwanzig Dollar.« Davon hatte Saddam besonders viele. Sie sind billiger, aber auch nicht besonders gut, klemmen leicht, sind nicht so gut zu vergraben. Fast jeder Mann hier ist mit Waffen aufgewachsen. Drei bis vier Schnellfeuergewehre zu Hause sind normal, eine Art Grundversorgung für Wehrhaftigkeit. Bei der Grenzziehung nach dem Ersten Weltkrieg hatten die über die Türkei, Syrien, dem Irak und Iran verstreuten Kurden keinen eigenen Staat abbekommen. Sie wurden zum Spielball der Regierungen der einzelnen Länder und brutal unterdrückt, besonders im Irak durch Saddam. Ihr kämpferisches Temperament hat sie nicht aufgeben lassen. Nirgendwo ist das so deutlich zu spüren wie auf dem Waffenmarkt von Arbil. Der wirtschaftliche Aufschwung der letzten Jahre hat das nationale Selbstbewusstsein bis ins Ekstatische gesteigert. Üppige Entwicklungshilfe und Millionen aus dem »Oil for Food«-Programm der Vereinten Nationen ließen den Norden gedeihen. Mit eigener Währung, Verwaltung und Finanzen ist aus dem Kurdengebiet im Vergleich zu Saddams von Sanktionen ausgeblutetem Reich eine Perle geworden.

Trotzdem würden die Bilder und Töne vom Waffenmarkt in Washington nicht für eine Erfolgsstory taugen. Amerika war im Kampf gegen Saddam Hussein auf die Unterstützung der Kurden angewiesen. Das war noch deutlicher geworden, als der

NATO-Verbündete Türkei nicht mehr erlauben wollte, dass von türkischem Boden aus eine Nordfront eröffnet wurde. Die USA mussten die Kurden motivieren, ohne dass ihre Erwartungen zu groß wurden. Im Herzen tragen alle Kurden den Wunsch nach einem einheitlichen Kurdistan, das die Stammesgebiete im Iran, im Irak und in der Türkei umfasst. Wenn dieser Drang außer Kontrolle gerät, hat die Weltmacht hier ein fast unlösbares Problem.

Was würde passieren, wenn die Amerikaner anfangen, die Kurden zu entwaffnen? Würden die Peschmerga sich das gefallen lassen? Die Männer diskutieren laut, die Frage der Reporterin erhitzt die Gemüter. »Wir wären stolz, wenn es hier keine Waffen mehr gäbe. Aber wir hoffen, dass die Amerikaner uns die Waffen nicht wegnehmen und uns unseren Feinden hilflos ausliefern. Nur wenn sie zu uns halten, werden wir friedlich in unserer Heimat Kurdistan leben«, erklärt einer der Männer erregt und fuchtelt mit einer Neun-Millimeter-Pistole herum. Kein Zweifel, die amerikanischen Freunde haben große Hoffnungen in ihnen geweckt.

Während sie reden, knattern drei Hubschrauber der US Army im Tiefflug über den Markt. Alle stürzen aus den Hütten, schauen nach oben, recken die Arme zum Himmel und jubeln. Hier ist es den Amerikanern gelungen, als Befreier anerkannt und gefeiert zu werden, aber eben nur hier. Anderswo im Irak sind die Rosen ausgeblieben, die den US-Truppen in den Blütenträumen der NeoCons beim Vormarsch durchs Land von dankbaren Irakern in die Gewehrläufe gesteckt werden sollten.

Auf dem Weg nach Mosul

Das ZDF-Team fährt nach Mosul, eineinhalb Autostunden von Arbil entfernt. Ein paar Tage zuvor war die Stadt für westliche Journalisten und kurdische Iraker noch unerreichbar gewesen, denn in Mosul herrschte Saddam.

Nun ist die Straße gut befahren. Das Land ist grün und Früh-

lingsblumen blühen. Aber je näher die ehemalige Demarkations-
linie zwischen dem autonomen Kurdengebiet und Saddams
Reich kommt, desto weniger Felder sind bestellt, desto weniger
Dörfer sind zu sehen. Niemand wollte in Reichweite von Saddams Haubitzen und Raketen leben. Auf halber Strecke beginnen
wieder die leuchtend roten Dreiecke am Straßenrand. Saddams
Soldaten haben bei ihrem Rückzug ein paar Tage zuvor in großer
Eile Panzer- und Anti-Personen-Minen gelegt. Dann, so heißt es,
seien sie davongerannt, als die Kurden unter dem Schutz amerikanischer Luftunterstützung und an der Seite amerikanischer
Soldaten ihre Stellungen überrollten. Kurdische Minenräumer
haben die gefährlichen Stellen gekennzeichnet. Am Straßenrand,
ganz dicht am Minenfeld, liegen eine Uniformjacke und ein Ar-
meestiefel. Daneben ein dunkler Fleck, getrocknetes Blut, auf
dem die Fliegen sitzen. Die Minen waren ein letzter verzweifel-
ter und hoffnungsloser Versuch, die Eindringlinge aufzuhalten.
Wirklich gekämpft haben die Männer wohl nicht mehr.

Wären da nicht die verlassenen Checkpoints von Saddams
Soldaten, man würde gar nicht sehen, wo das »Feindesland« beginnt. Doch dann folgen die Wahrzeichen des Saddam-Terrors:
Ruinen der Dörfer, in denen einst Kurden lebten. Wie Grab-
steine stehen sie in der blühenden Frühlingslandschaft, erinnern
an das Leid Zehntausender von Kurden, getötet oder vertrieben
von einem Herrscher, der zwischen sich und seinen Feinden eine
Zone verbrannter Erde sehen wollte.

In Mosul herrscht Chaos. Saddams Soldaten haben sich ergeben, ihre Stellungen fluchtartig verlassen und schließlich einen
Waffenstillstand unterzeichnet. Ein paar hundert amerikanische
Marines und Spezialeinheiten, die Ende März im Nordirak gelandet sind, haben die Stadt eingenommen. Unterstützt werden
sie von kurdischen Peschmerga. Es ist die Stunde der Sieger.
Viele der kurdischen Männer sind zum ersten Mal seit Jahren
wieder in den Städten, aus denen Saddam ihre Familien im Zuge
seiner brutalen Arabisierung vertrieben hat. Mosul ist eine

Millionenstadt, aber die vierspurige Straße ins Zentrum ist fast menschenleer. Die Geschäfte sind geschlossen, die Rollläden heruntergelassen. Es wird geplündert, wie überall im Irak nach dem Einmarsch der US-Soldaten. Die Verwaltungsgebäude sind verwüstet, auf den Gehwegen liegen Karteischränke und Tausende von Akten verstreut. Ein Präzisionsgeschoss der Amerikaner hat die Zentrale von Saddams Ba'ath-Partei durchbohrt, geblieben sind die Außenwände, verkohlt vom Feuer nach dem Einschlag. Schulen, Feuerwachen, Universität, Polizeistationen und Justizgebäude bieten ähnliche Bilder. In nur zwei Tagen haben die Diebe alles mitgehen lassen, was sich tragen ließ, und den Rest oft angezündet. Überall durchsuchen Männer auch noch die Reste der Verwüstung nach Brauchbarem. Der Schaden durch das Chaos, das die Amerikaner nicht verhindern konnten oder wollten, ist eindeutig größer als die Zerstörung durch die größtenteils präzisen Bombenangriffe. Die Superarmee, die das Land in Rekordzeit von Süden nach Norden aufrollte, ist personell nicht in der Lage, das Land, das sie besetzten, zu sichern. Der Sachschaden durch Plünderungen ist immens, der Imageschaden für die Amerikaner enorm.

In Mosul heißt es sofort, jetzt kämen die Kurden, um sich für die Vertreibung zu rächen. Das ZDF-Team filmt, wie Peschmerga alles mitnehmen, was sie tragen können. Später stellt sich heraus, dass unter den Plünderern auch arabische Iraker sind. In Pluderhosen, mit breiten Schärpen und einem abgewandelten Turban geben sich einige als Kurden aus, um von der Kriegsbeute ein Stück abzubekommen. Der Anblick siegreicher kurdischer Peschmerga ist für die Araber eine Schande. Die Stimmung ist angespannt. Mosul ist gefallen, befriedet ist die Stadt jedoch nicht, es herrscht Anarchie.

Im Zentrum liegen US Marines am Straßenrand, die Gewehre im Anschlag. Sie haben sich eingegraben, greifen in die Plünderungen nicht ein. Sie scheinen sich dabei nicht wohl zu fühlen, jedenfalls haben sie kein Interesse, mit deutschen Journalisten zu sprechen. Ihr Job war nur, die Stadt gemeinsam mit den kurdischen Kämpfern zu erobern. Das ist erledigt, mehr gibt es im Moment nicht zu tun. Erst in ein paar Tagen, wenn mehrere tausend Mann Verstärkung der US Army aus dem Süden anrücken, werden die Amerikaner versuchen, die Stadt zu sichern. Jetzt überlassen sie ihren Verbündeten das Feld. Die Kurden fuchteln mit ihren Kalaschnikows herum, versuchen die aufgebrachten Einwohner, die sich im Zentrum versammelt haben, zu verjagen.

Mit hochroten Köpfen streiten sie an allen Straßenecken. »Die USA müssen raus hier, und zwar so schnell wie möglich!«, ruft ein Araber. »Nein«, widerspricht ihm sein Bekannter. »Die Peschmerga sind viel schlimmer. Die haben uns alles gestohlen. Sie sind schuld!« Und der Dritte macht wieder die Amerikaner verantwortlich. Keiner spricht mehr von Saddam. Saddam ist ja nicht mehr da. Während die drei diskutieren, wer am Chaos in Mosul schuld ist, kommt es mitten auf einer Straßenkreuzung im Zentrum beinahe zum Showdown. Araber gehen auf Peschmerga los. Schüsse fallen.

So haben in den letzten Tagen viele Feuergefechte begonnen. Zwischen Amerikanern und Saddams Soldaten, zwischen Peschmerga und den Arabern der Stadt, zwischen Bewohnern und Plünderern. Mosul ist in einem gefährlichen Schwebezustand. Hier herrscht zurzeit niemand.

In der Notaufnahme des Universitätskrankenhauses regiert das Chaos. Überall liegen Verletzte, in den Betten, auf Pritschen und auf dem Boden. Es stinkt abscheulich. Die meisten Patienten sind Zivilisten oder vielleicht auch Soldaten, die ihre Uniform gegen Alltagskleidung getauscht haben. Sie haben zum Teil schwere Schussverletzungen. Ein Mann im Röntgenraum windet sich in Schmerzen. Seine Schulter ist zertrümmert, die Ärzte wollen ihn so schnell wie möglich operieren. Doktor Brak Alobaidi, ein Chirurg, hat seit drei Tagen das Krankenhaus nicht mehr verlassen und ununterbrochen die Verletzten behandelt. Sein Kittel ist schmutzig. Bleich und übermüdet sagt er:

»Ich weiß nicht, wie lange ich das noch durchhalten kann.« Keiner der Angestellten sei nach Hause gegangen, als Mosul fiel. Kollegen, die eigentlich keinen Dienst hatten, seien freiwillig zur Arbeit gekommen; alle hier seien seit Tagen auf den Beinen, jeder Arzt und jede Krankenschwester, erzählt er uns, und schaut bereits nach dem nächsten Patienten. Das Schlimmste aber war, als die Plünderer kamen und die Medikamente stehlen wollten. »Wer plündert ein Krankenhaus und wozu?«, fragt Dr. Alobaidi angewidert und zuckt die Achseln. Über die Amerikaner will er nichts sagen, Politik ist tabu.

Uniformierte Soldaten der Free Iraqi Forces, Exil-Iraker, die von den Amerikanern vor dem Krieg im Ausland trainiert worden sind, bewachen jetzt das Krankenhaus vor Plünderern. Leutnant Saheb Alwan kommandiert achtzehn Männer. Die meisten wurden in der Türkei rekrutiert, wo sie ein Leben fernab von Saddam und der Heimat aufgebaut haben. »Wir verstehen uns gut mit den Amerikanern«, sagt er. Er ist ein freundlicher Mann, der zum ersten Mal in seinem Leben Soldat ist. »Es gibt keine Probleme.« Seine Uniform und die seiner Soldaten sind nagelneu. FIF steht auf dem Schulterabzeichen. Die Kalaschnikows sind kaum benutzt und glänzen. Die Männer fühlen sich wohl in ihrer Rolle als Befreier an der Seite der Amerikaner. Im Pförtnerhäuschen vor der Einfahrt zum Krankenhaus machen sie Mittagspause. Zu essen gibt es Militärrationen aus braunen Plastiktüten, der einzige sichtbare Hinweis darauf, dass diese Männer von den Amerikanern ausgesucht, ausgebildet und ausgestattet wurden.

Die in Mosul verbliebenen Kurden haben ihre Straßen mit gelben Flaggen gekennzeichnet, um sich vor den eigenen Leuten, den Peschmerga, zu schützen. Ihre arabischen Nachbarn haben überall Straßensperren aus Autoreifen und Mülltonnen errichtet. Organisiert sind die Barrikaden von sunnitischen Clanführern und bemannt durch Bürgerwehren, die ihre Nachbarschaft vor kurdischen Plünderern schützen wollen. Die Waffen, die die aufgebrachten Männer jedem vors Gesicht halten, der sich nähert, hat noch Saddam verteilen lassen, zur Verteidigung des Irak. Für diese Menschen ist es schlimm genug, dass die Amerikaner das Land besetzt haben, aber ausrauben lassen sie sich nicht. »Jeder gute Araber muss eine oder zwei Waffen haben, um sich zu verteidigen«, erzählt einer der Männer, die Kalaschnikow in der Linken. Dann empfiehlt er dem Team, schleunigst zu verschwinden, es könnte sonst Ärger geben.

Nach dem Fall von Mosul hat die Stadt viele neue Herrscher. In den arabischen Vierteln wehen an den Straßensperren und den Häusern schwarz-weiß-rote Fahnen. Es ist die irakische Flagge. Wie ein Zeichen des Stolzes und des Trotzes halten sie sie hoch. So als wollten sie den Amerikanern, den Peschmerga und allen Fremden sagen: »Ihr könnt uns besiegen, aber gewinnen werdet ihr nicht.« Man spürt auf Schritt und Tritt, wie dünn und brüchig die Schutzschicht ist, die die US-Präsenz über die Stadt legt.

Saddams Heimat

Am nächsten Tag geht es weiter nach Tikrit, Saddams Geburtsort. In der Nacht zuvor haben die Amerikaner auch diese letzte größere irakische Stadt eingenommen. Der Weg dorthin ist immer noch gefährlich. Am Tag zuvor wurde ein CNN-Team beschossen, als es sich der Stadt näherte. Zwischenstopp in Kirkuk. Auch hier gespannte Ruhe. Die Amerikaner haben am Flughafen ihren Stützpunkt eingerichtet. Schwer bewaffnete Marines bewachen die Zufahrt, umzingelt von einer Gruppe Iraker, Neugierige meist. Auf die Frage, ob die Weiterfahrt nach Tikrit sicher sei, gibt einer der Ledernacken zurück: »Ma'am, I know shit about the road to Tikrit.«

Also fahren Natalia Cieslik und ihr Team los, um es selbst herauszufinden. Eineinhalb Stunden geht es auf zweispuriger Straße durch karge Wüstenlandschaft. Dann, kurz vor Tikrit, wird die Besiedlung wieder dichter. Das Team wundert sich darüber, in welch gutem Zustand die Infrastruktur ist. Straßen,

Schulen und Krankenhäusern kann man UN-Sanktionen und Misswirtschaft oft nicht einmal ansehen. Hier bietet der Irak nicht das Bild eines armen Landes, auch wenn ab und zu in der Ferne Beduinenzelte und einfache Bauernhäuser zu sehen sind. Ein paar Kilometer vor der Stadt trifft das Team auf eine Gruppe weiterer Journalisten. Man beschließt, zur Sicherheit gemeinsam im Konvoi nach Tikrit einzufahren.

Die Zeichen der irakischen Niederlage sind allgegenwärtig. Am Straßenrand, ein paar Kilometer bevor der Konvoi die Stadt erreicht, liegt ein irakischer Militärtransporter auf der Seite. Er muss in den letzten drei Tagen unter Beschuss geraten sein. Plünderer haben schon alle brauchbaren Teile abmontiert. Für die explosive Ladung des Tiefladers, eine SAM 7 Boden-Luft-Rakete, hatten sie wohl keine Verwendung. Sie ist einfach auf das Feld gerollt.

Vorsichtig nähert sich der kleine Konvoi seinem Ziel. Über der Stadt steigen Rauchsäulen auf, Schüsse sind zu hören. Am Stadtrand wird gekämpft, nicht gegen die Besatzer, sondern Iraker gegen Iraker: Bewohner, die sich vor Plünderern schützen wollen. Sie kommen aus dem Norden und damit aus dem Kurdengebiet. Alle, die sich von dort nähern, sind in den Augen der Bewohner von Tikrit Plünderer, also auch die Journalisten. Der Konvoi macht fluchtartig kehrt, als der Wagen der japanischen Kollegen beschossen wird. Eine Reporterin der Nachrichtenagentur AP hat einen Bewohner von Tikrit, der auf dem Weg in seine Heimatstadt ist, angehalten und ihn gebeten, sicheres Geleit auszuhandeln. Schließlich kommt ein Scheich aus der Stadt, der behauptet, mit den aufgebrachten Bürgerwehren am Straßenrand eine sichere Passage vereinbart zu haben. Beherzt fahren die Ersten los, die anderen folgen, vorbei an der brennenden Asphaltfabrik, aus der riesige schwarze Rauchsäulen aufsteigen. Am Straßenrand liegt eine einzelne Leiche, um die sich niemand kümmert.

Präzisionsbomben der Koalitionstruppen haben die einzige

Brücke in Richtung Norden schwer beschädigt. So sollte der Fluchtweg für den Saddam-Clan und seine Soldaten versperrt werden. Über einen schmalen Steg, der trotz der gewaltigen Explosionen stehen geblieben ist, gelangt man jetzt ins Zentrum von Tikrit. Die Schlange der Bewohner, die nach den Kämpfen wieder nach Hause wollen, ist kilometerlang. Jeder Mann wird von den US-Soldaten nach Waffen durchsucht. Mit versteinerten Gesichtern lassen sie die Prozedur über sich ergehen. Es ist ruhig, aber die Stimmung ist kalt und angespannt. Am Straßenrand knien einige Männer, ihre Hände sind mit Plastikbändern auf dem Rücken gefesselt. Die Amerikaner sind frustriert. Weder Saddam noch sein Clan waren in Tikrit, als sie hier ankamen. Fieberhaft fahnden sie nach dem verschwundenen Machthaber. Freiwillige Helfer können sie hier nicht erwarten. Selbst unter Irakern sind die Tikritis für ihre Saddam-Treue berüchtigt. Das hat seine Gründe. Als Natalia Cieslik und ihre Kollegen durch die Stadt fahren, sind sie überrascht, wie wohlhabend, modern und sauber dieser Wüstenort wirkt. Die Häuser sind groß und neu, die Straßen breit. Saddam hat Geld in seine Heimatstadt gepumpt, sich die Loyalität seines Stammes mit Geld, Land und Häusern erkauft. Kein Wunder, dass die Saddam-Statue noch völlig unbeschädigt an der Brücke in die Stadt steht. Hier gibt es kaum einen, der seiner Wut auf den gestürzten Diktator öffentlich Luft machen möchte.

Und kaum jemand will mit den deutschen Journalisten sprechen. Khalil Bayez Abdullah, ein schnauzbärtiger Mann Mitte vierzig, ist eine Ausnahme. Er ist Saddam-Gegner, ein Kurde, der seine Herkunft jahrelang vor den Nachbarn geheim halten musste. Jetzt sieht er sich ganz unerwartet auf der Seite der Sieger. Er steht mit ein paar Bekannten an der Hauptstraße und schaut zu, wie US-Soldaten die Tikritis kontrollieren. Der Herrscher hat das Land mit Blut zusammengeschweißt. Nur wer so tat, als gebe es keine Unterschiede zwischen den Volksgruppen, konnte in Frieden überleben. Khalik hat das verstanden und jahrelang seinen Mund gehalten. Aber jetzt kann er reden. »Sogar für die, die Saddam bisher unterstützt haben, ist es unmöglich geworden, jetzt noch für ihn zu sein. Ich kann mir nicht vorstellen, dass irgendjemand hier Saddam nachtrauert.« Aber Khalil irrt sich. In Tikrit gibt es viele, die bereit sind, dem fliehenden Diktator zu helfen. Unweit von hier wird er sieben Monate später in seinem Versteck gefunden werden – als gealterter Mann, ungepflegt und fast ohne Geld in einem Erdloch auf dem Grundstück einfacher Leute.

An einem Checkpoint auf der anderen Seite der Stadt warten die Bewohner darauf, dass sie endlich wieder in ihre Häuser zurückkehren können. Sie wissen nicht, wen sie mehr fürchten sollen, die Amerikaner oder die Herrschaft Saddams und seiner Leute. Ein Mann, der schon seit Stunden in der Schlange wartet, zeigt auf seinen zwölfjährigen Sohn, der mit ihm auf dem Fahrersitz des rostigen und zerbeulten Toyota sitzt. Der Junge, sagt er aufgeregt und mit leiser Stimme, sei ein Opfer von Saddams Schergen. »Zwei Saddam-Leute haben meinen Sohn siebzehn Tage lang einsperren lassen und ihn beschuldigt, ein Krimineller zu sein, weil sie mir schaden wollten.« Nachdem die Amerikaner das Auto durchsucht haben, fährt er nach Hause in ein einfaches Viertel. Während der Fahrt hält er eine selbst angefertigte weiße Fahne aus dem Fenster, um deutlich zu machen, dass er ein Zivilist ist und kein Kämpfer. Eine Botschaft sowohl an die Amerikaner als auch an die Saddam-Freunde unter seinen Nachbarn.

Auf der Ladefläche eines offenen Lastwagens erreicht eine Großfamilie den Checkpoint. Matratzen, Bettgestelle, Kommoden und Koffer, alles, was sie tragen konnten, haben sie in die Wüste mitgenommen, wo sie bei Verwandten die Luftangriffe und den Einmarsch der amerikanischen Truppen abwarteten. Ein kleines Mädchen schreit vor Schmerz. Sie ist vielleicht drei Jahre alt, ihr helles Kleid ist schmutzig. Die Mutter, eingehüllt in eine schwarze Abaya, das bodenlange Kleid mit langen Ärmeln, das den Körper muslimischer Frauen bedeckt, hält das weinende Kind. Es hat sich vor ein paar Tagen die Hand eingeklemmt, die Wunde ist nicht verbunden und entzündet. Ein Sanitäter der Marines bittet den Vater, das Kind behandeln zu dürfen. Der Mann in seinem langen weißen traditionellen Gewand willigt mürrisch ein. Es ist ihm anzumerken, dass die Hilfsbereitschaft des amerikanischen Soldaten für ihn unerwartet und unangenehm ist. Der Sanitäter spült die Wunde mit Kochsalzlösung. Viel kann er für das Kind nicht tun. Die Verletzung ist tief und müsste genäht werden. Er versucht, das dem Vater zu erklären, und reicht ihm eine Salbe, aber der versteht kein Englisch, und ein Übersetzer ist nicht in der Nähe. Die ganze Familie schaut der seltsamen Szene zu, bis der Vater das Mädchen an sich nimmt. Bedanken möchte er sich für die Hilfe nicht. Mit gesenktem Blick geht er zurück zum Lastwagen. Es ist ein Vorgeschmack auf den Zusammenstoß der Welten, den die Besatzer noch so oft erleben werden.

Den Soldaten ist eingebläut worden, dass der Krieg sich gegen Saddam, seine Folterknechte und Elitetruppen richte, und dass sie hier seien, um das irakische Volk von seinem Joch zu befreien. Das machte sich sehr gut in den Reden des Präsidenten und in den »pep-talks« der Generäle vor Beginn der Invasion, aber es passt nicht zur Lage. Die Kämpfe seien vorbei, hat der Präsident gesagt. Jetzt sei die Zeit gekommen, die Herzen und den Verstand der Iraker zu gewinnen. Den Soldaten ist das recht. Sie wollen gemocht werden und Gutes tun, aber die Iraker wollen sich von ihnen nicht helfen lassen. Die GIs fühlen sich missverstanden von stolzen und unbeugsamen Einheimischen, die mit der direkten amerikanischen Art nichts anfangen können. Offenheit hatte unter Saddam ihren Preis.

Lance Corporal Ashley Rockcole ist so einer, der in allem etwas Gutes sieht. Zwei Tage haben sie um Tikrit gekämpft, seit Wochen nicht geduscht, geschweige denn in einem Bett geschlafen. Aber der junge Texaner lässt sich nicht davon abhalten, die Lage positiv zu beurteilen, obwohl niemand freundlich zu ihm ist, wenn er die Wagen durchsucht, die den Checkpoint passieren. »Viele begrüßen uns mit *Salam alaikum*. Das heißt ›ein langes friedliches Leben‹. Wir antworten ihnen, so gut wir können. Sie verstehen, dass es um ihre Befreiung von Saddam Hussein geht. Wir wollen das Beste für sie.« Ashley Rockcole ist noch keine dreißig Jahre alt. Er hat das Gesicht eines Jungen, der mit sich und seiner Mission im Reinen ist. Noch.

Schwarzes Gold

Der kurdisch verwaltete Nordirak grenzt direkt an die Ölfelder von Kirkuk, die das Land so reich machen könnten. Unter jedem Fußbreit Boden ist Öl, sagen die Leute hier. Ein Geflecht von Pipelines überzieht die Gegend. Aus Hunderten von Ölfeldern wird seit dem Ende der zwanziger Jahre des letzten Jahrhunderts gepumpt. Die Briten entdeckten das Öl, förderten und verkauften es, bis Saddam die Anlagen Anfang der siebziger Jahre verstaatlichen ließ.

Die Zentrale der staatlichen Nordöl-Kompanie bei Kirkuk, die für mehr als die Hälfte der irakischen Reserven zuständig ist, gehört zu den strategisch wichtigsten Einrichtungen im Land. Nach Norden und Westen umgibt sie ein Schutzwall, auf dem alle zweihundert Meter ein gemauerter Turm als Aussichts- und Verteidigungspunkt dient. Saddam hat ihn bauen lassen, zum Schutz vor den Iranern, gegen die er acht Jahre lang einen erbitterten Vernichtungskrieg führte.

Das ZDF-Team sucht einen Punkt, von dem sich das Ausmaß der Ölanlagen am besten filmen lässt. Sie klettern den Schutzwall hinauf und blicken auf eine weite Ebene. Fördertürme und Raffinerien ragen wie Stacheln aus dem Boden, so weit das Auge reicht. *Babagurgur,* das Unerschöpfliche, nennen die Iraker das Feld. Doch seit einer Woche steht hier alles still. Gleich neben einem der Wachtürme haben sich ein paar US-Soldaten eingerichtet und bewachen die Anlagen. Ein Humvee, vier Männer, Ausrüstung, mit der sie, wenn nötig, ein paar Tage allein durchkommen. Sie gehören zu den Truppen, die rund um das Herzstück der nördlichen Ölproduktion für Sicherheit sorgen sollen.

Die Soldaten haben ihren Weltempfänger auf eine kurdische Frequenz eingestellt und singen »Cry me a River« von Justin Timberlake mit. Einer rasiert sich am Außenspiegel des Riesenjeep. Ein anderer macht sich über sein Fertigfrühstück aus der olivgrünen Plastiktüte her. Die Soldaten haben den ganzen Morgen darauf gewartet, dass sich die giftigen Schwefeldämpfe, die ab und zu über den Ölfeldern aufsteigen, verziehen. Irgendwann haben die Messgeräte so heftig ausgeschlagen, dass die Männer für eine Stunde ihre Gasmasken aufsetzen mussten. Jetzt sei die Luft in Ordnung, sagen sie, aber es stinkt immer noch nach faulen Eiern. Mehr ist nicht aus ihnen herauszubekommen.

An dem Tag, als die Kurden gemeinsam mit US-Spezialeinheiten Kirkuk eroberten, stellten die Ingenieure der Nordöl-Kompanie einfach den Strom ab und stoppten die Pumpen. »Alle haben aufgehört zu arbeiten und sind davongelaufen«, erzählt Ibrahim Hawaz, der leitende Produktionsingenieur. Natalia Cieslik hatte ihn am Tag zuvor kennen gelernt, als sie einfach auf das Gelände der Nordöl-Kompanie fuhr, um sich umzuschauen. Niemand hielt sie auf, die Wachleute waren verschwunden. Saddams Bild am Eingang war bereits zerstört. Hawaz wohnt gleich neben den Anlagen in einem der alten Häuser, die einst für britische Ölarbeiter gebaut wurden. Er bietet den Deutschen an, ihnen die Anlagen zu zeigen, stolz darauf, dass sie überhaupt noch stehen. Es ist der Beweis für den Mut, den er und seine Leute aufbrachten, als es darauf ankam. Hawaz erzählt von den dramatischen Stunden, bevor die Invasionstruppen Kirkuk erreichten. Die Anlagen produzierten immer noch sechshunderttausend Barrel Rohöl pro Tag, ein Großteil davon für den Schmuggel nach Syrien. Die Ingenieure sicherten alle Maschinen, so gut sie konnten, und hofften, dass die Amerikaner keine Bomben auf das gewaltige Industrieziel werfen würden, wenigstens nicht, solange sie noch dort waren. Die Gefahr kam von beiden Seiten, erzählt Hawaz. »Saddams Befehl war eindeutig: Wenn die Amerikaner kommen, dann sollen alle Ölanlagen im Land gesprengt werden. Seine Armee hat einfach nicht mehr auf ihn gehört. Sie wussten, dass das Öl nicht Saddam gehört, sondern allen Irakern.«

Wie aus dem Nichts taucht plötzlich eine Gruppe Amerikaner auf. Zwei ältere, nur mit Pistolen bewaffnete Soldaten kontrollieren die Anlagen, klopfen an Rohre, machen sich Notizen, mehrere jüngere sichern das Umfeld. Sie wollen nicht reden. Hawaz nickt ihnen freundlich zu und erklärt, sie seien Spezialisten, die die technische Sicherheit der Anlagen prüften und sie auf Sabotage und Sprengfallen untersuchten. Dass die Amerikaner die Ölanlagen erst einmal übernehmen, findet Ibrahim Hawaz in Ordnung. Immerhin geht es um die Zukunft seines Landes und um elf Prozent der Welt-Ölreserven.

Wenn es nach ihm ginge, könnte die Arbeit morgen wieder losgehen. Doch schon jetzt ist abzusehen, dass es Wochen dauern wird, bis hier wieder gearbeitet werden kann. Später kommen die Sabotageakte dazu, und heute, mehr als anderthalb Jahre nach Kriegsende, ist die irakische Produktion immer noch nicht wieder auf dem – ohnehin schon durch Sanktionen gedrosselten – Vorkriegsniveau.

Im wenige Kilometer entfernten Ersatzteillager der Nordöl-Kompanie haben die Plünderer ihr Tagwerk noch nicht vollendet. Der Fuhrpark ist schon vor Tagen Richtung Norden, ins Kurdengebiet, abtransportiert worden. Die US-Soldaten schauen weg, als eine Gruppe kurdischer Zivilisten einen Container aufbricht. Das sei der Deal, sagen die Leute von Nordöl. Die Kurden haben den Amerikanern geholfen, Mosul und Kirkuk einzunehmen, jetzt dürfen sie sich bedienen. Zurück lassen sie nichts als eine Mondlandschaft aus Schrott, den niemand mehr gebrauchen kann, monströse Zeugen jahrelanger Mangel- und Misswirtschaft der von Saddam verstaatlichten Schlüsselindustrien. Ein paar Wochen nach dem Fall von Mosul konfiszieren die kurdischen Behörden ein paar gestohlene LKW und bringen sie zurück nach Kirkuk. Der Siegesrausch ist vorbei. Schnell hat eine neue Verwaltung die alte Saddam-Präfektur in Kirkuk ersetzt. Es sind fast alles Kurden, aus dem autonomen Norden, und Einheimische, Vertreter einer Schattenregierung, deren Planung begann, als die Amerikaner sich auf den Krieg im Irak vorbereiteten. Die Kurden erheben Anspruch auf Kirkuk. Nirgendwo sonst hat Saddams brutale Vertreibungspolitik so tiefe Wunden hinterlassen wie hier. Und die Kurden wollen ihr Anrecht auf die Ölfelder und deren Reichtum geltend machen. Egal, wie der neue Irak einmal aussehen wird – ob geteilt oder als Föderation –, sie werden Kirkuk nicht noch einmal hergeben. Eine der größten Gefahren für den amerikanischen Plan, einen einigen, demokratischen Irak als Vorbild für den ganzen Nahen Osten zu schaffen, liegt also ausgerechnet in der traurigen Geschichte und in der wütenden Entschlossenheit ihrer eigenen Waffenbrüder.

Natalia Cieslik und ihr Team fahren zurück nach Arbil, wo sie ihren Bericht über die Ölanlagen, Ibrahim Hawaz und die Amerikaner, die das Ganze bewachen, per Satellit nach Deutschland überspielen können. Es ist Freitag, das muslimische Wochenende. Seit zwei Tagen sind die Felder voller roter Blumen; wie ein Teppich erstrecken sie sich bis zum Horizont. Sie passieren eine Straßensperre der Amerikaner. Sandsäcke und Panzer sind so arrangiert, dass der Geländewagen nur langsam und im Zickzackkurs hindurchfahren kann. Die US-Soldaten sehen flüchtig auf Gepäck und Fernsehausrüstung, fragen nach Waffen. Und da sind sie tatsächlich mal, die versprochenen Blumen: an Uniformen und Helmen, in jeder Tasche, in jedem Knopfloch ein kleiner Strauß. Selbst die Sandsäcke sind mit frisch gepflückten Blumen dekoriert. Ein Dankeschön der Kurden, auf dem Rückweg von ihrem Freitagsausflug, an die Amerikaner, die hier nichts anderes sind als Retter vor Saddam. Die schwer bewaffneten Soldaten fühlen sich ein bisschen unwohl in der Blütenpracht und winken schnell weiter. Diese Szene wird sich so nirgendwo sonst im Irak wiederholen.

Wenige Tage später geht es wieder zurück nach Kirkuk. Ein Massengrab sei gefunden worden, heißt es. Das erste nach dem Fall von Bagdad. Das Team kommt auf ein riesiges, jetzt verlassenes Militärgelände, vorbei an Schrotthaufen ausgedienter Fahrzeuge. Dort, wo bisher nur Saddams Soldaten Zutritt hatten, liegen, ordentlich ausgerichtet, kleine Grabhügel. Reihe an Reihe, namenlos, nicht einmal mit einer Nummer versehen. Zweitausendfünfhundert Einzelgräber – der erste sichtbare Beweis für die Schreckensherrschaft unter Saddam. Nach wenigen Minuten rollt ein Bus auf den Friedhof. Männer und Frauen, ganze Familien mit Kindern steigen aus und schauen sich um. Es ist eine Reise in die Vergangenheit für diese Kurden, die seit Jahren nach vermissten Verwandten suchen. Nach Vertriebenen und Verhafteten, von denen sie nie wieder etwas gehört haben. Die Hände fassungslos vor die offenen Münder haltend, laufen sie zwischen den Gräberreihen umher. Viele weinen. Ein Kurde, der in der Nähe wohnt und mit den Besuchern spricht, erinnert sich an die Erzählung eines Nachbarn, der hier gearbeitet hat. »Er hat mir gesagt, dass das alles Kurden sind, die an dieser Stelle seit 1988 begraben wurden.« Es ist der Beweis für das, was alle irgendwie schon wussten: Der Massenmord an ihren Verwandten, von dem sie so oft gehört hatten, hat tatsächlich stattgefunden.

Eine Frau im schwarzen Gewand weint und schreit, sie schlägt die Hände vors Gesicht, immer wieder, bis ein Mann sie zurückhält. Seit über zehn Jahren sucht Khadija Razak ihren Ehemann. Ihr Sohn wurde von Saddams Leuten erschossen. Um den Hals trägt sie einen kleinen Plastikbilderrahmen. Auf der einen Seite ist ein Bild ihres Sohnes, auf der anderen das ihres Mannes. Ihr rechtes Auge ist von einer schwarzen Augenklappe bedeckt. Es sei schwer krank gewesen, erzählt Khadija. Sie habe in ihrem Leben so viel geweint über den toten Sohn und den verlorenen Mann, dass ihre Augen daran kaputtgegangen seien. Jetzt steht sie vor den Gräbern und ist überzeugt davon, dass ihr Ehemann hier irgendwo liegt. »Als ich gehört habe, dass es

Gräber gibt, die geöffnet werden, da bin ich sofort hierher gekommen. Hoffentlich finde ich meinen Mann. Ich weiß nicht einmal mehr, was er anhatte, als er verschwand.«

Zwei Gräber haben Besucher am Morgen bereits geöffnet. In einem soll eine Frau gelegen haben, in dem anderen ein kurdischer Soldat. Noch sind es nur Gerüchte, aber ein paar Wochen später wird der Verdacht sich bestätigen. Hier liegen Kurden, getötet von Saddams Schergen. Die meisten, die heute gekommen sind, um sich die Gräber anzusehen, müssen sich nicht überzeugen lassen. Sie wissen schon jetzt, wer die Toten an diesem Ort auf dem Gewissen hat. Denn in Sichtweite des Friedhofs steht eines der vielen Häuser von Ali al-Majid, genannt »Chemie-Ali« – der Mann, der verantwortlich war für Saddams grausame Strafexpedition gegen die Kurden. Er hat sie vertreiben und erschießen lassen und schließlich Tausende mit Giftgas umgebracht.

Auf Menschen wie diese Friedhofsbesucher hatten sich die Erwartungen der amerikanischen Kriegsplaner gestützt. Sie dachten, solche Schicksale würden die Opfer des Saddam-Regimes den Eroberern in Scharen in die Arme treiben, mit ihnen könne Amerika einen neuen Irak aufbauen. In einem Volk von dankbaren Verbündeten werde man keine riesige Besatzungsarmee brauchen. Das war die Hoffnung, aber außer in Kurdistan hat sie sich nirgendwo erfüllt.

Vormarsch ins Verderben

Die Berichte von Natalia Cieslik beweisen, wie sehr wir in solchen Situationen auf unabhängige Reporterinnen und Reporter angewiesen sind.

Auch wenn das ZDF-Team den Vormarsch der US-Truppen um ein paar Tage »verpassen« musste, haben sie doch früher als andere alle wesentlichen Elemente gesehen und gefilmt, die das Abgleiten der Irak-Feldzugs in eine kaum noch beherrschbare Anarchie ankündigten. »Eingebettete« Korrespondenten bei den

US-Truppen oder die im Hotelbunker eingekesselten Reporter in Bagdad hatten viel weniger Bewegungsfreiheit. Kein amerikanischer Presseoffizier, der seinen Sold wert ist, würde einen Reporter mit Truppen rausschicken, die Plünderungen tatenlos zusehen müssen. Auch die Entschlossenheit der Kurden, ihre blutig erkämpfte Unabhängigkeit nicht gleich wieder in einem irakischen Vielvölkerstaat aufgehen zu lassen, war schon damals mit Händen zu greifen. Als es dann darum ging, dem Land eine Verfassung zu geben und eine irakische Regierung zu etablieren, sollte das Selbstbewusstsein der Waffenbrüder im Norden den Besatzern noch große Schwierigkeiten machen.

Natalia Ciesliks Berichte von der Front beweisen: Das US-Militär war nicht wirksam präsent. Die amerikanischen Fernsehberichte – und damit zwangsläufig auch deutsche Berichte, die von diesem Material leben mussten – vermittelten damals einen anderen Eindruck. Ein Journalist, der mit US-Truppen reist, hat natürlich ständig US-Uniformen im Bild. Tatsächlich hinterließ das amerikanische Militär nach seinem »Blitzvormarsch« ein Vakuum, das nur darauf wartete, von anderen Elementen gefüllt zu werden. Zuerst waren es Plünderer, später wurden es bewaffnete Verbände mit sehr viel langfristigeren Zielen sein. Sie trauen sich zu, die Weltmacht in einem Zermürbungskrieg zu binden und am Ende aus dem Zweistromland zu vertreiben. So kehrte das »V-Wort« zurück in den politischen Sprachgebrauch: Vietnam.

Erfahrene Militärs, die die Katastrophe in Südostasien noch selbst miterlebt haben, hatten von Anfang an vor einer Wiederholung gewarnt. Im Februar 2003, gut einen Monat vor dem Beginn der Offensive, forderte der Stabschef der US-Armee, General Eric Shinseki, vor dem Kongress »einige hunderttausend Soldaten«. Wären die Maßstäbe angelegt worden, die in der Clinton-Präsidentschaft für NATO-Truppen in Bosnien galten, hätte der Irak-Krieg eine halbe Million Soldaten erfordert. Tatsächlich erreichte die Truppenstärke zu keinem Zeitpunkt auch nur ein Drittel dieser Zahl.

Ein paar Tage nach Shinsekis Aussage nannte der zivile stell-
vertretende Verteidigungsminister die Schätzungen seines Top-
militärs »viel zu hoch«.[43] Er war der Ansicht, dass von keiner
ethnischen Gruppe Gefahr drohe, weil sie alle von Saddam Hussein unterdrückt worden seien. »Die Abschlachterei im Irak be-
traf alle Gruppen, Saddam legte bei Terror Wert auf Gleichbe-
handlung.«

Die Militärs wurden von der neokonservativen zivilen Führung des Pentagon überrollt. Rumsfeld, Wolfowitz, Perle und
andere glaubten fest daran, dass der Irak – nach ersten Erfahrungen im Kosovo und vor allem in Afghanistan – das leuch-
tende Beispiel für einen modernen Krieg werden würde. Verbündete in der Region, unterstützt von der Luftwaffe, am Boden
geleitet zunächst von Hightech-Kriegern der Supermacht und
später von zivilen Aufbauhelfern, würden in Rekordzeit eine
neue Nation schaffen. Die Kraft der amerikanischen Idee würde
über alle Hindernisse hinweghelfen. Schon nach zwölf Monaten
sollte es möglich sein, die Truppenstärke auf einige zehntausend
zu reduzieren, sodass sich die Weltmacht für den nächsten Konflikt rüsten könne – falls das nach einer so beeindruckenden Demonstration der Stärke überhaupt noch notwendig sein sollte.

Die »Männer und Frauen in Uniform«, von denen der Präsident immer spricht, waren von Anfang an skeptisch, aber sie
haben den »point of no return« verpasst. Wenn George W. Bush
im Wahlkampf darauf angesprochen wurde, dass er seine Truppen unzulänglich ausgerüstet in den Krieg geschickt habe, antwortete er immer wieder mit derselben Anekdote. Am Tag der
Entscheidung, kurz vor Beginn der Angriffe, habe er seine Generäle in den Lageraum des Weißen Hauses bestellt und jeden
einzelnen gefragt, ob er alles habe, was er brauche. Sie hätten
ausnahmslos mit »Yes, Sir« geantwortet.

Die Episode mag sich tatsächlich so zugetragen haben, aber sie
beweist nichts. Kein Offizier wird in einem so späten Stadium
noch die gesamte Operation in Frage stellen. Falls es jemanden
gab, der Zweifel hegte, wird ihm das Schicksal des »Frühwar-

ners« General Shinseki eine Warnung gewesen sein: Der wurde kurz nach seinem Auftritt vor dem Kongress frühzeitig in den Ruhestand geschickt. Ein Apparat, der von den festen, gläubigen Überzeugungen seines Oberkommandierenden geprägt wird, duldet keinen Widerspruch. Wer darauf bestanden hätte, dass Widerstand im Irak mit eingeplant wird, hätte eine der Grundannahmen der US-Politik in Frage gestellt: dass die Befreiten den Befreiern dankbar sein würden.

Es wäre falsch, General Shinseki noch nachträglich zum weisen Propheten zu erklären. Weder von ihm noch von Wolfowitz gibt es Äußerungen, die darauf hindeuten, dass sie größeren Widerstand von einer der Volksgruppen im Irak erwartet hatten. Sowohl die militärische als auch die zivile Führung im Pentagon waren blind für die wirklichen Gefahren im Irak. Die Einzigen, die über eine zutreffende Analyse der Gefahrenlage verfügten, waren von der Debatte ausgeschlossen, weil die Ideologen Colin Powells State Department nicht trauten.

Die Hoffnungen, auf die der Plan des Militärs sich gründete, überlebten schon die ersten Tage nach dem »Ende der wesentlichen Kampfhandlungen« nicht. Als sich im heißen Sommer 2003 herausstellte, dass das Chaos im Irak, der wachsende Terror und die zunehmende Zersplitterung des Vielvölkerstaats keine vorübergehenden, sondern ständig wachsende Probleme sein würden, ließ der politische Kalender keine Korrekturen mehr zu. Die Präsidentschaftswahlen rückten näher, und Colin Powells Prophezeiung wurde wahr: Die Entscheidung über eine zweite Amtszeit für George Walker Bush würde im Irak fallen. Eilige Kurskorrekturen oder massive Truppenverstärkungen wie seinerzeit in Vietnam kamen unter diesen Umständen nicht in Frage; das Militär musste mit den vorhandenen Ressourcen an Menschen und Material auskommen. »Einen Krieg führt man mit der Armee, die man hat, und nicht mit der Armee, von der man träumt«, erklärte Donald Rumsfeld der Truppe in seinem unnachahmlichen Stil bei einem Besuch in Kuwait im November 2004. Die Lage wurde nicht einfacher dadurch, dass die Zivilverwaltung unter dem »Vizekönig« Paul Bremer als Erstes die gesamte irakische Armee entließ, damit die einzige funktionierende nationale Struktur zerschlug und die Kampagne zur Entba'athifizierung einem zwielichtigen exil-irakischen Strippenzieher namens Ahmed Chalabi übertrug. Der hatte sich das Vertrauen der NeoCons erarbeitet und fiel erst ein Jahr später in die verdiente Ungnade.

Sowohl die Besatzungstruppen als auch die vorläufige Zivilverwaltung (CPA) unter Paul Bremer verkannten die wachsende – nicht schrumpfende – Gefahr und den Charakter des Aufstands. Zu lange missdeuteten sie ihn als verzweifelte Aktionen von »Schergen des alten Regimes, Mitgliedern ihrer Spezialeinheiten und Taten der ›Feddayin Saddam‹ und der Leute, die im Irak fünfunddreißig Jahre lang getötet und gefoltert haben und das alte Regime wieder installieren wollen«.[44]

Tatsächlich erfasste der Aufstand seit dem Sommer 2003 allmählich alle Volksgruppen. Muslimische Nationen haben eine besonders geringe Bereitschaft, Besatzungen zu ertragen, vor allem durch Ungläubige, auch wenn sie noch so oft beteuern, in guter Absicht gekommen zu sein. Die Taktiken der US-Truppen stachelten den Widerstand weiter an. Da sie die Attacken als »letzte Zuckungen« des alten Regimes missverstanden, gaben sie ihrer Neigung nach, »robust« dagegen vorzugehen. So begann die US-Mission, den Aufständischen weitere Rekruten zuzutreiben.[45]

Ernst zu nehmende Meinungsumfragen im Irak stellten im März/April 2004 fest, dass die Akzeptanz für US-Militäraktionen in den vorangegangenen neun Monaten von zweiundvierzig auf vierzehn Prozent gefallen sei. In derselben Zeit wuchs die Zahl der Iraker, die Angriffe auf die Besatzungstruppen »zumindest manchmal« begrüßten, von neunundzwanzig auf siebenundsechzig Prozent.[46]

Und doch gibt es Truppenteile und Offiziere, denen es immer noch und trotz allem gelingt, Zuversicht zu vermitteln.

Hoffnungsträger

Natalia Cieslik und ihr Team sind wieder in Mosul, um darüber zu berichten, wie sich die Besatzer in der Stadt einrichten. Vor dem Gebäude der Stadt- und Provinzverwaltung haben sich Menschen versammelt, hinter NATO-Draht bewachen Soldaten die Eingänge. Arbeit suchende Männer und Neugierige beobachten die Amerikaner, die reglos, das Gewehr im Anschlag ein paar Meter hinter der Stacheldrahtbarriere stehen. Die Soldaten wundern sich über das Team aus Deutschland, das sich so frei im Land bewegt. Die meisten Journalisten, die sie während des Krieges gesehen haben, waren »embedded«. Es dauert mindestens eine halbe Stunde, bevor sie entschieden haben, ob sie die Fremden hereinlassen dürfen. Dann können sich die Männer nicht einigen, welchen Eingang die Journalisten benutzen dürfen, ob sie vor oder hinter dem Stacheldraht warten müssen. Sie sind erst ein paar Tage hier, und noch gibt es keine Anweisungen für alle Eventualitäten, wie sie es sonst gewohnt sind. Während die zuständigen Offiziere noch hilflos diskutieren, verdreht ein junger Soldat die Augen und entschuldigt sich bei der Reporterin für das Hin und Her. »That sucks! Wenn ich das alles gewusst hätte, hätte ich mir das anders überlegt. Ich will sowieso Musiker werden.« Er ist neunzehn Jahre alt und hatte kein Geld fürs College. Ein paar Jahre bei der Armee, und dann zahlt Vater Staat für die Ausbildung. So wie er planten tausende mittelloser Amerikaner. Aber dann kam der Irak-Krieg, und jetzt steht der Junge in Mosul und bewacht das Rathaus. Das College ist weit weg von hier.

Endlich kommt ein Soldat auf das Team zu. Er ist älter als die anderen und begrüßt die Gäste freundlich mit ausgestreckter Hand. »Wer sind Sie denn?«, will er wissen. »Ah, German TV, guten Tag!« Ein paar Worte Deutsch kann fast jeder Soldat, die meisten waren irgendwann einmal in Wiesbaden, Baumholder oder K-town, wie Kaiserslautern bei ihnen heißt, stationiert. »Das war der kommandierende General der 101. Airborne Division, David Petraeus«, erklärt einer. »Er will eine

Fernsehansprache aufnehmen, die heute Abend im Lokalfernsehen läuft.«

Vor ein paar Tagen ist General Petraeus mit seinen Truppen in Mosul angekommen. Rund zehntausend Soldaten zunächst, bald werden es siebzehntausend sein. Die Einheit hat bereits einen vierwöchigen Feldzug hinter sich, der in Kuwait begonnen hat und eigentlich in Bagdad enden sollte. Dort, so war es zumindest geplant, wäre er mit seinen Leuten hinter den feindlichen Linien gelandet und hätte das Terrain für andere Einheiten vorbereitet. Dann fällt Bagdad ganz schnell und widerstandslos, und im Nordirak wird dringend Verstärkung gebraucht. Saddam und seine Söhne sind auf der Flucht, Massenvernichtungswaffen noch nicht gefunden und Mosul, die Provinzhauptstadt im Nordirak, gilt als schwieriges Pflaster. So kommen der eigenwillige General und seine Elitetruppe an die Nordfront.

»Okay, sind wir so weit, alles fertig?« Petraeus steht auf dem Dach des Rathauses und blickt in die Kamera. Scheinwerfer sind auf ihn gerichtet. Die Kameraausrüstung gehört der Medienabteilung der Einheit, die den Feldzug von Anfang an dokumentiert hat. Im Hintergrund liegen Scharfschützen bereit, sichern das Gebäude vor Angriffen. Der General mit den zwei Sternen auf dem Hemdkragen macht das nicht zum ersten Mal. Der Umgang mit den Medien ist ihm wichtig. »Die Leute sollen wissen, warum wir hier sind. Wir müssen mit ihnen reden, damit sie verstehen, dass wir mit ihnen zusammenarbeiten wollen.«

Ob die Offenheit auch für deutsches Fernsehen gilt? Offenbar ja: Der General gewährt dem Team aus der Verweigerernation einen Tag. Sie dürfen ihn von morgens bis abends begleiten, um zu sehen, wie die Arbeit eines Besatzers aussieht.

Treffpunkt sieben Uhr am Tor zu Saddams Palast in Mosul. Das Gebäude ist so monströs wie die übrigen Residenzen des Diktators im Irak, die Auffahrt so breit wie eine mehrspurige Schnellstraße. Der Koloss ist gelblich verputzt, verziert mit Statuen im pseudobabylonischen Stil. Hier befindet sich das Hauptquartier der 101. Airborne. General Petraeus hätte lieber eine andere Unterkunft gehabt, schon um den Einheimischen zu zeigen, dass sie nicht so sind wie Saddam, aber kein Gebäude in Mosul war groß genug, um die Einheit sicher unterzubringen.

Zweimal am Tag, frühmorgens und am Abend, versammelt sich die Kommandospitze, etwa zwanzig Soldaten, im Halbkreis um ihren General.

Der Raum ist riesig und dunkel. Das meiste Licht erzeugen digitale und interaktive Umgebungskarten und Luftaufnahmen, die auf die Wand projiziert werden. Das war einmal Saddams Salon, die Empfangshalle. Rundherum zeugen Mosaiken von der unumschränkten Macht des gestürzten Diktators: Saddam mit Hut und Sonnenbrille, Saddam mit lachenden Kindern, Saddam spricht zu seinem jubelnden Volk. Auf der Flucht soll der Herrscher zum letzten Mal in diesem Palast gewesen sein, das hat ein ehemaliger Hausmeister den Amerikanern erzählt, als sie hier Quartier bezogen. Da war schon alles geplündert, Wasserhähne, Möbel, Lichtschalter. Die Diebe hinterließen nichts als ein riesiges Gerippe vergangener Pracht.

Fast alle Soldaten haben einen Laptop vor sich, das Licht der Bildschirme fällt auf die Gesichter und gibt der Szene etwas Verschwörerisches. Alle schauen nach vorn, auf die Karten, Diagramme und Zahlen. Petraeus sitzt in der ersten Reihe. Ununterbrochen spricht er in ein Mikrofon und stellt Fragen. Die Antworten kommen sofort: Gibt es noch Widerstandsnester? Keine Aufständischen in Sicht! Gab es Zwischenfälle in der Nacht? Ein paar Schießereien, aber nichts Besonderes! Wie wird das Wetter? Das Wetter wird gut! Der lange, heiße irakische Sommer ist vorbei, endlich.

Petraeus ist nicht nur Kommandeur, sondern auch Manager, ein Mann des Details, einer, der alles wissen will, sich um alles kümmert, einer, dessen Tag mehr als vierundzwanzig Stunden hat. »Es ist eine Ehre, unter ihm zu dienen«, meint ein Soldat grimmig, »aber auch verdammt anstrengend.«

Nach fast einem halben Jahr als Besatzer in Mosul muss sich

der General auch um den Alltag seiner Division kümmern. »Ah, die bestellten Winteruniformen sind endlich unterwegs?«, stellt er fest und blickt auf die gigantische Inventarliste vor ihm an der Wand. Alles ist dort aufgeführt, von Munition bis Toilettenpapier. Ein kleiner gelber Punkt steht neben der Rubrik »Winterausrüstung«. Das heißt, die Sache ist in Bearbeitung. Grün heißt erledigt oder gesichert. Bei Rot ist noch nichts passiert, Winterschuhe und Sport-BHs für die weiblichen Soldaten gehören offenbar in diese Problemkategorie. Was ein General in Saddams Armee oder ein al-Qaida-Führer wohl von dieser Lagebesprechung halten würde?

Der Irak-Feldzug ist der erste Krieg für den fünfzigjährigen Karrieresoldaten Petraeus. Er hat in West Point, der Eliteakademie der Army, studiert und in den achtziger Jahren in Princeton seine Doktorarbeit am Lehrstuhl für internationale Beziehungen geschrieben. Sein Thema: die Zurückhaltung der militärischen Führung nach dem Debakel in Vietnam. »Die Armee ist ein schlagkräftiges Werkzeug, aber nicht jedes Problem löst man mit einem Hammer«, lautet eine seiner Lebensweisheiten. Die andere: »Die Lage am Boden ist nie so schlimm wie auf CNN.«

Unter Kollegen und Vorgesetzten gibt es einige, die Petraeus' Ironie nicht schätzen und ihn für übertrieben ehrgeizig halten. Mit 1,75 Meter Größe und ein bisschen mehr als siebzig Kilo Körpergewicht hat er nicht gerade Gardemaß. Ab und zu kompensiert er seine eher schmächtige Erscheinung mit außerordentlichen sportlichen Demonstrationen. Gerne fordert er junge Soldaten zu einem Liegestützwettbewerb heraus. Oder zu einem »Jog«, bei dem so lange gelaufen wird, bis er gewinnt. »Rendezvous mit dem Schicksal« heißt das Motto der Division. Die Einheit wurde für die Invasion in der Normandie 1944 gegründet. Ihr Ruhm stammt aus den Tagen, als Fallschirmspringer hinter den deutschen Linien landeten und den Vormarsch der Alliierten vorbereiteten. Für Petraeus ist der Irak auch ein persönliches Rendezvous mit dem Schicksal, ein Krieg, den er gewinnen möchte, auf seine Art.

Als er Ende April in Mosul ankommt, braucht Petraeus nicht lange, um zu verstehen, worum es hier geht. Es ist kein einfaches Pflaster. 1,7 Millionen Menschen leben in der Provinzhauptstadt, die meisten sind Araber, aber es gibt auch kurdische, christliche und turkmenische Minderheiten. Hier rekrutierte Saddam die meisten seiner Offiziere; die Stadt war ihm und seiner Armee treu ergeben. Unter den Frauen von Mosul galt der Spruch: »Wer keinen Soldaten abbekommt, der ist nicht richtig verheiratet.« Mosul hat die zweitgrößte Universität des Landes, in manchen Fachbereichen soll sie besser sein als die Hochschulen in Bagdad. Eine einflussreiche und konservative Mittelschicht dominiert das Geschäftsleben. Dort, wo sich vor achttausend Jahren Ninive, die Hauptstadt des assyrischen Reiches, erhob, steht heute Mosul. Ein paar Ruinen am Ostufer des Tigris zeugen von der einstigen Bedeutung. Das Misstrauen gegenüber den neuen Machthabern aus den USA ist hier besonders groß. Petraeus weiß, dass die Mischung aus Geld, Bildung, Soldaten und Saddam-Treue explosiv ist, aber er hält sich für den richtigen Heerführer in schwierigen Lagen.

Nach der morgendlichen Lagebesprechung nimmt Petraeus das deutsche Team mit zu seinem ersten Termin im Gerichtsgebäude von Mosul. In einer Kolonne von vier Humvees machen sie sich auf den Weg in die Innenstadt. »General Major Petraeus« steht auf der Windschutzscheibe vor dem Passagiersitz. Die Fahrzeuge sind den Soldaten persönlich zugeordnet. Der General ist umgeben von Hightech. Stolz zeigt er das Herzstück der modernen Kampfeinheit, einen Bordcomputer, der zu jeder Zeit die eigene Lage errechnet und gleichzeitig die Position der anderen Wagen anzeigt. Mit einem Stift kann Petraeus die Einheiten antippen und bekommt einen Lagebericht. Diese Technik ist im Irak zum ersten Mal eingesetzt worden. »Das hat unsere Arbeit sehr erleichtert, gerade während der Sandstürme in der Wüste waren wir auf diese Geräte angewiesen. Man konnte ja die Hand nicht vor Augen sehen, so schlimm war es manchmal«, erzählt er.

Leicht gebückt betritt Petraeus mit schnellem Schritt das Gerichtsgebäude, das seit Tagen weder Strom noch Wasser hat. Nicht amerikanische Bomben haben es zerstört, sondern Plünderer und vielleicht einige, die nicht wollten, dass die Besatzer ihre Akten finden. Bis vor kurzem wurde unter den Arkaden aus britischer Kolonialzeit Recht gesprochen – oder das, was Saddam darunter verstand.

Auf dem Boden sind Akten zu einem riesigen Berg aufgehäuft. Ein älterer Mann hat die Büromöbel gestapelt, die noch zu gebrauchen sind. Petraeus ist hier, um die Richter zu treffen. Er will, dass die Justiz wieder arbeitet, so schnell wie möglich. »Wir brauchen Sicherheit, eine Polizei und ein Gerichtswesen. Wir müssen das Machtvakuum füllen.« Freundlich und ein wenig verunsichert begrüßen die Richter den amerikanischen Feldherrn. Es wird Tee serviert, und ein Übersetzer vermittelt den Irakern Petraeus' Botschaft. »Wir warten noch auf den Befehl aus Bagdad«, sagt Muhammad al-Kobaysi. »Nein, das müssen Sie nicht. Die Zentralmacht in Bagdad gibt es nicht mehr.« Petraeus grinst, und die Richter lachen. Es ist alles noch ein wenig gewöhnungsbedürftig. Die Botschaft, dass Saddam nicht mehr das Sagen hat, ist schwer zu vermitteln, erklärt Petraeus. »Die Leute kennen nichts anderes.« Dass ein Richter, der auch unter Saddam gearbeitet hat, jetzt die Justizbehörde weiterführen soll, ist für den General eine notwendige, pragmatische Entscheidung. »Es muss weitergehen. Nicht alle waren so schlimm wie Saddam.«

»Wie wäre es mit einem Spaziergang?« Schnell und zielstrebig schreitet Petraeus voran, hinter ihm sein Assistent und sechs Bodyguards. Es sind nur ein paar hundert Meter vom Gerichtsgebäude in die Innenstadt. Petraeus grüßt gerne, redet gerne, lacht gerne und beeindruckt gerne. Jedem, den er trifft, stellt er sich vor. »*Salam alaikum.* Ich bin General David Petraeus. Wie geht es Ihnen?« Jeden Mann begrüßt er mit Handschlag, vor jeder Frau verbeugt er sich und klopft sich mit der rechten Hand leicht auf die Brust. Er weiß, dass muslimische Frauen aus strengen Familien keinen Körperkontakt mit Männern außerhalb der Familie haben dürfen. Und Petraeus weiß auch, wie wichtig diese kleinen Gesten des Respekts gegenüber der Kultur der Menschen sind. Er ist anders als die rabiaten GIs, die in den meisten Fernsehberichten zu sehen sind. In der Altstadt von Mosul ist der amerikanische General schnell umringt von Leuten, die dem unbekannten Wesen die Hand schütteln wollen. Für seine Bewacher sind diese Begegnungen ein Albtraum, für Petraeus sind sie das Fundament seiner Arbeit. In einem Straßenrestaurant bringt man ihm ein Glas Tee. »*Shukran*«, bedankt sich der Amerikaner auf Arabisch. »Schön, dass Ihr Restaurant so voll ist, das Essen hier muss gut sein. Wir bleiben zum Mittagessen.« Der Gastwirt, ein massiger, großer Mann mit einem mächtigen Schnauzbart, setzt Petraeus und seinen Männern Teller mit gegrilltem Huhn vor. Der General isst mit den Händen, so wie die Tischnachbarn, und macht ununterbrochen Smalltalk, die amerikanischste Form einer Unterhaltung. »Solche Begegnungen sind unersetzlich. Es ist wichtig für die Iraker zu wissen, dass wir etwas von ihrem Leben, ihrer Kultur, ihren Traditionen und Sorgen verstehen.«

Eine Woche nach seiner Ankunft hat er das erste Treffen von Würdenträgern aus Mosul und Umgebung organisiert, in einem Konferenzraum der Stadtverwaltung, die seine Soldaten sofort nach dem Einmarsch besetzt haben. Das Gebäude ist schwer bewacht. Die Amerikaner wollen hier die Zivilverwaltung aufbauen. Soldaten laufen in den Gängen auf und ab, sprechen in Funkgeräte, rufen sich Kommandos zu. Es geht zu wie in einem Ameisenhaufen. In jedem Büro schlafen mindestens zehn Soldaten auf Feldbetten, daneben stehen ihre Rucksäcke und Maschinengewehre. Sie haben die Nacht durchgearbeitet. Vor den Zimmern stapelt sich kaputtes Mobiliar, das selbst die Plünderer nicht mehr haben wollten. Noch gibt es kein fließendes Wasser oder Toiletten. Ein Plumpsklo im Hof für über zweihundert Soldaten muss fürs Erste reichen.

»Ihr könnt euch streiten, so viel ihr wollt, aber gekämpft wird nicht.« So eröffnet der General die Sitzung, und die Männer starren ihn fassungslos an. Stammesführer in traditioneller Kleidung, Vertreter der christlichen assyrischen Minderheit, pensionierte Generäle, die ihre Uniform für den Neuanfang ihres Landes noch einmal aus dem Schrank geholt haben – alle sitzen an einem Tisch und diskutieren über Demokratie mit einem amerikanischen General als Schiedsrichter. Es geht um die Macht in Mosul und um die Zukunft.

Etwa fünfundzwanzig Männer hat Petraeus hier versammelt und erklärt ihnen die Zukunft ihrer Stadt und Provinz, bis Wahlen stattfinden können. Sie sollen eine Liste zusammenstellen mit zweihundert bis zweihundertfünfzig Kandidaten für die Stadt- und Provinzverwaltung. In zehn Tagen sollen sie ein Team aus dieser Liste wählen, das die Geschäfte bis zu den Wahlen führen wird. Für Kurden, Christen und Turkmenen sind Sitze in der Verwaltung vorgesehen, sogar einer für die Jezidi, eine winzige religiöse Gruppe, die einen Todesengel verehrt und deshalb bei vielen als Teufelsanbeter verschrien ist. Minderheiten sollen berücksichtigt, ethnische und religiöse Konflikte vermieden werden. Das Einparteiensystem gehört der Vergangenheit an.

Nach einer halben Stunde übergibt der General die Leitung an Colonel Joseph Anderson, den Leiter der 2. Brigade; der soll sich um die Einzelheiten kümmern. Neben Petraeus wirkt Anderson wie ein Riese. Groß, glatzköpfig und Furcht einflößend selbst für die, die ihn gut kennen. Seine Stimme ist laut und sein Händedruck schmerzhaft. Bei Begrüßungen beugt er sich vor, starrt seinem Gegenüber in die Augen und drückt ein weiteres Mal zu, diesmal noch fester. Anderson kommandiert sonst Kampfhubschrauber in feindliche Gebiete und gilt als Liebhaber großer Feuerkraft. Jetzt organisiert er die erste Abstimmung in Mosul, die Müllabfuhr und die lokale Polizei. Petraeus und Anderson verkörpern Soldaten, die nach neuester US-Doktrin im so genannten »Three Block War« eingesetzt werden. Dabei handelt es sich um ein Konzept, das nach dem fatalen Einsatz der US-Armee in Somalia ausgearbeitet wurde: Amerikas Truppen sollen in der Lage sein, an einer Straßenecke einen Kampf auf Leben und Tod zu führen, an der nächsten zwei verfeindete Fraktionen auseinander zu halten und einen Häuserblock weiter die Bevölkerung mit Hilfsgütern zu versorgen – alles gleichzeitig. Nicht jeder Soldat mag dieses Konzept, und auch Anderson würde wohl lieber Hubschrauberangriffe koordinieren als verfeindete Scheichs an den Verhandlungstisch zwingen.

Petraeus verlässt die Sitzung zufrieden mit sich und der Mission. Er ist fest davon überzeugt, dass jeder Tag, an dem Mosul keine Zivilverwaltung hat, für die Besatzer gefährlich ist. Er kommandiert eine Eliteeinheit mit einer langen Liste kriegerischer Heldentaten, aber er sieht sich gerne als Vermittler, als Mann der Worte und nicht der Waffe: »Das Leben in der Armee ist ein wenig abgeschottet. Als Soldat verbringt man sehr viel Zeit mit anderen Soldaten. Manchmal ist es für uns schwierig zu verstehen, dass es eine Sicht der Dinge gibt, die vollkommen anders ist als unsere.« Petraeus erklärt, dass ihm seine Zeit als Doktorand in Princeton deutlich gemacht habe, wie isoliert die Welt der Armee ist: »Ich habe Jahre damit verbracht, mir zu überlegen, welches Kriegsgerät unsere Einheit als Nächstes anschaffen soll. Und dann saß ich plötzlich neben Kommilitonen, die überzeugt davon waren, dass ohne Waffen ohnehin alles viel besser geht.«

Auf einem Gelände dicht am Tigris warten schwere schwarze Hubschrauber startbereit auf den General und seine Entourage. Die Rotorblätter wirbeln riesige Staubwolken auf. Petraeus lädt das Team ein, mit an Bord von »Warlord 457« zu kommen, seinem persönlichem Black Hawk. Eine zweite Maschine wird Geleitschutz geben. Die Türen bleiben offen, Soldaten im Cockpit drehen fest montierte Maschinengewehre Richtung Boden, sodass sie im Fall eines Angriffs sofort zurückschießen können. Mosul wird kleiner, von oben ist zu sehen, dass das Leben vieler Menschen hier auf den Dachterrassen stattfindet. Vor allem

Frauen aus streng religiösen Familien dürfen das Haus kaum verlassen. Auf dem Dach sitzen sie mit ihren Kindern auf Teppichen, ohne Kopftuch, und viele winken den vorüberfliegenden Hubschrauben zu. Kein untypisches Bild. Während die Männer oft zurückhaltend und höchstens höflich mit den Besatzern umgehen, verhalten sich ihre Frauen, Schwestern und Kinder sehr viel freundlicher und unbefangener.

Das Ziel des Fluges liegt Richtung Arbil, dort, wo Saddams Soldaten als Sabotageakt eine Brücke gesprengt haben. Reservisten einer Ingenieureinheit sind dabei, eine Behelfsbrücke aus Fertigteilen zu errichten. Petraeus hält eine kleine Ansprache, dankt den Soldaten und schneidet gemeinsam mit Vertretern aus Mosul und Arbil zur Eröffnung das Band durch. »Brücken verbinden und bringen zusammen«, sagt Petraeus, zufrieden mit sich und seinen Leuten. Nur neun Stunden hat es gedauert, dann fahren die ersten Autos wieder über den Fluss. »Schneller geht es kaum; die Einzigen, die es in noch kürzerer Zeit geschafft hätten, sind die Deutschen.« Petraeus mag solche Veranstaltungen, sichtbare Ergebnisse befriedigen seinen Sinn fürs Pragmatische. Der Rest, glaubt er, kommt dann von allein.

Auf dem Rückweg wird er ernster. Er zeigt auf eingegrabene Panzer von Saddams Armee. Überall waren sie positioniert, zwischen Häusern, auf Feldern, an Straßenkreuzungen. »Das alles macht militärisch überhaupt keinen Sinn«, erklärt der General über Funk – anders kann man sich in der lärmenden Maschine nicht unterhalten –, »sie hätten uns mit dieser Taktik niemals aufhalten können.« Aber er gibt zu, dass sie nicht damit gerechnet hätten, dass Saddam noch so viel Kriegsgerät zum Einsatz bringen würde.

Wie die meisten Offiziere spricht Petraeus ungern über Massenvernichtungswaffen. Er gibt unumwunden zu, dass sie noch keine gefunden haben. »Aber«, fügt er schnell hinzu, »das kann noch kommen.« So ganz überzeugend klingt der General dabei nicht. Seine Prioritäten liegen woanders: Sicherheit, Selbstverwaltung, Wirtschaft. Darum geht es, wenn man den Verfall aufhalten möchte. Petraeus hat bereits in Bosnien gedient und dort den Zusammenbruch einer Gesellschaft entlang ethnischer Linien mit angesehen. Er will helfen, dem Irak dieses Schicksal zu ersparen.

Am 5. Mai 2003, nicht einmal vierzehn Tage nachdem Petraeus und die 101. Airborne Division in Mosul angekommen sind, hat die Stadt einen Bürgermeister, gewählt aus über zweihundert Würdenträgern. Ghamin al-Basso, ein ehemaliger General, der schon zu Saddams Zeiten in den Ruhestand gegangen war, nimmt die Glückwünsche der Amerikaner entgegen. Petraeus ist gelungen, was zu diesem Zeitpunkt kein anderer US-Kommandeur geschafft hat: eine fast schon demokratische Wahl im Irak. Es wird Monate dauern, bis in anderen Städten das Gleiche stattfindet, aber am Ende haben die Besatzer in allen achtzehn Provinzen nach dem Vorbild von Mosul »Räte« etabliert, die in der Bevölkerung einigermaßen anerkannt sind.

Als Natalia Cieslik General Petraeus fünf Monate später wieder trifft, hat er über zehntausend Iraker eingestellt. Die US-Armee ist jetzt der größte Arbeitgeber in Mosul. Mehr als dreißig Millionen Dollar haben Petraeus' Leute in die lokale Wirtschaft gepumpt. Das Geld stammt von amerikanischen Steuerzahlern und den Beiträgen der Alliierten für den Wiederaufbau, aber auch von Saddam – von Konten des Herrschers, die nach dem ersten Golfkrieg gesperrt wurden und deren Gelder jetzt im Commander Emergency Response Fund bereitliegen. Hohe Offiziere dürfen die Mittel einsetzen, wo immer sie es für richtig halten, schnell und unbürokratisch. Es fließt in die Reparatur von Schulen, Brücken oder die Instandsetzung von Verwaltungsgebäuden. Petraeus hat als erster Kommandeur tief in den Topf gegriffen und sechs Monate nach der Invasion bereits doppelt so viel ausgegeben wie alle anderen Divisionen.

»Geld ist unsere Munition«, sagt der General, »manchmal müssen wir allerdings auch scharf schießen. Unsere wichtigste Aufgabe ist es, die Sicherheit wiederherzustellen. Die Menschen müssen ihr Leben ganz normal, ohne Furcht führen können. Ihre Geschäfte, ihre Schulen und Universitäten müssen wieder öffnen, damit sie zurückkehren können zur Normalität.« So gewinnt man »hearts and minds«. Petraeus ist bestens gelaunt. Es läuft gut in Mosul, besser als in anderen Gegenden des Irak. Allmählich sind irakische und amerikanische Medien auf ihn aufmerksam geworden und feiern den drahtigen, kleinen Offizier als Vorzeigebesatzer. Er hat schneller, flexibler und kreativer gehandelt und die Initiative ergriffen, als klar wurde, dass es aus Washington keinen Plan für den Irak nach der Invasion gab.

Die lokale Wirtschaft ist das Lieblingsthema des Generals, Dollar sind seine bevorzugte Waffe. Petraeus hat eine Militäranwältin damit beauftragt, Millionen in kleine und mittlere Projekte zu stecken. »Miss Moneypenny« nennt er seine Frau fürs Geld, Captain Julie Simoni. Sie ist 1,65 Meter groß und hat ein freundliches Gesicht. Das lange brünette Haar trägt sie zu einem Knoten gesteckt, der unter ihrem Helm herausschaut. Sie sieht so jung aus, als habe sie gerade erst die Schule verlassen. Simoni hat wie Petraeus in West Point studiert und ist dann Anwältin geworden. Der erste Fall, den sie übernahm, war ihre eigene Scheidung. Da war sie nicht einmal zweiundzwanzig Jahre alt. »Jeder macht mal Fehler«, lacht sie und meint damit ihre erste Ehe. Jetzt ist sie mit einem Soldaten einer Spezialeinheit zusammen, der schon wieder zu Hause in Amerika ist. Sie zeigt uns ein laminiertes Foto von einem jungen Mann in Uniform mit Maschinengewehr, das sie stets im Helm mit sich trägt. Eigentlich erteilt sie General Petraeus und der Einheit rechtlichen Rat während des Einsatzes. Sie prüft jeden Befehl auf seine Gesetzmäßigkeit und muss sicherstellen, dass die 101. Airborne Division nicht gegen amerikanisches oder internationales Recht, gegen die Genfer Konvention und UN-Resolutionen verstößt. »Das«, so sagt sie, »ist besonders wichtig, wenn wir kämpfen und alles sehr schnell gehen muss.« Hören die Vorgesetzten denn immer auf ihren Rat? »No comment – kein Kommentar.« Simoni lacht verschmitzt.

Aber jetzt wird nicht mehr gekämpft, der Wiederaufbau hat begonnen, und heute fliegt die Militäranwältin nach Al Hatra, einer kleinen Stadt mitten in der Wüste, auf dem Weg zur syrischen Grenze. Ihr Kollege und Assistent Ben Shoemaker packt Geld in einen großen Rucksack, über 250 000 Dollar in bar, bündelweise Hundert-Dollar-Scheine. Es ist ein bisschen weniger als vorgesehen, aber Cash kann nicht so schnell geliefert werden, wie Petraeus es ausgibt. »Unsere Einheit hat schon so viel in der Provinz rund um Mosul investiert, dass uns das Bargeld ausgegangen ist. Wir warten auf mehr aus Bagdad, sodass wir mit unseren Projekten weitermachen können.« Shoemaker war eigentlich in dem Team, das nach Massenvernichtungswaffen suchen sollte. Doch ein halbes Jahr nach dem Beginn des Krieges haben sich die Prioritäten längst verschoben. Er findet seine neue Aufgabe auch viel besser. »Ich habe das Glück, etwas machen zu dürfen, was anderen hilft.« Auf dem Rollfeld wartet bereits ein Black Hawk. Im ohrenbetäubenden Lärm des Hubschraubers isst Simoni zwei hart gekochte Eier und feilt sich die Fingernägel. Für Frühstück und Körperpflege ist sonst kaum Zeit. Zwölf bis vierzehn Stunden am Tag, sieben Tage die Woche sind normal für Soldaten mit Führungsaufgaben.

Nach vierzig Minuten Flug tauchen am Horizont die Ruinen von Al Hatra auf, der dreitausend Jahre alten Stadt der Parther, die an der alten Seidenstraße lag. Einflüsse aller Kulturen sind an den Ruinen abzulesen. Es ist eine der bedeutendsten archäologischen Stätten im Irak. Petraeus hat sich in dieses Projekt verliebt und Geld für Zäune, Lichtanlage und einen Wachdienst zur Verfügung gestellt, damit die Ruinen geschützt werden und bald schon Touristen nach Al Hatra kommen können.

Simoni trifft sich mit Nofle Hamadi Sultan, dem neu gewählten Bürgermeister von Al Hatra, auf dem frisch zementierten Besucherparkplatz vor den Ruinen. Nofle ist Anfang vierzig und hat große Pläne für die Stadt, mit der Saddam den Tourismus in der Wüste ankurbeln wollte. »Diese Ruinen sind die Visitenkarte unserer Stadt. Sie bedeuten viel für jeden, der in Al

Hatra lebt. Sie sind unsere Geschichte.« Er zeigt Simoni das Besucherzentrum, die Pfähle für die Lichtanlage und die neuen Zäune. Doch Besucher und vor allem zahlungskräftige Ausländer sind hier in den letzten Jahren kaum noch gewesen. Golfkrieg und Sanktionen haben Al Hatra isoliert wie das ganze Land und die Ruinen langsam wieder dem Verfall anheim gegeben. Nofle schätzt das finanzielle Engagement der Besatzer, und er behandelt Simoni mit Respekt und großer Freundlichkeit. Er erklärt ihr die Bedeutung des Tempels und zeigt die Kammern, in denen Pilger einst Tieropfer zu Ehren eines Sonnengottes brachten. Simoni hört zu und nickt. »Ich hätte niemals gedacht, dass ich eines Tages dafür verantwortlich sein würde, solche Stätten zu sichern. Ich habe ja nicht mal gewusst, dass sie existieren.«

Nofle zeigt Simoni auch die anderen Projekte, die die US Army in Al Hatra finanziert. In der Jungenschule treffen sie Sultan Agil, einen Bauunternehmer, der fünfzehntausend Dollar von Captain Simoni bekommen hat, um die Klassenzimmer wieder instand zu setzen, die Plünderer verwüstet haben. Bald sollen auch neue Tische und Stühle kommen. Simoni erklärt, dass Schulen und alle öffentlichen Gebäude schon vor dem Krieg in keinem guten Zustand waren. Saddam hat einfach kein Geld mehr hineingesteckt. Sultan Agil lacht unentwegt und freut sich über den Besuch der Soldatin, die er behandelt wie seine Chefin. Stolz zeigt er ihr die Malerarbeiten und die frisch verputzten Wände. Die Army hat aus ihm einen erfolgreichen Unternehmer gemacht. Noch nie hatte er so viele Angestellte wie jetzt, die Schule ist sein bisher größter Auftrag.

Es ist ein eigenartiges Bild: Sultan steht mit seinem langen weißen Gewand und seinem prächtigen Turban neben der kleinen Frau in amerikanischer Felduniform. Da sind keine Spannungen. Die kleine Offizierin ist ein Segen für ihn: »Als der Krieg begann, dachten wir, jetzt sei alles vorbei. Ich hätte nie gedacht, dass es einen Wiederaufbau geben würde, dass sich die Dinge zum Besseren wenden würden.« Dann zeigt Simoni den deutschen Journalisten noch ihr Lieblingsprojekt: eine weiterbildende Schule für Mädchen über zwölf Jahre. Bisher blieben sie nach der Grundschule zu Hause, halfen im Haushalt und warteten darauf, dass die Eltern eine Ehe arrangierten. Jetzt steht Simoni mit Nofle auf einem abgesteckten Stück Land. Sie hat dem Bürgermeister genug Geld gegeben, dass es auch für eine Bibliothek und einen Garten im Innenhof reicht. »Ist das nicht fantastisch?«, sagt sie fröhlich. Es wird die erste Mädchenschule in der dreitausendjährigen Geschichte von Al Hatra sein.

Es gibt sie also: Geschichten von einer wohlwollenden Weltmacht, deren Kreuzzug den Heimgesuchten die Segnungen einer besseren Welt bringt. Das Leben im Irak und die Berichterstattung der Weltpresse werden jedoch von einer anderen Wirklichkeit beherrscht.

Vorläufige Bilanz

Für eine Regierung, die zu Hause die Medien souverän steuert, wird der Irak-Krieg dort, wo er Demokratie etablieren soll, ein Desaster. »Wir verlieren den Public-Relations-Krieg bei den Muslimen gegen Leute, die anderen Muslimen die Köpfe abhacken«, klagt der *New York Times*-Kommentator Tom Friedman in gespieltem Entsetzen.

Amerikas Glaubwürdigkeit ist schwer beschädigt, weil inzwischen feststeht, dass Saddam Hussein jedenfalls bei Kriegsbeginn keine Massenvernichtungswaffen mehr hatte. Wer wird der nächsten Beweisführung eines US-Außenministers vor dem Weltsicherheitsrat noch Glauben schenken?

Noch schlimmer ist, wie sehr der Krieg im Irak den Krieg gegen den Terrorismus beschädigt hat. Der neue Hass auf Amerika treibt al-Qaida die Rekruten schneller zu, als die US-Truppen sie töten können. Das Zweistromland ist durch den Krieg zu einem gewaltigen Terroristencamp geworden.

Für Fernsehzuschauer in den USA und in Europa wurden die

entwürdigenden Zustände im Gefängnis Abu Ghraib zum Symbol einer rechthaberischen Unrechtsjustiz von Bagdad bis Guantanamo. Für Zuschauer im Einflussbereich von Al-Dschasira und anderen arabischen Nachrichtenkanälen brachten diese Bilder kaum noch Neues. Dort sehen sie jeden Tag Berichte, die US-Truppen bei Angriffen zeigen, amerikanische Stiefel, die Türen zu Frauengemächern eintreten, unschuldige Kinder in Krankenhäusern – unvermeidliche Kollateralschäden eines Häuserkampfs gegen wild entschlossene Aufständische für die einen, letzte Beweise für die Brutalität der neuen Kreuzritter für die anderen. Bei den alten Verbündeten in Europa und Fernost hat die amerikanische Glaubwürdigkeit durch den Irak-Krieg gelitten. In Arabien wurden die wenigen Ansätze, die es dafür gab, vollends vernichtet. Das lässt sich nur reparieren, wenn es George W. Bush in seiner zweiten Amtszeit gelingt, den Irak mit Hilfe seiner Verbündeten und der neuen irakischen Regierung trotz allem noch in ein überzeugendes Modell für den ganzen Nahen Osten zu verwandeln. Die Zeichen dafür stehen allerdings schlecht.

Die Stadt Mosul, die Natalia Cieslik im Jahr 2003 als Erfolgsgeschichte des Generals Petraeus erlebt hatte, ist inzwischen, nach der »Befreiung« von Fallujah im November 2004, zur gefährlichsten Stadt des Irak geworden. Patrouillen zu Fuß, wie sie Petraeus zur Vertrauensbildung befohlen und selbst praktiziert hatte, wären mittlerweile Selbstmord. Die Aufständischen aller Couleur, die anderswo vertrieben wurden, haben die einst Saddam treu ergebene Stadt zu ihrem Stützpunkt gemacht.

»Es ist eine Frage der Zeit«, sagt Petraeus, wenn er heute darauf angesprochen wird, »irgendwann wird jeder Befreier zum Besatzer.« Der General ist nicht mehr in Mosul. Er hat inzwischen einen dritten Stern bekommen und koordiniert die Ausbildung und den Einsatz der irakischen Sicherheitskräfte. Seitdem hat die amerikanische »Exit-Strategy«, der Ausweg aus dem Irak, einen Namen: seinen! Die GIs dürfen das Land erst verlassen, wenn der Abzug keine Niederlage bedeuten würde, wie einst der Auszug aus Saigon. Damals war der Widerstand der südvietnamesischen Verbände schon zusammengebrochen. Im Irak muss sich die Regierung auf ihre Armee verlassen können. Da ist noch viel zu tun.

Als die Aufständischen Mosul im Herbst 2004 vorläufig wieder unter ihre Kontrolle brachten, sind die frisch, aber oberflächlich ausgebildeten Einheiten der neuen irakischen Polizei und Nationalgarde vor zahlenmäßig weit unterlegenen Angreifern davongerannt. Petraeus hat nun eine neue Strategie: In jeder Kaserne, jeder Polizeistation soll eine kleine Einheit von US-Truppen stationiert werden, die den Irakern im Ernstfall den Rücken stärkt, »bis die endlich auf sich selbst aufpassen können«, wie ein missmutiger Feldwebel der Marines es formuliert. Es wird nicht einfach. Die Aufständischen haben die irakischen Truppen als »weiches Ziel« von hohem Propagandawert ausgemacht. Der Pragmatiker Petraeus glaubt fest, dass sich alles zum Guten wenden wird, wenn erst einmal für die Ressourcen gesorgt ist. Zufrieden registriert er die Ankunft von hunderttausenden von Uniformen, Kevlar-Helmen und schusssicheren Westen. Ob bessere Ausrüstung das Kriegsglück wenden wird, bleibt jedoch die große Frage.

Der Frieden, sollte er je kommen, wird noch schwieriger werden. Es war eine gewaltige Leistung der US-Verwaltung und der Vereinten Nationen, dass sie eine vorläufige Verfassung und eine Interimsregierung installieren konnten, die ursprünglich sogar den Segen des schiitischen Großayatollahs Ali al-Sistani bekamen. Nun aber lauern alle Seiten auf die nächste Gelegenheit, die Situation zu ihren Gunsten zu verändern.

Wenn die Iraker überhaupt irgendetwas von Demokratie verstanden haben, dann die einfache Tatsache, dass die Mehrheit entscheidet. Die schiitische Mehrheit, die von Saddam Hussein mehr als dreißig Jahre lang blutig unterdrückt wurde, interessiert sich nicht für die Feinheiten des Minderheitenschutzes in modernen demokratischen Gesellschaften. Bei ihnen sitzt auch der Hass auf die ungläubigen Eindringlinge besonders tief. Es gibt zwar viele, die den Amerikanern dafür dankbar sind, dass sie den Despoten vertrieben haben, aber gläubige Schiiten sind auch das reichste Reservoir für die Rekrutierungskampagnen der Hassprediger.

Die Sunniten haben allen Grund, sich vor einer Epoche der großen Abrechnung zu fürchten. Die Auflösung der Armee, die Entlassung fast des gesamten Staatsapparats und das zunächst eisern verfolgte Entba'athifizierungsprogramm haben sie noch weiter gegen die Besatzer mobilisiert.

Die Kurden, die Einzigen, die den US-Truppen freundlich gesinnt sind, können keinen großen Einfluss auf den Gesamtirak erwarten. Sie werden ihr Heil deshalb in möglichst großer Autonomie suchen. Dazu gehört für sie die Kontrolle über die Ölfelder im Norden, um die es sich für alle Seiten zu kämpfen lohnt. Fünftausend schwer bewaffnete, kampferprobte und einigermaßen disziplinierte Peschmerga werden den kurdischen Wünschen Nachdruck verleihen.

Noch hat die schwache Zentralregierung in Bagdad dem nichts entgegenzusetzen. Versuche, die diversen Milizen in einer neuen irakischen Armee zusammenzuführen, etwa wie in Afghanistan, sind im Irak in den Anfängen stecken geblieben. Die Warlords haben dafür gesorgt, dass ihre Verbände zusammen – und ihre Kommandostrukturen intakt blieben. So entsteht keine Armee, auf die sich der irakische Präsident verlassen kann – wann und wie er auch gewählt werden mag.

Noch ist nicht alles verloren. Präsident Bush ist im Irak zum Erfolg verdammt; er wird die Mission nicht an den notwendigen Ressourcen scheitern lassen. Nach der Wahl hat er sich endlich bereit gefunden, den Forderungen seiner Offiziere nachzugeben und die Truppenstärke zu erhöhen, obwohl die Reserven der Supermacht ausgeblutet sind. Dafür blieb ihm nur der unpopulärste Weg: Er musste die maximalen Einsatzzeiten im Irak (für viele Soldaten schon zum zweiten Mal) erhöhen – auf bis zu fünfzehn Monate.

Der Mann, der in seinem ersten Wahlkampf geschworen hatte, dass Amerika unter ihm mit »nation building«, dem mühsamen Wiederaufbau ferner Länder und Gesellschaften, nichts zu tun haben werde, muss nun genau dies unter schwierigsten Bedingungen tun. Die Erfahrungen, die die Weltgemeinschaft inzwischen gesammelt hat, beweisen: Alles hängt jetzt an der Sicherheitslage. Die ist seit dem so genannten »Ende der wesentlichen Kampfhandlungen« immer schlimmer geworden. Der November 2004 war für die US-Truppen der verlustreichste Monat seit Beginn des Krieges. Trotzdem hat George W. Bush genau in diesem Monat eine zweite Amtszeit gewonnen. Der Irak wird über sein Bild in der Geschichte entscheiden.

Was nun, Amerika?

*Angesichts dieser großen Weltmacht muss
Europa jetzt mehr Dynamik und mehr Einheit
zeigen als je zuvor.*
Reaktion des französischen Staatspräsidenten
Jacques Chirac auf Bushs zweiten Wahlsieg

Die unentbehrliche Nation

Die alten Damen im Diner von Coleman/Texas, von denen am
Anfang dieses Buches die Rede war, sind sich einig mit ihrem
Präsidenten und seinen Ministern: Amerika ist die unentbehrli-
che Nation, »the indispensable nation«. Madeleine Albright hat
den Ausdruck als Außenministerin geprägt. Damals ging es um
US-Engagements in Afrika und auf dem Balkan, aber die Realität, die hinter dem Begriff steht, reicht über Albrights Amtszeit
hinaus. Und sie hat praktische Konsequenzen.

Als sich Marokko und Spanien im Juli 2002 um die Petersi-
lieninsel stritten, arrangierte Colin Powell per Mobiltelefon von
der Hochzeit seiner Tochter aus einen Kompromiss. Seine Kom-
munikationsleute erreichten den marokkanischen König auf
einer Autobahn außerhalb von Rabat, fernab von jedem Faxge-
rät. »Wie soll ich einem Vertrag zustimmen, den ich nicht gele-
sen habe?«, fragte der König. »Trust me«, antwortete Powell –
und Seine Majestät vertraute ihm. Gerade noch rechtzeitig bevor
die Kirchenorgel begann, den Hochzeitsmarsch zu spielen.[47]

Als sich im Sommer 2002 der Kaschmir-Konflikt zwischen Indien und Pakistan bis zur Gefahr eines Atomkriegs zuspitzte, war es abermals Colin Powell, der das erste sondierende Telefongespräch zwischen den Ministerpräsidenten von der Begrüßungsformel bis zur Reihenfolge des Auflegens choreographierte. Seitdem gibt es zwischen Islamabad und Neu-Delhi wieder einen Dialog.

Ein solcher Einfluss kommt nicht von ungefähr. Amerika hat den Globus aufgeteilt. In über hundertzwanzig Ländern sind heute amerikanische Special Forces im Einsatz.[48] Für jeden Quadratkilometer Erdoberfläche ist einer von vier regionalen Commandern zuständig. Jeder verfügt allein für den Betrieb seines Hauptquartiers über zweistellige Millionenbeträge, dazu kommt die militärische Macht. Der Herr des Pacific Command in Hawaii zum Beispiel, von dessen Existenz in Europa kaum jemand weiß, befehligt dreihunderttausend Soldaten, wacht über dreiundvierzig Staaten in elf Zeitzonen, vier der größten Armeen der Welt und sechzig Prozent der Weltbevölkerung. Wenn er reist, und er reist viel, begleitet ihn in eigenen Flugzeugen eine Entourage, wie sie sonst nur dem Präsidenten und den wichtigsten Ministern zusteht. Seine drei Kollegen – zwei von ihnen sind noch einflussreicher als er – teilen sich den Rest der Welt. Ihre Gesprächspartner sind die Regierungschefs. Die Commander werden aus guten Gründen mit den Prokonsuln des Römischen Weltreichs verglichen. Demgegenüber wirken alle Bemühungen um eine gemeinsame europäische Sicherheits- und Verteidigungspolitik geradezu provinziell.

Omnipräsenz garantiert kein Verständnis für die Welt. Große Mächte machen große Fehler, wie sich im Irak gezeigt hat. Trotzdem beweist die Geschichte der letzten Jahre – vom Balkan über Osttimor und Ruanda bis Afghanistan und Darfur –, dass die Welt schwerlich auf eine globale Ordnungsmacht verzichten kann. Die Vereinten Nationen stehen dafür nicht uneingeschränkt zur Verfügung, weil ihre Spielregeln auf Konsens und nicht auf Entscheidung ausgerichtet sind. So werden die Vereinigten Staaten immer wieder zur Ordnungsmacht durch Säumnis der anderen. Die amerikanische Bevölkerung akzeptiert diese Rolle mit erstaunlicher Bereitwilligkeit auch dann, wenn eigene Interessen nicht unmittelbar berührt sind, wie in Bosnien und im Kosovo.

Nimmt man dazu noch die ungebrochene Wirtschaftsmacht und den gewaltigen Kapitalbedarf der USA, so kommt man unausweichlich zu dem Schluss, dass die amerikanischen Wahlen im November 2004 für viele Nationen ebenso wichtig waren wie ihre eigenen. Ob man dies positiv sieht, wie eine knappe Mehrheit der Amerikaner, oder voller Befürchtungen, wie die achtzig Prozent der Deutschen und die Mehrheit der sechs Milliarden Menschen im Rest der Welt, die nicht gefragt wurden: Der Mann im Weißen Haus wird über unser Schicksal mitbestimmen.

Amerika, Bush und wir

Für Radikale ist Amerikas politisches Klima ungesund. Über zweihundert Jahre lang ging das Land der vielen Völker und Kulturen mit nur wenigen Seitenschritten auf einem Mittelweg voran. Wenn die Orientierung doch einmal verloren ging, wie bei der antikommunistischen Hexenjagd des radikalen Senators Joseph McCarthy oder bei den schäbigen Tricks des Richard Nixon, bewies das politische System immer wieder eine erstaunliche Fähigkeit zur Kurskorrektur.

Warum griffen die Selbstheilungsmechanismen im November 2004 nicht? George W. Bush ist der erste Präsident seit Franklin D. Roosevelt (1936), der bei seiner Wiederwahl in beiden Häusern des Kongresses Mehrheiten bekommt und sie im Vergleich zur ersten Amtszeit auch noch ausbauen kann – eine beeindruckende Kursbestätigung. Haben die Kontrollen versagt, oder wurden sie nicht benötigt, weil sich Amerika auf dem richtigen Kurs sieht?

Das ist eine Frage, die nur die Geschichte beantworten kann. Die meisten Menschen aus beiden Lagern, mit denen ich in Washington spreche, sagen mir, dass sich George W. Bush in seiner zweiten Amtszeit genau darum kümmern werde: sein Bild der Geschichte. Er sei ursprünglich als Versöhner angetreten, und er werde in die Geschichtsbücher nicht als Spalter der Nation und ihrer Allianzen eingehen wollen. Zweite Amtszeiten seien ohnehin weniger radikal als die ersten, ich solle zum Beispiel nur an Ronald Reagan denken.

Man möchte das vielleicht glauben, aber es gibt kaum Anzeichen dafür. Bushs Widerpart in der Welt ist kein Michail Gorbatschow. Auf seinen Wiedervorlagen stehen zuoberst die Namen der Mullahs in Teheran und der des nordkoreanischen Diktators Kim Jong Il. Er hat es mit einer Weltöffentlichkeit zu tun, die – mit ganz wenigen Ausnahmen wie Israel – eine nie da gewesene Feindseligkeit gegenüber der amerikanischen Regierungspolitik hegt.

Eine Geste der Nachdenklichkeit und Lernfähigkeit wäre wohl willkommen und jetzt für Bush auch relativ ungefährlich, aber es gibt selbst dafür keine Anzeichen. Die Wahlkampfstrategie, keinen Fehler zuzugeben, entsprach seinen Überzeugungen.

Als er sich am Tag nach der Wahl von seinen Anhängern im Ronald-Reagan-Building in Washington feiern ließ, sprach er davon, dass er auf alte Freunde wieder zugehen wolle, aber ausdrücklich nur zu dem Zweck, ihnen seine Politik besser zu erklären. Aus der Sicht von George W. Bush ist das nur konsequent. Er hat die Wahl mit einer eindeutigen Botschaft gewonnen: entschlossen weiter so! Eine Kurskorrektur muss ihm wie Verrat an seinen Wählern erscheinen und ist daher nicht zu erwarten. Immer wieder macht er deutlich, dass Geradlinigkeit für ihn eine Tugend an sich ist.

Der Präsident versteht sich selbst als guter Teamführer. Tatsächlich sind sein Kabinett und sein Beraterstab die seit Menschengedenken disziplinierteste Mannschaft im Weißen Haus. Aber das kann auch ein Nachteil sein. Selbst Christopher De-

Muth, Präsident der neokonservativen Denkfabrik Cato Institute warnt: »Der Denkprozess im Weißen Haus wird zu eng geführt. Wenn Entscheidungen fallen, sind ganz wenige Menschen im Raum. Der Effekt: Es wird zu wenig über Alternativen nachgedacht.«

Die Neubesetzungen im Kabinett waren zahlreich, sind aber alles andere als ein Aufbruch. Colin Powell ging, Condoleezza Rice ersetzte ihn, ihr treuer Stellvertreter Steve Hadley rückte auf. Es blieben natürlich Vizepräsident Cheney und vor allem – auf ausdrücklichen Wunsch des Präsidenten – Verteidigungsminister Donald Rumsfeld, der verantwortlich ist für die Behandlung der Kriegsgefangenen in Abu Ghraib und Guantanamo und für das Fehlen von Plänen für den Irak nach der Invasion. Die Personalentscheidungen folgten klar dem Motto des Präsidenten, nach dem »Amerikas Stärke und Unbeirrbarkeit die Welt befrieden« werden.

George W. Bush bleibt überzeugt von der »Kraft des amerikanischen Glaubens, die Wunder bewirken kann«, von der er in seiner dritten Rede zur Lage der Nation im Januar 2003 sprach. Zumindest seine engere Umgebung hat er von dieser Lehre überzeugt.

Ron Suskind, ein angesehener Journalist der *New York Times,* schildert ein Gespräch im Weißen Haus mit einem »hochrangigen Berater des Präsidenten«, der ihn über die herrschende Philosophie belehrte: »Sie gehören noch zu den Leuten, die in der Realität verhaftet sind und denken, man müsse diese Realität sorgfältig studieren, um Lösungen zu finden. Aber so funktioniert die Welt nicht mehr. Wir sind jetzt ein Imperium, und wenn wir handeln, schaffen wir unsere eigene Realität. Und während Sie noch überlegen, was gerade passiert ist, schaffen wir wieder neue Realitäten. So geht das. Wir machen Geschichte – und Ihnen bleibt nichts anderes übrig, als sie zu studieren.«[49]

John Adams, der zweite Präsident der Vereinigten Staaten, folgte noch einem anderen Motto: »Tatsachen sind hartnäckige

Dinger«, meinte er. Auch die stärkste Macht der Geschichte wird auf solche »hartnäckigen Dinger« stoßen, und dann wird sich zeigen, ob Amerika das Universum um sich herum krümmen kann, wie große Massen es nach Einsteins physikalischer Theorie tun. Marines im Irak und Special Forces in Afghanistan werden sich darauf jedoch nicht verlassen wollen.

Die Kriege haben die wirtschaftlichen Realitäten in den Hintergrund gedrängt, aber auch die sind hartnäckig. Man muss nicht auf jede Kassandra hereinfallen, wie es Amerikakritiker seit Jahrzehnten tun, aber die Frage ist erlaubt, ob es so weitergehen kann: Die USA werden in der zweiten Amtszeit Bushs über achtzig Prozent aller Sparguthaben in der Welt aufsaugen müssen, um ihre absehbaren Defizite zu finanzieren.[50] Das ist auf Dauer ohne Vertrauen und ohne Goodwill gegenüber der politischen Führung in Washington nicht möglich.

Das Ringen um Amerikas Seele geht weiter. Die Entscheidung ist zu grundsätzlich für einen einzelnen Wahltermin, zu groß für eine Einundfünfzig-Prozent-Mehrheit. Es geht nicht mehr darum, was Amerika tun soll. Es geht jetzt darum, was Amerika *ist*.

Werden die Straßensperren in Washington, die Zellen von Abu Ghraib und Guantanamo, die »green zone« in Bagdad auf Dauer für eine Nation stehen, die erschrocken und verletzt ein Recht auf schrankenlose Machtausübung in Anspruch nimmt? Oder wird Amerika zurückfinden zu der Gelassenheit, die seine Geschichte trotz aller Fehler über mehr als zweihundert Jahre geprägt hat, zu einem Selbstbewusstsein, das auf die Kraft der großen amerikanischen Idee vertraut – einer Idee, die Respekt verlangt vor anderen Kulturen, vor der Freiheit des Einzelnen und vor allem vor der Majestät des Rechts?

Nun gilt für George W. Bush wie für seine Nation der Satz des großen Präsidenten Abraham Lincoln: »Einen Schicksalsschlag kann beinahe jeder überstehen. Willst du den wahren Charakter eines Mannes kennen lernen, gib ihm Macht.«

Dank

Fünfzehn Jahre lang durfte ich mit dem fabelhaften Team des ARD-Studios Washington die Möglichkeiten des Fernsehens und die Geschichten eines faszinierenden Landes erkunden. Ich danke den Kolleginnen und Kollegen für die Geduld, mit der sie meinen anstrengenden Lernprozess möglich machten.

Vom Atlantik bis zum Pazifik, von Korea bis Afghanistan war die Autorin Angela Andersen meine Partnerin bei fast allen großen Projekten. Wenn die Filme Erfolg hatten, ist das ihren Ideen und ihrer Liebe zur Perfektion zu verdanken. Ich kann nur hoffen, dass dieses Buch ihrem Urteil standhält.

Während des Irak-Krieges haben die Zuschauer des ZDF von der hoch professionellen Arbeit der unerschrockenen Krisenreporterin Natalia Cieslik profitiert. Sie zeigte jenseits der pro- und antiamerikanischen Klischees ein immer unabhängiges, kritisches Bild der Lage, das die Menschen in den Mittelpunkt stellte. Die entsprechenden Kapitel meines Buches durfte ich auf ihre Schilderungen und Aufzeichnungen stützen, wofür ich ihr herzlich danke. Gibt es Fehler, sind es meine.

Ich bedanke mich bei meinen Chefs im ZDF und vor allem bei den großartigen Kolleginnen und Kollegen des »heute-journal«, die auch diese Extratour erlaubt und unterstützt haben.

Schon als Student war ich begeistert davon, mit welcher Offenheit einflussreiche Persönlichkeiten in der amerikanischen Politik und den Medien ihre Zeit und ihre Kenntnisse einem unwichtigen, wissbegierigen Fremden zur Verfügung stellen. Einige sind meine Freunde geworden. Ich danke Prof. Aileen

Marty und Dr. David Kay aus der Welt der Abwehrspezialisten, unter meinen großen Vorbildern und Kollegen im Journalismus vor allem Margaret Warner von PBS, Prof. Marvin Kalb von der Harvard Universität, Ted Koppel von ABC, Bill Plante von CBS, Stephen Hess von der Brookings-Stiftung, dem brillanten deutschen USA-Botschafter Wolfgang Ischinger, dem klugen Repräsentanten der Friedrich-Ebert-Stiftung in Washington, Dr. Dieter Dettke, der scharfsinnigen Strategin Prof. Gale Mattox und vielen Diplomaten und Beamten auf beiden Seiten des Atlantiks, die freier reden können, wenn sie nicht namentlich genannt werden. Ich habe von ihrem Wissen und ihrer Großzügigkeit profitieren dürfen.

Schließlich, aber nicht zuletzt, möchte ich denen danken, die am Anfang und am Ende dieses Projekts standen: dem Literaturagenten Thomas Montasser, der tatsächlich glaubte, dass der Mann im Fernsehen mehr weiß als er dort sagen kann; Johannes Jacob, der das Buch des Verlages C. Bertelsmann würdig erachtete, und meiner unermüdlich aufmerksamen Lektorin Sibylle Auer, die Struktur in die Geschichten brachte und nie klagte, wenn die Deadlines wieder einmal weit nach Mitternacht lagen.

Ich hoffe, dass sie ihr Engagement nicht bereuen.

Anmerkungen

[1] Rice, Zelikow: *Germany United and Europe Transformed* – A Study in Statecraft, Belknap, New York, 1995

[2] www.pewforum.org

[3] Washington Post, 4.11.2004

[4] Global Views 2004, American Public Opinion and Foreign Policy, Chicago, 2004

[5] »War? Jobs? It's Character!«, New York Times, 4.11.2004, S. 1

[6] Thomas Frank: *What's the Matter with Kansas?*, New York, 2004, S. 191 ff.

[7] The Economist, 13.11.2004, S. 29 ff.

[8] Zitiert von Thomas Friedman in der New York Times, 4.11.2004, S. 17

[9] Einschätzung eines engen Beraters gegenüber David A. Sanger, New York Times, 10.10.2004, S. 5

[10] Ron Suskind: »Without a Doubt«, New York Times Magazine, 17.10.2004

[11] »...and slipped the surly bounds of earth... (to)... touch the face of god«. *High Flight* von RCAF Leutnant John Gillespie Magee jr. (1922–1941)

[12] »Ich bin das schwarze Schaf der Familie«, soll er als Gast bei einem Staatsempfang im Reagan White House Queen Elizabeth II. zugeraunt haben. »Wer ist das bei Ihnen?« – »None of your business«, soll die Antwort Ihrer Majestät gewesen sein.

[13] Justizminister John Ashcroft hatte in seinem Haus ein strengeres Regiment aufgezogen. Messen und Bibellesungen waren für leitende Mitarbeiter de facto Pflicht; Sitzungen begannen grundsätzlich mit religiösen Ansprachen oder gelegentlich mit dem Absingen geistlicher Lieder, zum Teil vom Hausherrn selbst komponiert. Eine zumindest eigentümliche Praxis für den Mann, der qua Amt auch für den Schutz des ersten Verfassungszusatzes und damit für die Religionsfreiheit verantwortlich war.

[14] An dieser Auffassung liegt es auch, dass es zwischen der deutschen Regierung und dem amerikanischen Kongress immer wieder zu Auseinandersetzungen über die Behandlung der Scientology-Sekte in Deutschland

kommt. Anwälte und Medienberater des wohl finanzierten Glaubensunternehmens haben keine Schwierigkeiten, amerikanische Politiker davon zu überzeugen, dass ihre Mandanten bei uns verfolgt werden.

[15] Francis Fukuyama: *Das Ende der Geschichte,* München, 1992; Michael Doyle: »Kant, Liberal Legacies and Foreign Policy«, in: *Philosophy and Public Affairs,* I und II, 1983 (12), S. 205 ff.

[16] Damals gingen wir noch von dieser Zahl aus. Inzwischen kommt die offizielle Statistik auf etwas weniger als dreitausend Tote.

[17] In unserem Gespräch ein halbes Jahr später gönnt der Präsident dem Anlass einen »upgrade«. Er spricht von einem »education briefing« – als wäre es eine Arbeitssitzung mit seinen Bildungsfachleuten.

[18] Das Department of Education verwaltet die Macht der amerikanischen Bundesregierung in Fragen von Erziehung und Bildung. Es hat einen minimalen Etat und noch weniger Einfluss. Die Republikaner haben immer wieder versucht, es abzuschaffen.

[19] Interview im Weißen Haus am 21. Mai 2002. Thema des Gesprächs war eigentlich der Irak. Bush schien aber froh darüber zu sein, auch seine persönlichen Eindrücke von diesem Tag einmal schildern zu können.

[20] UA 93 nahm nach der Entführung Kurs auf Washington. Die Maschine stürzte in ein Feld bei Pennsylvania. Anrufe aus dem entführten Flugzeug stützen die These, dass Passagiere die Absichten der Terroristen durchschauten und ihnen die Kontrolle über die Maschine entwanden. UA 93 wurde eine Heldengeschichte, die die Nation zur Verarbeitung des Traumas dringend brauchte.

[21] Interview mit Bob Woodward, in: *Bush at War,* New York, 2002, S. 16

[22] Vierundsechzig an Bord des Flugzeugs, siebzig Zivilisten und fünfundfünfzig Soldaten im Gebäude selbst.

[23] Interview mit Tim Russert (NBC, Meet the Press) vom 16.9.2001

[24] ebd.

[25] Ron Suskind: *The Price of Loyalty,* New York 2004

[26] Bob Woodward: *Bush at War,* S. 74 ff.

[27] ebd., S. 341

[28] »Drinking the Kool-Aid«, Middle East Policy, 22. Juni 2004

[29] Select Committee on Intelligence Report, 9. Juli 2004, S. 156

[30] Tatsächlich stellte sich nach dem Krieg heraus, dass es sich bei den Fahrzeugen um mobile Produktionsstätten für Wasserstoff handelte – harmlose Ausrüstung zur Versorgung von Wetterballons. Vgl. die allerdings weitgehend geschwärzten Protokolle des Geheimdienst-Untersuchungsausschusses: Senate Select Committee on Intelligence Report, 9. Juli 2004, S. 152 ff.

[31] Es ging Clinton damals, im Herbst 1997, um das Ausmaß der ersten NATO-Erweiterung. Ich hatte ihn aber auf alle strittigen Themen angesprochen – von Kyoto bis zum Strafgerichtshof – und den amerikanischen Anspruch auf eine besondere Rechtsstellung kritisiert.

[32] Wir verdanken die Schilderung dieses Treffens den Recherchen von Bob Woodward, wiedergegeben in *Plan of Attack,* New York 2004, S. 149 ff. Die Darstellung ist inzwischen vielfach bestätigt und kann als gesichert gelten, obwohl das Weiße Haus erklären ließ, Woodward habe die Bedeutung überschätzt. Der Weg über den UN-Sicherheitsrat sei immer schon die bevorzugte Lösung gewesen.

[33] Anonymous: *Imperial Hubris – Why the West is Losing the War Against Terror,* New York 2004

[34] Vorwort zu *Imperial Hubris,* S. 11

[35] *Imperial Hubris,* S. 48 f.

[36] Die aufschlussreichsten Bücher über diese Region stammen von dem pakistanischen Journalisten Ahmed Rashid. Sein beunruhigendes Werk *Heiliger Krieg am Hindukusch,* München, 2002 ist Pflichtlektüre für jeden, der sich mit dem Thema näher beschäftigen will.

[37] Als ich die Pressefrau Wochen später wieder treffe, ist die Lage für sie unverändert. »Die Operation dauert immer noch an.« Wer so redet, hat Grund zu schweigen.

[38] Kathy Cannon: »Afghanistan Unbound«, Foreign Affairs Mai/Juni 2004, S. 35 ff.

[39] Ahmad Taheri: »Lieber eine starke Coke als Islamismus«, Frankfurter Allgemeine Zeitung 11.11.2004, S. 7

[40] Benjamin R. Barber: *Jihad vs. McWorld,* New York 1996; dt.: *Coca-Cola und Heiliger Krieg,* Bern 2001

[41] 17 100 Interviews am 9. Oktober 2004 in 26 Provinzen – www.iri.gov.

[42] Steve Fainaru: »For Marines, a frustrating fight«, Washington Post, 10.10.2004, S. 1

[43] Michael O'Hanlon: »Shinseki vs. Wolfowitz; Policy Makers should be wary when counting costs of peace«, The Washington Times, 4.3.2003, S. A 19

[44] Paul Wolfowitz gegenüber der Presse in Washington nach seinem Hearing vor dem US-Senat am 21.11.2003 (DoD-Transkript)

[45] Ahmed S. Hashim, »The Insurgency in Iraq« in: *Small Wars and Insurgencies,* Bd. 14, Nr. 3, S. 18

[46] »Progress or Peril? Measuring Iraq's Reconstruction. Public Opinion in Iraq«, CSIS Post-Conflict Reconstruction Project, November 2004

[47] Darstellung von Colin Powell nach mir vorliegenden internen Aufzeichnungen des US State Department. Dankbarkeit hat Powell dafür nicht geerntet. Sein Sprecher musste später zu der Frage Stellung nehmen, ob der Minister tatsächlich von »diesen dummen Inseln« gesprochen habe.

[48] Dana Priest: *The Mission, Waging War and Keeping Peace with America's Military,* New York, 2003

[49] Ron Suskind, New York Times Magazine, 17.11.2004, S. 51

[50] Walter Shapiro, zitiert in: Time Magazine, 15.11.2004, S. 17

Personenregister

A

Abrams, Elliott 92
Adams, John 268
al-Basso, Ghamin 254
al-Kobaysi, Muhammad 249
al-Majid, Ali (»Chemie-Ali«) 239
al-Sistani, Ali (Großayatollah) 260
Albright, Madeleine 132, 184, 263
Alobaidi, Brak 227 f.
Alterman, Eric 54
Alwan, Saheb (Leutnant) 228
Amanullah 199
Andersen, Angela 18, 21 f., 160
Anderson, Joseph (Colonel) 251
Annan, Kofi 138
Armitage, Richard 87
Attah Mohammed 178, 212
Aznar, José Maria 139

B

Baars, Gerald 78
Baker, James 55, 111, 133, 136
Bandar, Prinz 144
Barber, Benjamin 202
Baur, Gary 49
Bayez Abdullah, Khalil 231 f.
Beckwith, Bob 93
Berlin, Irving 44
Berlusconi, Silvio 140
Biden, Joseph 90, 147

Bin Laden, Osama (OBL) 9, 51, 56, 102, 155 ff., 162, 164, 172, 177, 201 f., 206, 216 f.
Blair, Tony 136, 139 f., 143
Blix, Hans 146
Booker, Emma E. 80
Borniger, Herta 65
Bremer, Paul 242 f.
Brown, David 52
Brown, Nancy 52
Bush, George Herbert (41. US-Präsident, Vater des George W. Bush) 10, 27 f., 30, 46, 55, 64, 66, 72, 87, 89 f., 92, 98 f., 101, 111, 137, 140
Bush, George Walker (43. US-Präsident) 9 f., 12 ff., 17, 23 f., 26–31, 33–39, 43–73, 79–82, 89, 91–94, 98 f., 105 f., 108 ff., 112–119, 128, 130–133, 135–140, 142 f., 148, 155, 188, 216 f., 241 f., 259, 261 f., 265–268
Bush, Jeb (Bruder des George W. Bush) 79
Bush, Laura Welch (Ehegattin des George W. Bush) 68
Byrd, Robert 75

C

Card, Andrew/Andy 49, 80
Carter, Jimmy 48, 91, 140

Sachregister

Bildnachweis